JOACHIM KOPPER
EINFÜHRUNG IN DIE PHILOSOPHIE
DER AUFKLÄRUNG

DIE PHILOSOPHIE

Einführungen in Gegenstand, Methoden und Ergebnisse
ihrer Disziplinen

WISSENSCHAFTLICHE BUCHGESELLSCHAFT
DARMSTADT

JOACHIM KOPPER

EINFÜHRUNG IN DIE PHILOSOPHIE DER AUFKLÄRUNG

DIE THEORETISCHEN GRUNDLAGEN

WISSENSCHAFTLICHE BUCHGESELLSCHAFT
DARMSTADT

Einbandgestaltung: Neil McBeath, Stuttgart.

1. Auflage 1979
2. Auflage 1990

Die Deutsche Bibliothek – CIP-Einheitsaufnahme

Kopper, Joachim:
Einführung in die Philosophie der Aufklärung:
die theoretischen Grundlagen / Joachim Kopper. –
3., bibliogr. erw. Aufl. – Darmstadt: Wiss. Buchges.,
1996
  (Die Philosophie)
ISBN 3-534-13270-X

Bestellnummer 13270-X

Das Werk ist in allen seinen Teilen urheberrechtlich geschützt.
Jede Verwertung ist ohne Zustimmung des Verlages unzulässig.
Das gilt insbesondere für Vervielfältigungen,
Übersetzungen, Mikroverfilmungen und die Einspeicherung in
und Verarbeitung durch elektronische Systeme.

3., bibliographisch erweiterte Auflage 1996
© 1996 by Wissenschaftliche Buchgesellschaft, Darmstadt
Gedruckt auf säurefreiem und alterungsbeständigem Offsetpapier
Druck und Einband: VDD–Darmstadt
Printed in Germany
Schrift: Linotype Garamond, 9/11

ISSN 0174-0997
ISBN 3-534-13270-X

INHALTSVERZEICHNIS

Vorbemerkung VII

I. Bedeutung und Position der Philosophie der Aufklärung . 1
  1. Das durch Hegel bestimmte Verständnis dieser Philosophie 1
  2. Ihr Selbstverständnis 7
     a) Herausgehen des Denkens aus der Bevormundung . 7
     b) Öffentliches Denken ohne doktrinales Bestimmtsein . 15
  3. Überwindung der metaphysischen Denkhaltung . . . 21
     a) Hervorgehen aus der Metaphysik des *Cogito* . . . 21
     b) Ablehnung des Skeptizismus 27
     c) Das aufgeklärte Philosophieren und die Französische Revolution 33

II. Die Struktur der theoretischen Philosophie 40
  1. Die Vorstellung des erkennenden Bewußtseins von sich selbst 40
     a) Beobachtung als Ausdruck der Diskrepanz von Urteilen und Begreifen 40
     b) Gemäßsein durch Entfremdetsein 44
  2. Das Erkenntnisgeschehen 46
     a) Eindrücke und Vorstellungsbeziehungen 46
     b) Seinserkenntnis und Zeiterfahrung 48
     c) Objektivität der Erkenntnis und Bedeutung der Erkenntnis 54
  3. Ineinandersein von Apriorität und Aposteriorität . . 59
     a) Die Erkenntnis als "a complicated figure" 59
     b) Wissenschaftliches Bewußtsein und Erkenntnisfortschritt 66

III. Der dogmatische Rest im aufgeklärten philosophischen Denken 74
  1. Die Leere im autonomen Urteilen 74
     a) Die Anstrengung der Urteilskraft gegen das Begreifen 74

　　　　b) Die dogmatische Auslegung der Philosophie der Aufklärung als Folge aus dieser Situation 79
　2. Die ›Kritik der reinen Vernunft‹: Dogmatisch ausgeführte Aufklärung der aufgeklärten Philosophie über das dogmatische Moment in ihr 84
　　　　a) Die Korrektur an dem „Erwecker" Hume 84
　　　　b) Die Synthesis a priori 92
　　　　c) Die transzendentale Reflexion für sich selbst dogmatisch 95
　3. Die ›Kritik der reinen Vernunft‹ als transzendentales Bedeuten 99
　　　　a) In philosophischer Rücksicht 99
　　　　b) In geschichtlicher und gesellschaftlicher Rücksicht . . 104

IV. Die skeptische Methode des aufgeklärten philosophischen Denkens 108
　1. Die Dialektik der reinen Vernunft 108
　　　　a) Der Stillstand der Vernunft im Skeptizismus . . . 108
　　　　b) Das wissenschaftliche und das metaphysisch versuchte Denken 112
　2. Die Besinnung der aufgeklärten philosophischen Reflexion auf sich: das Gespräch 119
　　　　a) Die Dialektik von Wissen und Behaupten, von „Daß" und „Was" 119
　　　　b) Das wechselseitige Sicheinschränken der Behauptungen 124
　　　　c) Das Ganze des Denkens als Basis des gesellschaftlichen Selbstbewußtseins 130

Schluß: Autonomie und Anfälligsein des aufgeklärten philosophischen Denkens 136

Anmerkungen. Bearbeitet von Rudolf Malter 141

Auswahlbibliographie. Zusammengestellt von Rudolf Malter . 155

Literaturnachtrag (1995) 161

Register 163

VORBEMERKUNG

Welche Epoche der Geistesgeschichte konnte sich rühmen, zum Gegenstande so vieler ausgezeichneter Darstellungen und Untersuchungen gemacht worden zu sein, wie gerade das Zeitalter der Aufklärung: und in wie besonderem Maße gilt dies von der Philosophie der Aufklärung, die so oft und in so mannigfacher Hinsicht erforscht und beurteilt worden ist.[1] Angesichts dieser Situation scheint es sich nur schwer rechtfertigen zu lassen, daß hier noch einmal eine Abhandlung zur Philosophie der Aufklärung vorgelegt wird, dazu eine solche, die sich als sog. Einführung auf ein schmales Bändchen beschränken soll. Was könnte eine solche kurze Abhandlung anderes bieten als eine Kompilation eines bescheidenen Teils der Ergebnisse, die sich in den zahllosen Bänden der Monographien zur Philosophie dieser Zeit angehäuft haben, wenn es nicht gar dabei bleiben müßte, daß sich in ihr nichts anderes fände als eine verkürzende Wiederholung und auswählende Darstellung der altbekannten Thesen und Lehrmeinungen, die uns schon die Handbücher der Philosophie in schematischer Zusammenfassung vorlegen? Sollte angesichts dieser Situation doch noch Originalität und Selbständigkeit der Darstellung gewahrt und mit einer gewissen Überzeugung vertreten werden können, so blieb nichts anderes übrig, als den Bereich der Themen und Probleme, mit denen sich diese ›Einführung‹ befassen will, streng einzugrenzen. Ich habe in diesem Sinne eine doppelte Beschränkung vornehmen müssen. Erstens habe ich versucht, mich im strengsten Sinne nur an die „Philosophie" der Aufklärung zu halten. Es mußte hier alles beiseite gelassen werden, was sich nur auf die sog. Weltanschauung, auf Formen und Inhalte der allgemeinen Lebenseinstellung und Lebensweisheit bezieht.[2] Es geht also im engen Sinne des Wortes um philosophische Reflexion, nicht um Verkündigung. Innerhalb dieses Rahmens aber mußte ich mich zweitens zusätzlich noch auf die theoretische Philosophie beschränken und konnte diese auch nur an ihren bedeutendsten Vertretern darstellen, wenn es einigermaßen gelingen sollte, nicht nur Behauptungen über die Aussagen und Ergebnisse und über die problemgeschichtliche Einordnung der Philosophie der Aufklärung vorzubringen, sondern vielmehr das philosophische Denken, das hier am Werke ist, als solches nachzuvollziehen und zu verstehen.

Ein solches echtes Verständnis der philosophischen Reflexion kann nur gelingen, wenn man gerade nicht vereinfacht, das philosophische Denken gerade nicht unter irgendwelchen Schablonen sieht und es auf angeblich durch es vorstellig gemachte Modelle reduziert, welche nur der Gemächlichkeit und Trägheit unseres Denkens genugtun und uns an der Statt eines wirklichen Verständnisses bloße Klischees und Aushängschilder geben, die nichts verstehen lassen, sondern eigentlich nur Mittel für rhetorische Übungen sind, in denen sich unsere Intelligenz, ohne sich dabei müde zu machen, selbst bespiegeln kann. Was — auch für eine ›Einführung‹ — wirklich nötig ist, das ist, der philosophischen Reflexion in ihrer ganzen Schwierigkeit und ganzen Kompliziertheit zu folgen, sie sich in dieser Schwierigkeit und Kompliziertheit anzueignen und aus diesem mit Anstrengung erworbenen Besitz heraus zum echten Verständnis zu gelangen. Intensität des Denkens und Nachdenkens ist erforderlich, und die verlangt in der Darstellung auch einen gewissen Raum. Daß die Darstellung nur eine ›Einführung‹ bleibt, das kann nicht auf Kosten dieser Intensität gehen, sondern muß in dem Sinne verstanden werden, daß aus der Erörterung alles ausgeklammert wird, was nicht mehr zu den Grundgedanken selbst, sondern nur zu ihrer weiteren Ausgestaltung und Anwendung gehört.

Der Leser wird daher im Folgenden im wesentlichen nur eine Darstellung der Grundgedanken der theoretischen Philosophie Humes und Kants und eine gewisse Auseinandersetzung mit diesen Gedanken finden. Ich habe mich, um das Blickfeld doch etwas zu erweitern, bemüht, gelegentlich in Anmerkungen auch auf Rousseau einzugehen, und ich glaube, man wird es leicht bemerken können, daß der Rolle, die das Denken Rousseaus für die theoretische Philosophie[3] der Aufklärung spielen kann, in der Tat durch solche ergänzenden Anmerkungen genügt wird. Für die theoretische Philosophie der Aufklärung über diesen Kreis hinauszugehen, konnte ich mich nicht entschließen: es hätte nicht ohne Verkürzung der Problematik abgehen können. Hume hat seine theoretische Philosophie in jungen Jahren konzipiert und hat sie über Jahrzehnte hinweg weiterentwickelt. Die ›Kritik der reinen Vernunft‹ ist in Kants 58. Lebensjahr erschienen, und Kant hat sechs weitere Jahre gebraucht, um sie in die Form zu bringen, die er dann als die endgültige angesehen hat. So lange brauchten diese Denker, um ihre Grundgedanken in eine Form zu bringen, die ihnen immer noch nicht ganz genügte, die ihnen nur als im wesentlichen passabel erschien. Sollen wir da meinen, wir könnten mit diesen Gedanken so in aller Eile und Hast nach irgendwelchen gerade gängigen Schemata umgehen, und sie vielleicht auch noch auf einer Stufe oder Ebene mit

Dutzenden von Essais, Lehrbüchern, Aperçus und Briefen abhandeln, die sonst von Intellektuellen und Gebildeten des 18. Jahrhunderts vorgebracht sind und die sich uns aus der Unmasse des Stoffes gerade zur besonderen Berücksichtigung empfehlen? Selbst die geistreichen Bemerkungen eines Voltaire, nach dem man das ganze Jahrhundert bisweilen benannt hat, können uns bei einer auf die theoretische Philosophie der Aufklärung gerichteten Besinnung, gerade wenn diese sich darauf beschränken muß, ›Einführung‹ zu sein, nicht nützen, denn sie sind nicht eigentlich das Sichdurchführen philosophischer Reflexion, sondern Sichdarstellen von Überzeugungen, von Lebens- und Weltweisheit und Weltklugheit.[4] Es wäre eine weitere Aufgabe, zu sehen, wie das eigentlich philosophische Denken mit der Lebens- und Weltweisheit, mit den politischen, wirtschaftlichen und allgemein gesellschaftlichen Überzeugungen und Programmen des 18. Jahrhunderts zusammenhängt und in die dynamische Entwicklung des Selbst- und Weltverständnisses der Menschen und der tatsächlichen geschichtlichen Zustände mithineingehört; ich will mich bemühen, im Verlauf der Darstellung auch immer wieder darauf zu verweisen, aber eine deutliche Darstellung dieses großen Zusammenhangs, die eben auch nicht wieder nur in der bloßen Wiederholung von Thesen und Slogans hätte bestehen dürfen, konnte in diese kurze Abhandlung nicht eingebaut werden.

Eine in gewisser Weise dem Gegenstande äußerliche Rücksicht mußte ich aber bei der Ausarbeitung dieser kurzen ›Einführung‹ doch nehmen. Wenn schon die eigentliche Untersuchung ganz der theoretischen philosophischen Reflexion der Aufklärung gelten soll, so war es doch unerläßlich, wenigstens anzudeuten, welches denn der großen und ganz weit genommenen Grundkonzeption nach die Position ist, die von den Interpreten der Philosophie der Aufklärung diesem Denken zugeschrieben wird, sowohl seiner inneren Struktur nach wie auch bezüglich seiner Einordnung in die Geschichte der Philosophie oder sogar der europäischen Gesellschaft im ganzen. Um dies also in Umrissen leisten zu können, beginne ich die folgende Darstellung mit einem kurzen Hinweis auf das Verständnis der Philosophie der Aufklärung, das wir bei Hegel finden. Und im Verlauf der Untersuchung will ich sich bietende Gelegenheiten dazu benutzen, auf Fichte und in Anmerkungen auf neuere Autoren zu verweisen. Auf diese Weise wird von den üblichen Auffassungsweisen wenigstens ein Eindruck vermittelt werden können.

I. BEDEUTUNG UND POSITION DER PHILOSOPHIE DER AUFKLÄRUNG

1. Das durch Hegel bestimmte Verständnis dieser Philosophie

Hegel hat in seinen ›Vorlesungen zur Geschichte der Philosophie‹ die Philosophie des 18. Jahrhunderts als eine Übergangsperiode im philosophischen Denken behandelt und ihre Darstellung unter die Überschrift gestellt: ›Das Verkommen des Denkens bis zur kantischen Philosophie‹.[5] Von der Philosophie Humes heißt es dann bei der Behandlung des berühmten Prinzips der Gewohnheit dieses Philosophen noch im besonderen: „Hume sieht nun die Notwendigkeit, die Einheit Entgegengesetzter, ganz subjektiv in der Gewohnheit; tiefer kann man im Denken nicht herunterkommen."[6] Die Eigentümlichkeit des Hegelschen Stiles, daß mit pejorativen Termini, indem ihnen ihre pejorative Bedeutung gewahrt bleibt, doch zugleich auch in einer positiven Bedeutung Momente eines notwendigen Prozesses im geschichtlichen Zusichkommen des Geistes gemeint sein sollen, gilt auch hier. Das philosophische Denken des 18. Jahrhunderts ist verkommen, und es ist bei Hume zu seinem tiefsten Punkte heruntergekommen: es ist in diesem Sinne ein minderwertiges und in gewissem Maße auch verächtliches Denken; es stellt aber andererseits in dieser seiner Minderwertigkeit doch auch eine notwendige Stufe in der Entwicklung des philosophischen Bewußtseins dar, ja bereitet sozusagen gar den Umschwung zu einer neuen Weise, philosophisch zu denken, vor, die nach der Auffassung Hegels auf seine eigene Philosophie hinführt. Das Denken muß auf die tiefste Stufe herabsinken, damit es überhaupt erst danach trachten kann, sich zu erheben, eigene Kraft zu gewinnen und aus ihr zu größeren Höhen aufzusteigen, als zu erreichen ihm vorher je vergönnt war.[7]

Den Niedergang des Denkens findet Hegel in der Philosophie der Aufklärung und bei Hume insbesondere darin, daß für dieses Denken die bloße Erfahrung durch sich die Einsicht in das Unbedingte und Vollendete hergeben soll. Die alte Metaphysik wollte das Unbedingte durch das Denken erreichen, nun stellt die Philosophie, ohne ihre metaphysische Prätention eigentlich aufzugeben, sich selbst als ein Denken in bloßer Erfahrung dar, sie interpretiert sich selbst als ein bloßes Erfahrungswissen.[8] Hegel meint nicht etwa, daß Hume nur eine bloße

Analyse unserer Erfahrungserkenntnis habe durchführen wollen; dieses Denken ist für ihn nicht ein sozusagen platter, simpler Empirismus, sondern es ist ein Denken, das sich auf die Weise der Erfahrung selbst als solches zu meinen sucht, sich also auch mit seinem auf das Unbedingte gehenden Anliegen durch die Erfahrung anzugeben sucht. Leibniz hat das Unbedingte noch in der Monade gefunden, für Hume ist die Monade das Produkt einer leeren Abstraktion;[9] will das Denken sich selbst recht verstehen, so muß es sich selbst als solches auf die Weise der Erfahrung meinen. Das Denken gibt sich, so zeigt Hegel es für Hume an, nicht einfach dem Gegebensein der Dinge bzw. der Eindrücke hin, bezieht sich nicht einfach nur passiv auf ein ihm gegenüber Fremdes und Anderes, sondern es findet auf die Weise der Erfahrung und als die Erfahrung sich selbst als Denken: die Erfahrung bekommt selbst und als solche den Charakter, Grundsatz, Prinzip zu sein, und ihre Wirklichkeit ist als solche das Sichdurchführen eines logischen Geschehens.[10]

Insofern für dieses Denken — nach Hegel — die Erfahrung selbst und als solche das Geschehen der Prinzipien ist, sind also die Prinzipien nicht mehr so, wie dies für das metaphysische Denken der Fall war, von dem Tatsächlichen losgelöste und für sich geltende abstrakte Bestimmungen, sondern sie sind das konkrete Tatsächliche selbst. Das Wesen des Logischen und die durch es gemeinte Realität besteht nicht mehr in abgesonderten Strukturen, sondern es ist gerade durch das tatsächliche Dasein des wirklich Gegebenen ausgedrückt. Die Prinzipien haben daher nicht mehr die Gestalt künstlicher, die gegebene Welt überfliegender Konstruktionen, sondern sie sind, wie Hegel sagt, „ein diesseitiger verständiger Halt".[11] Sie geschehen auf die Weise des konkreten Gegebenseins der Welt für den Menschen als erkennendes Wesen in der Welt. Und das Denken kann die Prinzipien ihrer Wahrheit nach nur erfassen, wenn es sich in das konkrete Leben des Menschen hineinbegibt und also darauf verzichtet, durch sich irgendwelche Konstruktionen zu erstellen, die vom tatsächlichen Lebensvollzug abgehoben sein und gerade deswegen gelten sollen.

Das Denken hat sich für Hegel aus dem Durchgang durch eine lange geschichtliche Entwicklung zu dieser Position hinentwickelt, in einer Entwicklung, die durch die Natur des Denkens selbst zwangsmäßig bestimmt war. Die abstrakte Metaphysik konnte sich nicht halten, eben weil das Denken es hier über seinen abstrakten Konstrukten doch auch schon vermissen mußte, daß es sich selbst in seiner Tatsächlichkeit durch seine Reflexionen gerecht werden konnte. Aber wenn das Denken sich dann in der Aufklärung selbst in seinem eigenen Wesen durch die Erfahrung und auf die Weise der Erfahrung verstehen will, dann ist es damit gleichwohl auf seine tiefste Stufe heruntergekommen, weil es sich jetzt überhaupt nicht mehr als autonomes Begreifen, sondern bloß als Vorhandensein und Gegebensein nimmt. Das Denken ist hier als solches zu bloßem Erfahren geworden. Die *ratio* ist so für sich selbst da, daß sie sich selbst als bloßes Erfahrungsgeschehen angeben zu können meint. Das ist der Sinn der Hegelschen Auffassung, daß die Philosophie des 18. Jahrhunderts in eins Rationalismus und Empirismus ist. Diese beiden Denkhaltungen, die für das Verständnis durch bloße Weltanschauung, gebildetes Raisonnieren usw. so deutlich auseinanderfallen, finden also für Hegel — anders als eine oberflächliche Auslegung, unter die man seine Auffassung gewöhnlich bringt, es will — in der Philosophie der Aufklärung nicht einfach nebeneinander und miteinander, je nach der besonderen Neigung und Veranlagung der einzelnen Philosophen, statt, sondern sie machen zusammengenommen die in sich einige Grundhaltung des Denkens der Aufklärung aus, das den Rationalismus als Empirismus und den Empirismus als Rationalismus denkt und durchführt. Rationalismus und Empirismus stehen nach der Auffassung Hegels in der Philosophie der Aufklärung nicht als zwei gleichberechtigte Tendenzen nebeneinander, sondern das Denken dieser Philosophie geschieht als ein Rationalismus, der sich für sich selbst als Empirismus vollzieht: das Denken nimmt seine rationalen Prinzipien als das Geschehen der tatsächlichen Welterkenntnis und der tatsächlichen Lebenserfahrung und Lebenshaltung des denkenden Menschen.[12]

Diese Auffassung Hegels, wonach in der Philosophie der Aufklärung Rationalismus und Empirismus zusammenkommen, bildet sozusagen das Schema, nach dem die Auslegung der Philosophie der Aufklärung seither vorgenommen wurde.[13] Meist wurde dabei dieses Hegelsche Schema schon wieder in Richtung auf ein bloßes Nebeneinander von Rationalismus und Empirismus vereinfacht, wie wir dies angemerkt haben. Oft auch sind an dem Schema neue Floskeln angebracht worden, oder es ist in neue Versionen, etwa unter besonderer Berücksichtigung des Gesellschaftlichen und damit verbunden der Tatsache, daß der Mensch als ein konsumierendes Wesen existiert, eingekleidet worden: aber immer ist es doch im Grunde das alte Hegelsche Schema geblieben, das all diese Auslegungen geleitet hat. Und in der Tat ist ja auch der Gedanke, daß sich in der Philosophie der Aufklärung die *ratio* selbst habe als Erfahrung nehmen wollen, ein Gedanke, der es ganz deutlich und korrekt herauszuheben scheint, daß mit der Philosophie der Aufklärung die grundsätzliche Abkehr von der alten metaphysischen Denkhaltung mit dem ihr entsprechenden Lebensverständnis gekommen ist und der denkende Mensch sich nicht mehr unter abstrakte Prinzipien und Gesetze stellt, sondern im konkreten Lebensgeschehen vom Wesen der Realität unmittelbar denkend Besitz ergreift. Hegel meint zwar, daß das Denken, wenn es sich selbst so in die Erfahrung hineingibt, sich selbst gerade auch aufgibt, aber er hat zugleich gezeigt, daß in diesem Niedergang des Denkens doch der Keim für eine ganz neue und andere autonome Denkhaltung liegt, in der das Begreifen seinen Gegenstand nicht mehr als etwas Transzendentes meint, sondern sich selbst die Welt in ihrer Realität aneignet und darin sich gerade selbst bestätigt.

Mit Kant läßt Hegel dann die neue Periode des Denkens beginnen, indem er doch Kants Denken zugleich auch als die eigentliche Durchführung und Ausführung der Philosophie der Aufklärung versteht.[14] Er kommt darin mit Kant selbst überein, der ja einerseits die bekannte kleine Schrift ›Was ist Aufklärung?‹ verfaßt hat und sein eigenes Denken hier ohne Zweifel in die geistige Bewegung der Aufklärung einordnet, der aber andererseits in der 2. Auflage der ›Kritik der reinen Vernunft‹ aus dem Jahre 1787 von seiner eigenen Philosophie erklärt, sie stelle eine Revolution der Denkungsart dar. Obwohl Kant sich selbst nicht aus dem Denken der Aufklärung ausgliedern wollte, so war er doch — nach einiger Reflexion über seine eigene denkerische Leistung — der Auffassung, daß mit der ›Kritik der reinen Vernunft‹ eine ganz neue Art zu denken ihren Anfang genommen habe. Hegel haben seine eigenen Überlegungen diese Meinung bestätigt. Die Philosophie der Aufklärung stellt einen Übergang dar, aber einen Übergang eben nicht durch sanften Ab- und Anstieg, sondern einen Übergang, der einer Umkehr, einem neuen Sichermannen gleichkommt, wodurch, nachdem das Denken völlig abgewirtschaftet hat, ein ganz neuer Aufbruch seinen weiteren Weg bestimmt.

Die abstrakte Metaphysik mußte zu dem Aufklärungsdenken deswegen herunterkommen, weil sie im Grunde ihre Prinzipien selbst nicht in einem autonomen Begreifen gewonnen hat, sondern in einem Denken, das seine Bestimmungen letztlich doch passiv von einem Sein, das es als ihm einfach vorgegeben auffaßt, abgenommen hat.[15] Seine abstrakten Konstrukte trennten sich von diesem Sein, dem sie sich eigentlich verdankten, künstlich ab, und das Denken konnte es nicht vermeiden, die Leere und die Haltlosigkeit seiner vermeintlichen Einsichten und Begriffe selbst zu durchschauen. Daraus mußte schließlich der Niedergang hin zur Aufklärung folgen, in der das Denken alle diese künstlichen Konstruktionen von sich wirft, sich dazu frei macht,

Denken der Realität selbst zu sein und damit über die wahre Natur seines Erkennens aufgeklärt zu sein; dies aber doch nur so leisten kann, daß es darin überhaupt nichts mehr ist als bloßes passives Sicherfassen in der Erfahrung.

So findet also durch das Denken der Aufklärung eine Überwindung der Metaphysik tatsächlich in dem Sinne statt, daß das vernünftige Selbstbewußtsein des Menschen, anstatt sich unter künstliche Konstruktionen, die es sich selbst aus einer passiven Haltung der Realität gegenüber erschaffen hat, zu stellen, dazu gelangt, sich selbst als solches in der Realität wirklich zu finden, sich in ihr, wenn wir einen Ausdruck, den Hegel sonst oft braucht, hier verwenden dürfen, selbst zu genießen; aber diese Überwindung der Metaphysik findet eben nur so statt, daß das Denken dabei eigentlich alle eigene Substanz verliert, eben weil es nun nichts mehr ist als bloßes Erleben von Diesseitigkeit, in die hinein es sich aufgibt und nun die unbedingte Natur des Begriffes über dem Genuß des Lebens gar nicht mehr für sich selbst zu erhalten vermag. Damit die Metaphysik mit ihrem Begriffe des jenseitigen Absoluten wahrhaft überwunden und überhöht sei, genügt es nicht, das Unbedingte, das in diesem Begriffe vom Jenseitigen liegt, eben nur unmittelbar aufzuheben, es sozusagen einfach nicht mehr anzuerkennen und ganz zu beseitigen, sondern es muß in seiner Bedeutung in das Begreifen der Welt selbst eingebracht werden, die Autonomie des Begriffs muß als solche im Begreifen der Realität der Welt wirksam sein und sich als solche vollziehen. Das wäre dann also die positive Aufhebung und damit das positive Bewahren der Metaphysik, das im Umschwung des Denkens aus der Philosophie der Aufklärung hervorgehen muß, die die Aufhebung der Metaphysik nur in einem direkten negativen Sinne leistet.

Diese positive Aufhebung und damit Bewahrung der Metaphysik nimmt mit der Transzendentalphilosophie Kants ihren Anfang. In der Philosophie Kants wird die Erfahrung als Grundlage des Denkens nicht aufgegeben; aber das Begreifen läßt sich sich doch nicht mehr selbst einfach aus der Erfahrung geben; sondern die Erfahrung wird selbst durch das Begreifen gestaltet und ist als ein System zu begreifen, das das Denken autonom erstellt. Die transzendentale Reflexion besteht wesentlich darin, daß das Denken sich in dieser seiner Situation, die natürlich zu aller Zeit für es gilt, selbst ausdrücklich begreift und damit seiner Autonomie selbst ausdrücklich inne ist. In diesem Sinne wären dann also die ersten Sätze der Einleitung der ›Kritik der reinen Vernunft‹ — Hegel bezieht sich in seiner Darstellung selbst nicht gerade auf diese Stelle — in der Tat das Programm für das neue philosophische Denken, das von der Philosophie der Aufklärung her seinen Anfang nimmt: „Daß alle unsere Erkenntnis mit der Erfahrung anfange, daran ist gar kein Zweifel . . . Wenn aber gleich alle unsere Erkenntnis *mit* der Erfahrung anhebt, so entspringt sie darum doch nicht eben alle *aus* der Erfahrung. Denn es könnte wohl sein, daß selbst unsere Erfahrungserkenntnis ein zusammengesetztes aus dem sei, was wir durch Eindrücke empfangen, und dem, was unser eigenes Erkenntnisvermögen (durch sinnliche Eindrücke bloß veranlaßt) aus sich selbst hergibt."[16] Die Transzendentalphilosophie versteht also, daß das Unbedingte, auf das das Begreifen geht, nicht ein abstraktes Unbedingtes sein kann, sondern ein Unbedingtes ist, durch das das Begreifen die Realität der Welt selbst unmittelbar formt und bestimmt. Die Philosophie der Aufklärung hat dadurch, daß sie dem abstrakten Unbedingten radikal abgesagt hat, für die Transzendentalphilosophie den Boden bereitet, gerade indem sie selber diese Absage nur so vornehmen konnte, daß sie aus der Enttäuschung über die Leerheit der Konstrukte, die ein Denken, das seiner Autonomie noch nicht eigentlich inne war, hervorgebracht hatte, nichts mehr anerkennen wollte als die dem Denken nun einmal auferlegte Situation, daß es sich in der Hingabe an die Erfahrung vollziehen müsse. In diesem Sinne kann Hegel die Philosophie der Aufklärung auch als eine von Grund auf skeptische Philosophie ansehen.[17]

Aus einer solchen Sicht, wie Hegel sie uns eröffnet, wäre die Philosophie Kants dem Denken der Aufklärung gegenüber im wesentlichen wohl doch als ein neues Anfangen zu begreifen. Mit der Philosophie der Aufklärung hätte sich, wenn wir ein berühmtes Dictum Hegels hier frei ausgestalten dürfen, die alte Metaphysik vor die in ihr liegende Unzulänglichkeit in jenem äußersten Grade gebracht, der nicht mehr übertroffen werden kann, und in einem Umschwung oder Umschlag ins Qualitative würde nun von hier aus eine ganz neue Denkhaltung entstanden sein, mit der die alte Metaphysik endgültig preisgegeben ist.[18] Wenn uns nun aber auch die ›Kritik der reinen Vernunft‹ sowohl durch ihre ausdrücklichen Lehraussagen als auch durch die Einschätzung, die Kant — vornehmlich nach seinen Äußerungen in der zweiten Auflage des Werkes — von der sich in ihr darstellenden philosophischen Reflexion selber hatte, so etwas wie eine Bestätigung der Auffassung Hegels gibt, so müssen wir doch zugleich auch sehen, daß die ›Kritik der reinen Vernunft‹ durch ihre Lehre das philosophische Denken Kants nicht im ganzen festlegen und es nicht im ganzen durch sich tragen kann. Sowohl aus der späteren Reflexion Kants auf die Lehre der ›Kritik der reinen Vernunft‹ selbst, wie sie etwa in den Manuskripten zu den ›Fortschritten der Metaphysik seit Leibnizens und Wolffs Zeiten‹ oder im ›Opus postumum‹ vorliegen, als auch aus den philosophischen Überzeugungen, die Kant parallel zur ›Kritik der reinen Vernunft‹ und den aus ihr folgenden Schriften der kritischen Philosophie etwa in der ›Anthropologie‹ vorgetragen hat, geht es hervor, daß die ›Kritik der reinen Vernunft‹ die philosophische Reflexion Kants in einer Weise festgelegt hat, die schon nicht mehr geeignet sein konnte, dieser Reflexion in ihrem ganzen Umfang und ohne eine bestimmte Weise der Auslegung Ausdruck zu geben.

Es scheint die ausgearbeitete kritische Theorie Kants, die unsere Erkenntnis aus der Erfahrung und dem sie formierenden Verstande gebildet sein läßt, gewesen zu sein, die die Historiker der Philosophie von Hegel an in gewisser Weise überhaupt erst darauf geführt hat, die Philosophie der Aufklärung als eine Philosophie anzusehen, in der das Denken sich ganz der Erfahrung übergeben habe und das Wesen des Begreifens selbst aus der Erfahrung habe verstehen wollen. Die authentischen Aussagen Humes (oder auch Berkeleys) selbst legen ein solches Verständnis der theoretischen Philosophie der Aufklärung viel weniger nahe als die Darstellung und Auslegung, die Kant in der ›Kritik der reinen Vernunft‹ von der Lehre Humes gibt, wo er ihn als einen Philosophen darstellt, der den Begriff in der Erfahrung gesucht habe und ihn dort nicht habe finden können. Für unsere Darstellung wird es also ratsam sein, von diesem durch die ›Kritik der reinen Vernunft‹ wenn nicht geprägten, so doch nahegelegten Schema für die Auslegung des Denkens der Aufklärung abzugehen und uns nur an die authentischen Aussagen der Philosophen selbst zu halten.

2. Ihr Selbstverständnis

a) *Herausgehen des Denkens aus der Bevormundung*

Für den Ausgang unserer Überlegungen werden wir uns dabei gerade auf Kant selber beziehen können, aber eben nicht auf seine ›Kritik der reinen Vernunft‹, wo das reflektierende Denken sich schon in bestimmter Weise selbst festgelegt zu haben scheint, sondern auf solche unter seinen Gedanken, in denen sich die aufgeklärte philosophische Reflexion sozusagen unmittelbar als solche äußert. Was läge da näher, als sich — gerade auch für die Grundlegung der theoretischen Philosophie selbst auf seine kleine Schrift ›Was heißt Aufklärung?‹ aus dem Jahre 1784 zu beziehen. Die kurze Darstellung, die wir dem Kernsatz dieser

Schrift und seiner Erläuterung durch Kant widmen wollen, können wir dann noch durch eine Betrachtung zum ›Streit der Fakultäten‹ aus dem Jahre 1798 ergänzen, in der Kant die Bedeutung der Philosophie und des Lehrens der Philosophie für das Selbstverständnis des Menschen, sofern es auch wissenschaftlich belehrtes Selbstverständnis sein will, aus der in sich aufgeklärten philosophischen Reflexion heraus darzustellen sucht.

Wenn Hegel vom metaphysischen Denken zum Denken der Aufklärung hin eine Entwicklung sieht, in der das Denken verkommt, so will er damit ohne Zweifel anzeigen, daß ein ursprünglicher Mangel an Autonomie, der schon im metaphysischen Begreifen liegt, schließlich im Denken der Aufklärung zur völligen Passivität führt, zur bloßen Hingabe an das Erfahren, womit freilich zugleich ein Sichbekennen des Denkens zu seiner eigenen Unzulänglichkeit stattfindet, das dann ein neues Beginnen der philosophischen Reflexion ermöglicht, mit dem es dem Begreifen darum geht, sich selbst in seiner Autonomie zu verstehen und zu verwirklichen. In der kleinen Schrift, die Kant über die Geisteshaltung der Aufklärung geschrieben hat, geht es nun in der Tat auch um die Autonomie des Denkens, aber der Mangel an Autonomie, in dem sich das Denken vor der Aufklärung — d. h. für die Philosophie: in dem sich das metaphysische Denken — befand, wird nicht darin gefunden, daß dieses Denken sich auf eine falsche und unzulängliche Weise zu seinen Gegenständen verhalten hätte, sondern darin, daß das Denken nicht so geschah, daß es sich selbst dabei als Denken gemäß gewesen wäre. Die Weise, wie der Mangel des Begreifens an Autonomie bestimmt wird, geschieht nicht von der Erkenntnis und von den Erkenntnisgegenständen her, die Überwindung dieses Mangels wird daher auch nicht darein gesetzt, daß das Begreifen sich als solches in den Gegenständen verwirklichen, diese Gegenstände sich aneignen und sich sich selbst in ihnen aneignen solle; der Mangel an Autonomie liegt darin, daß das Denken nicht eigentlich für sich selbst als Denken geschieht, daß es sich in seinem Sichverwirklichen nicht selbst als solches gemäß ist. Es geht also, wenn das Denken der Metaphysik überwunden werden soll, gar nicht darum, daß das Denken sich die Dinge wahrhaft aneigne und durch sie sich sich selbst zueigne, sondern es geht darum, daß das Denken anders als bisher denke, nämlich so, daß es sich darin selbst als Denken verstehe und für sich selbst als Denken geschehe. Wenn es aber dies ist, was erforderlich ist, damit das Denken aus dem Zustand der metaphysischen Reflexion heraustrete, dann kann die Fortentwicklung des Denkens von der Metaphysik zur Transzendentalphilosophie hin und die dieser Entwicklung entsprechende Bewegung der Geisteshaltung überhaupt nicht dadurch charakterisiert werden, daß man das Begreifen durch ein völliges Verkommen hindurchgehen läßt, sondern dann muß diese Entwicklung dadurch charakterisiert sein, daß das Denken sich aus seiner eigenen Natur heraus darum bemüht, sich selbst gemäß zu sein, daß es ihm darum geht, für sich selbst so zu sein, daß es sich darin selbst entspricht. Dies bedeutet nicht ein Verkommen des Denkens, sondern eine Anstrengung des Denkens und zwar eine Anstrengung, für die es in den Gegenständen unserer Erkenntnis und unseres Handelns eigentlich gar keinen direkten Bezugspunkt gibt, sondern in der es das Denken nur mit sich und mit seinem Sichverstehen zu tun hat. Es ist sozusagen ein unbezügliches Tun und eine unbezügliche Anstrengung, in der das Denken und Begreifen sich hier zu sich selbst verhält. Diese Entwicklung des Denkens ist kein Verkommen, sondern ein Fortschritt, ein Fortschritt des Denkens darauf hin, sich selbst in seinem Sichverwirklichen gemäß zu sein. Wenn das Denken sich dieses Fortschreitens bewußt ist, dann kann es von sich selbst auch die Überzeugung haben, fortgeschritten zu sein und im Fortschreiten in der richtigen Verwirklichung seiner selbst weiter anhalten zu können.

In der Konzeption Kants ist das also gerade das Merkmal des aufgeklärten Selbstbewußtseins und insbesondere des aufgeklärten philosophischen Bewußtseins, daß das Denken sich in dem Beisichsein, das es immer schon ist, selbst ausdrücklich versteht. Indem das Denken sich so selbst in seiner eigenen Natur versteht, da ist es zugleich auch das rechte Verständnis der geschichtlichen Entwicklung des Menschen, die als ein Prozeß verstanden werden muß, in dem der Mensch in seiner Natur, der Natur eines vernünftigen Weltwesens, immer schon er selbst ist und bei sich selbst ist, aber innerhalb dieses bleibenden Wesens seiner Natur auch immer schon in einer Entwicklung derart steht, daß diese seine Natur sich als vernünftige Natur selbst immer deutlicher verstehe und als solche für sich selbst in Wirklichkeit geschehe.[19] Diese Konzeption vom geschichtlichen Wesen des Menschen und dem Fortschreiten, durch das es charakterisiert ist, wird durch die Auffassung Hegels völlig abgetan und umgemodelt und zwar gerade im Ausgang von der Besinnung, die Hegel dem Übergang zu dem neuen Denken, als dessen Exponenten er sich selbst sah, und damit also dem Denken der Aufklärung gewidmet hatte. Für Hegel ist das Denken durch sein jeweiliges geschichtliches Bestimmtsein angegeben, und es entwickelt sich aus bestimmten Zuständen heraus in andere Zustände hinein, eine Entwicklung, die dann notwendig auch das Preisgeben des Alten und das Heraufkommen von völlig Neuem enthalten muß.[20] Für Kant hat die

Geschichte sozusagen nur relative Bedeutung,[21] und gerade das sieht das Denken der Aufklärung für Kant ein; die menschliche Natur ist immer bei sich selbst und nur innerhalb dieses Beisichselbstseins, in dem diese Natur sich selbst immer schon als solche bekannt und zugegen ist, gibt es eine Entwicklung, die eine Entwicklung des Fortschreitens sein muß. Aufklärung bedeutet innerhalb dieser in sich relativen Entwicklung den ausgezeichneten Augenblick, wo das reflektierende Selbstbewußtsein für sich selbst zur ausdrücklichen Einsicht über diese seine Situation kommt, die sich doch durch die ganze Geschichte hin, wenn auch ohne solche ausdrückliche Reflexion, immer schon erfüllt hat. Für Hegel dagegen gilt die Geschichte absolut.[22] Es gibt kein Überfliegen der Geschichte durch das vernünftige Selbstbewußtsein, sondern dieses Selbstbewußtsein hat sich als solches jeweils ganz in seine Zustände hineingesenkt; und weil dem so ist, deswegen kann es auch mit seiner ganzen absoluten Bedeutung in diesen Zuständen wirksam sein und in Umwälzungen und Umschwüngen von unbedingter Bedeutung Zeiten neuen Sichverstehens heraufführen; und die vollkommene Einsicht des vernünftigen Selbstbewußtseins über sich selbst kommt dann erst mit der Endphase der Geschichte herbei.

Nach Hegels eigenem Verständnis hat sich nun diese seine Konzeption eben aus einer Situation des Denkens heraus entwickeln müssen, wie sie durch das Denken und die Philosophie der Aufklärung gegeben war. Dabei setzt er das Denken der Aufklärung jedoch nicht als ein Faktum, das seinem eigenen System vorauf ginge, voraus, sondern gibt es innerhalb dieses Systems als die Bedingung für die Transzendentalphilosophie und für sein eigenes Denken an. Sein eigenes System soll freilich, weil es das System des Denkens ist, das sich sich selbst ganz angeeignet hat, die geschichtliche Entwicklung ganz verstehen und in ihrer Wahrheit angeben. Auch Kants Denken, das ja von der Geschichte und von der Bedeutung der geschichtlichen Entwicklung und damit insbesondere auch von der Bedeutung der Aufklärung eine ganz andere Auffassung hat, soll also durch diese Geschichtsphilosophie überhaupt erst richtig verstanden sein; was Kants Lehre eigentlich besagen wollte, soll nicht durch die Aussagen, wie Kant sie unmittelbar gegeben hat, schon verstanden sein, sondern erst durch das System Hegels hervorgehen. Dieses System gibt nun aber etwas ganz anderes über das vernünftige Selbstbewußtsein und seine geschichtliche Entwicklung an, als Kant gemeint hatte; es gibt insbesondere über das Denken der Aufklärung, dem Kant sich doch selbst zugerechnet hatte, und über das Sichverstehen dieses Denkens etwas anderes an, als Kant dies als in sich gesicherte Einsicht vorgetragen hatte. Und wenn Kants Denken ohne

Zweifel in gewisser Weise die Bedingung für die Philosophie Hegels ist, so hat es also mit der Philosophie eine ganz andere Entwicklung genommen, als Kant sie sehen zu können meinte, und zwar eine Entwicklung, bei der zugleich das Selbstverständnis, das die Philosophie Kants nach ihren direkten Aussagen von sich selbst hat, als verfehlt und als Selbsttäuschung erkannt ist. Kant meinte in einem bleibenden Beisichsein des vernünftigen Selbstbewußtseins eine geschichtliche Entwicklung von relativer Gültigkeit ausmachen zu können, die auf den Fortschritt im richtigen Sichverstehen ausgerichtet ist; Hegel gibt uns nicht nur eine andere Konzeption der Geschichte, sondern er zeigt uns auch, inwiefern sich Kant mit seinen Aussagen über seine eigene Situation getäuscht hat, wie er etwas hat sagen müssen, was im Grunde eine andere Bedeutung hat, worin einbeschlossen ist, daß das Selbstbewußtsein sich in seiner Philosophie nicht zur Wahrheit über sich selbst bringen konnte. Wenn sich dies alles aber aus der Kantischen Philosophie hat ergeben können, wenn uns das System Hegels tatsächlich vorliegt, das aus der Kantischen Philosophie etwas ganz anderes macht, als diese behauptet hat, das Kants Verständnis von der Geschichte und von der Position seines eigenen Denkens in der Geschichte umwirft und sich so nicht nur als Lehre der Kantischen Lehre entgegenstellt, sondern auch durch ihr tatsächliches Erscheinen das widerlegt, was Kant über den Fortgang der Entwicklung des Denkens vorausgesagt hatte, dann muß sich aus einer solchen Situation für uns allerdings die Frage ergeben, wo denn nun überhaupt ein Maßstab sei, mit dessen Hilfe man angeben könne, was denn das Denken der Aufklärung eigentlich sei und bedeute. Nach Kant meint Aufklärung, daß das Denken sich selbst recht als Denken verstehe; nach Hegel ist Aufklärung ein Verkommen des Denkens, das von der alten Metaphysik zu der neuen dialektischen Metaphysik leitet. Wie können wir aus einer solchen Situation zu einer in sich gesicherten Beurteilung dessen kommen, was Philosophie der Aufklärung bedeutet?

Nach der Auffassung Kants geht es im Denken der Aufklärung darum, daß das Denken sich selbst recht als Denken verstehe. Und insofern wäre das Denken der Aufklärung in gewisser Weise das wahre Denken und damit der Maßstab des Denkens schlechthin, der Maßstab allen anderen Denkens und auch sein eigener Maßstab. Wir müssen für unsere Untersuchung dies sicher übernehmen, daß das Denken der Aufklärung aus einem Gesichtspunkt beurteilt werden müsse, in dem das Denken sich selbst in seiner eigenen Natur versteht. Aber wir können dessen nicht sicher sein, daß das Denken der Aufklärung und insbesondere das Denken Kants sich in der Auffassung, die es von sich selbst hatte, es selbst sei schon das sich richtig und gänzlich verstehende Denken, wirklich korrekt angibt. Dies näher zu untersuchen, können wir hier nicht eine erkenntnistheoretische Spekulation zugrunde legen, sondern wir müssen uns an diese Philosophie selbst halten und sie immer unter der Frage zu fassen suchen, ob das Denken sich in ihr selbst als Denken verstanden habe. Darauf kommt es offenbar an, daß das Wesen des Denkens und Begreifens nicht einfach durch irgendwelche Bestimmungen und Behauptungen bezeichnet wird, sondern daß das Denken sich in den Aussagen, die es über sich macht, selbst als Vollzug zugegen ist.

Der berühmte Anfangssatz von Kants ›Beantwortung der Frage: Was ist Aufklärung?‹ lautet: „Aufklärung ist der Ausgang des Menschen aus seiner selbstverschuldeten Unmündigkeit."[23] Kant gibt diesem Satz die folgende nähere Bestimmung: „Unmündigkeit ist das Unvermögen, sich seines Verstandes ohne Leitung eines anderen zu bedienen. Selbstverschuldet ist diese Unmündigkeit, wenn die Ursache derselben nicht am Mangel des Verstandes, sondern der Entschließung und des Mutes liegt, sich seiner ohne Leitung eines anderen zu bedienen."[24] Wir sehen, daß die Vergewisserung des Denkens über sich selbst nach Kant gar nicht dadurch erlangt wird, daß das Denken sich auf eine bestimmte Weise zu den Gegenständen seiner Erkenntnis verhält, sondern vielmehr dadurch, daß der Verstand, der immer schon da ist und als solcher auch ohne Mangel da ist, sich zu sich selbst bekennt und sich dazu entschließt, sich aus sich selbst zu vollziehen. Der Verstand wird nicht durch besondere Operationen und Funktionen angegeben, er wird nicht durch sein Verhältnis zu den Gegenständen der Erfahrung angegeben, sondern er wird dadurch als Verstand angegeben, daß er ein Verhältnis zu sich selbst ist, das man als ein Sichbekennen zu sich selbst, als ein Sichentschließen zu sich selbst angeben kann. Dieses Sichbekennen des Verstandes zu sich selbst macht die Wahrheit seiner theoretischen Natur aus. Die theoretische Natur des Verstandes kann nicht durch irgendwelche Strukturen und Bestimmungen, etwa durch logische Verhältnisse, angegeben werden, sondern sie wird vor aller Bestimmung und vor allen Verhältnissen dadurch angegeben, daß es dem Verstand darum geht, er selbst als Verstand zu sein. Das ist sozusagen ein unbezügliches Verhältnis des Verstandes zu sich selbst, das als solches ein theoretisches Verhältnis ist, das aber als solches auch das Fundament des moralischen Sichverhaltens des vernünftigen Weltwesens ist.

Dieses Verhältnis hat den Charakter eines Bekenntnisses des Verstandes zu sich selbst, eines Sichentschließens des Verstandes zu sich selbst.²⁵ Was der Verstand darin meint, ist immer nur, daß er er selbst sei und so für sich selbst sei: Aber daß der Verstand so für sich selbst er selbst sein kann, daß sein eigenes theoretisches Wesen sich selbst wirklich gemäß ist, das ist offenbar mit dem bloßen Dasein des vernünftigen Weltwesens in der Welt anfänglich noch nicht gegeben, sondern diese Situation enthält, mit Rousseau und mit Hegel zu sprechen, so etwas wie eine Entfremdung des Verstandes von sich selbst, durch die er sich in seinem unbezüglichen Beisichsein in gewisser Weise auch entzogen ist und deswegen aus dieser Situation heraus sein eigenes theoretisches Wesen als eine Entschließung zu sich selbst durchführen muß. Diese Entschließung kommt ihm nicht aus einem ihm äußerlichen Wollen, sondern meint gerade sein eigenes Wesen als Beisichsein, sofern es sich gegen sein Befangensein durch das Anderssein doch selbst als solcher meinen und für sich erhalten muß. Dieses Anderssein aber nun, in dem das Denken sich anfänglich findet und von dem es sich freizumachen und sich zu sich seiner eigenen Natur gemäß zu bekennen hat — was sein theoretisches Wesen selbst als Anstrengung und Entschließung erscheinen läßt —, dieses Anderssein ist nicht etwas, was aus dem Denken herausfällt, sondern es ist die Art und Weise, wie das Denken für sich selbst da ist und sich selbst als Denken begegnet. Dem Denken geschieht sein eigenes Wesen nicht als Esselbstsein, sondern so, daß es selbst als solches als Bevormundetsein statthat, seine eigne Wirklichkeit darin hat, das Geschehen von Bevormundetsein zu sein.

Der menschliche Verstand ist anfänglich dadurch charakterisiert, daß er als Verstand das Geschehen von Bestimmtsein, von Beherrschtsein, von Regiertsein ist.²⁶ Dieses Geschehen des Verstandes in Beherrschtsein und Regiertsein, das in bezug auf sein Begreifen als ein Geschehen auf die Weise von Bevormundetsein charakterisiert werden kann, kann in äußerlicher geschichtlicher Betrachtung leicht dadurch angegeben werden, daß man auf die jeweils Herrschenden, Regierenden usw. hinweist, die das Denken ihrer Untertanen usw. bevormundet hätten; aber darauf kommt es hier nicht eigentlich an. Was Bevormundung des Denkens sei, ist nicht dadurch zu begreifen, daß man äußerlich nach Bevormundenden sucht, sondern dadurch, daß man das Denken in sich selbst versteht und sieht, es sei — mit oder ohne die Gegenwart und den Einfluß tatsächlich bevormundender Anderer — ein solches Denken, dem seine Überzeugungen nicht aus sich selbst kommen, das sich in diesen Überzeugungen nicht aus sich selbst zu verstehen vermag. Bevormundetes Denken ist ein solches Denken, das in dem, was es meint und weiß, wohl seine Inhalte und seine Verwirklichung als Denken hat, sich aber in diesem seinem Sichverwirklichen nicht selbst als solches zu begreifen vermag, sondern sich durch etwas vorfindet, das für es da ist und von dem her es es selbst ist. Daß das Denken so nicht als Autonomie, sondern als Bevormundung geschieht, daß es sich selbst aus etwas begreift, das ihm als ein Vorgegebenes erscheint, an dem es sich selbst faßt, ohne sich selbst darin als solches verstehen und erkennen zu können, das charakterisiert von seinem anfänglichen Sichverwirklichen her das Selbstverständnis des Menschen als solches; das Geschehen des Selbstverständnisses in der Bevormundung ist nicht etwas, was man nach Gesellschaftsschichten und Klassen aufgliedern könnte, sondern es betrifft Regierende und Regierte gleichermaßen, und nur die Durchführung dieses allgemeinen Geschehens des Selbstbewußtseins als Bevormundetsein ist es, die dann die einen und die anderen, vielleicht auch in klassenhafter Abgrenzung, zu Leidenden bzw. zu Genießenden, zu Bestimmten bzw. zu Bestimmenden macht.[27]

Das Denken, das sich dadurch, daß es sich zu sich selbst entschließt, wozu im Denken aller Entfremdung ungeachtet noch immer die Möglichkeit liegt, von der Bevormundung freimacht, macht sich also davon frei, sich in dem, was es denkt und meint, nicht in sich selbst und durch sich selbst zu verstehen. Das Problem der Befreiung von der Bevormundung, d. h. das Problem des aufgeklärten Denkens ist nicht ein Problem des Verhältnisses des Bewußtseins und des Denkens zu den Dingen und zu seiner Erfahrung von den Dingen, sondern es ist ein Problem des Verhältnisses des Selbstbewußtseins zu sich selbst und damit auch ein Problem des Verhältnisses der selbstbewußten Menschen zueinander, sofern sich in ihrem Verhältnis zueinander denkendes Bewußtsein immer auf denkendes Bewußtsein bezieht. Daß das Denken als Bevormundetsein geschieht, das ist etwas, was die Menschheit anfänglich als solche und damit die Gesellschaft im ganzen charakterisiert.[28] In dem Verhältnis der Menschen zueinander führt dieses Geschehen des Selbstbewußtseins als Bevormundetsein sich selbst durch: hier allein hat das bevormundete Selbstbewußtsein und Denken direkt mit sich selbst zu tun; und so kann auch nur in diesem Verhältnis der Menschen zueinander und für dieses Verhältnis der Menschen zueinander recht eigentlich die Befreiung von der Bevormundung erlangt werden. Es hat keinen Sinn, zu sagen, der Philosoph, wie er für sich allein reflektiert, gelange mit seiner Lehre für sich zur Befreiung von der Bevormundung; die Befreiung von der Bevormundung mag sich auch durch die Lehre ausdrücken, aber wesentlich ist sie die Haltung des Denkens, daß es Bekenntnis zu sich selbst sei, und diese Haltung äußert sich im Verhältnis der Menschen zueinander. Das gibt uns — gleichsam nebenbei und von Kant her gesehen — auch eine maßgebliche Bestimmung der Philosophie der Aufklärung: für diese Philosophie gilt die Lehre nicht um ihrer selbst willen, sondern sie ist gleichsam nur der nachfolgende Ausdruck einer Haltung des denkenden Selbstbewußtseins, in der dieses Sichbekennen zu sich selbst ist und sich als solches Sichbekennen zu sich zu anderen Menschen in der Gesellschaft verhält. Durch die philosophische Lehre gibt sich diese Haltung wohl Gestalt und begrifflichen Ausdruck, aber sie bleibt darin doch immer wesentlich Haltung des Denkens; in der nachkantischen dialektischen Metaphysik ist es dagegen wieder die Lehre, das System, das als solches unbedingte Bedeutung beansprucht und, indem es sich selbst als Wissenschaft bezeichnet, das Unbedingte glaubt als Doktrin angeben zu können.

b) Öffentliches Denken ohne doktrinales Bestimmtsein

Daß das Denken die Bevormundung tatsächlich überwindet, das kann also nur durch es selbst geschehen, dadurch, daß es sich zu sich selbst bekennt, und dazu trägt es die Möglichkeit immer schon in sich. Daß das Denken aber dieses sein Sichbekennen zu sich selbst tatsächlich durchführt, das muß durch das Sichverhalten der Menschen in der Gesellschaft, durch das Sichverhalten der Menschen zueinander geschehen. Dieses Sichverhalten der Menschen zueinander muß durch Entschließung und Wille zu einem solchen gemacht werden, in dem es nicht vorausgesetzte Bestimmungen und Auffassungen, vorgegebene Meinungen und Institutionen sind, aus denen heraus, in denen und durch die die Menschen sich in ihrem Verhältnis zueinander verstehen, sondern in dem es vielmehr das Geschehen von Denken selbst sei, in dem sie miteinander geeint sind und durch das sie einander verstehen. Daß sie sich so als Denkende miteinander verbunden wissen, das kann gerade nicht dadurch geschehen, daß sie sich miteinander an gemeinsame Inhalte des Denkens und Meinens halten, sondern es geschieht dadurch, daß sie füreinander im Sichbekennen und als Sichbekennen zum Denken da sind und eben darin ihr Miteinander haben. Wenn aber die Menschen auf die Weise ihres Sichbekennens zum Denken füreinander und miteinander da sind, so geschieht dies dadurch, daß sie sich in allem, was ihre Gesellschaft als eine Gesellschaft vernünftiger Weltwesen betrifft, wechselseitig auf die Weise des freien und öffentlichen Urteilens und des freien und öffentlichen Beurteilenlassens des eigenen Urteilens zueinander verhalten. Wenn die Menschen unter einem solchen freien und öffentlichen Beurteilen und Beurteilenlassen in der Gesellschaft miteinander leben, dann haben sie sich darin für sich selbst unter das

Wesen des Denkens gestellt, ihr Selbstverständnis geschieht aus dem Denken und als Vollzug des in sich allgemeinen und öffentlichen Wesens des Denkens selbst.[29]

Aufklärung bedeutet nicht, daß das Denken die Bevormundung und d. h. das Regiertsein und Bestimmtsein negativ von sich abweist, daß es sich gegen die alten Bestimmungen erhebt und vielleicht neue dagegen setzt, sondern es bedeutet, daß die Menschen sich in ihrem Dasein in der Gesellschaft neu und anders begreifen, nämlich sich begreifen aus einem freien und öffentlichen Beurteilen und Beurteilenlassen. Ein solches Sichverstehen der Menschen in der Gesellschaft durch das freie und öffentliche Urteil braucht sich gar nicht direkt gegen die alten Bestimmungen und Institutionen zu kehren, die noch der Ausdruck des bevormundeten Denkens sind, es braucht die kontinuierliche Entwicklung der Zustände in der Gesellschaft nicht abzureißen[30]: daß dieser Geist der Aufklärung, der der Geist des freien und öffentlichen Urteils ist, da ist und sich ausbreitet, das genügt dazu, daß die Reform der Zustände der Gesellschaft von selber folgen wird. Die Institution wird immer hinter der Entwicklung des öffentlichen Vernunftgebrauchs zurücksein[31] und von uns einen eingeschränkten — durch das Amt bestimmten „privaten" — Vernunftgebrauch verlangen; wenn aber Aufklärung in der Gesellschaft schon wirksam ist und der öffentliche und freie Gebrauch des Urteils schon möglich ist, dann wird auch die Institution als solche nach und nach angemessener Ausdruck der aufgeklärten Denkhaltung werden. „Der *öffentliche* Gebrauch seiner Vernunft muß jederzeit frei sein, und der allein kann Aufklärung unter Menschen zustande bringen; der *Privatgebrauch* derselben aber darf öfters sehr enge eingeschränkt sein, ohne doch darum den Fortschritt der Aufklärung sonderlich zu hindern."[32]

Was also dergestalt nach Kant die Basis der Geisteshaltung und damit auch der Philosophie der Aufklärung ausmacht, das ist nicht eine besondere Weise des Raisonnierens oder dergleichen, also auch nicht etwa das Sichhineingeben des Begreifens in die Erfahrung, sondern das ist eine, wenn wir so sagen wollen, unbezügliche Haltung des Denkens, ein Sichverhalten des Denkens zu sich selbst, das sich auch unmittelbar in der Weise des gesellschaftlichen Miteinanderseins der Menschen äußert. Diese Haltung betrifft nicht irgendwelche Inhalte des Denkens, gleich welcher Art sie seien, und sie betrifft auch nicht das besondere Verfahren in solchen Inhalten, sondern sie betrifft das Geschehen des Denkens als Denken in seiner Unmittelbarkeit, sie betrifft das Dasein des vernünftigen Weltwesens unmittelbar in seinem Sichverstehen. Dieses Sichbekennen des Denkens zu sich selbst, das sich durch das freie und öffentliche Urteil unmittelbar darstellt, kann in seiner Bedeutung nicht Gegenstand irgendwelcher Doktrinen und philosophischen Systeme sein, die erst darüber befinden würden, was es mit dieser Freiheit und Öffentlichkeit des Urteilens eigentlich auf sich hat, sondern dieses Sichbekennen des Denkens zu sich selbst ist eben unmittelbar und unbezüglich seine eigene unbedingte Bedeutung, die sich auf die Weise des freien und öffentlichen Urteils darstellt. Diese aller Doktrin und allem System entzogene Gewißheit des vernünftigen Selbstbewußtseins über sich selbst, die nicht durch die Inhalte, über die raisonniert wird, sondern nur durch den Akt des freien Urteils angegeben werden kann, macht für das Denken der Aufklärung die Basis aus, auf der der vernünftige Mensch schon über sich selbst befunden hat und über die auf keine Weise von außen und etwa auf die Weise einer philosophischen Lehre befunden werden kann.

Wenn das aufgeklärte Denken die alten Lehren der Metaphysik ablehnt, so lehnt es sie nicht in dem Sinne ab, daß nun neue philosophische Lehren erstellt werden sollten, die sogar auch imstande wären, das aufgeklärte Bewußtsein selbst also solches noch in Form von Lehrinhalten vorstellig zu machen, sondern es lehnt das philosophische Lehren und die philosophische Lehrhaftigkeit überhaupt ab, weil nämlich die philosophische Lehre, eben weil sie an Inhalte gebunden ist, den Akt des freien und öffentlichen Urteilens durch sich gar nicht adäquat angeben kann: dieses freie und öffentliche Urteilen versteht sich nur durch sich selbst. Eine philosophische Doktrin kann als Durchführung des aufgeklärten Denkens eigentlich nur so möglich sein, daß ihre Aussagen insgesamt nichts sind und nichts bedeuten als eben das Sichdurchführen des freien und öffentlichen Urteils und daß die Bestimmungen, die sie gibt, unmittelbar als das Sichäußern solchen Urteilens gelten.

Wir können daher wohl sagen, daß eine Doktrin, die das Wesen des philosophischen Denkens der Aufklärung durch inhaltliche Aussage festzulegen sucht, wie die Philosophie Hegels dies tut, diesem Denken schon nicht mehr gerecht werden kann. Aber die große Frage bleibt dabei, wie aus dem aufgeklärten Denken, das in bezug auf das Sichverstehen des vernünftigen Selbstbewußtseins die Nichtigkeit der Lehren und der Lehrhaftigkeit offenbar gemacht hat, wieder solche dogmatischen Lehren entspringen konnten, wie sie die dialektische Metaphysik dann bringt, und die sogar das Wesen des aufgeklärten Denkens selbst wieder unter inhaltliche Bestimmungen stellen. Es scheint, daß schon in der ›Kritik der reinen Vernunft‹ selbst das aufgeklärte Denken, d. h. das Wesen freien und öffentlichen Urteilens sich nicht einfach nur als solches zum Ausdruck bringt, sondern zugleich mit dogmatischen Aussagen verknüpft ist, in denen es wieder den Charakter einer Lehre annimmt, die aus dem Wesen des aufgeklärten Denkens auch herausfällt.[33]

Kant hat sich mit der eigentümlichen Situation der Vernunft des Menschen, wie sie anfänglich dadurch charakterisiert ist, daß sie auf die Weise von Bevormundetsein geschehen muß, wie sie sich aber zugleich genötigt fühlt, sich aus diesem Bevormundetsein herauszuarbeiten, auch in seiner Schrift über den ›Streit der Fakultäten‹ in hohem Alter noch beschäftigt. Der Mensch ist von Natur aus ein Wesen, das leben und sich in seinem Dasein befördern nur kann, wenn es unter einer Regierung steht.[34] Diese Regierung ist nicht etwa etwas, was zu seinem Dasein, das sich als solches schon durch sich selbst verstünde und durch sich selbst seine Bedeutung hätte, nur akzidentell hinzukäme und es unter zusätzliche Regeln und Ordnungen stellte. Die Regierung ist vielmehr etwas, was die Realität des menschlichen Daseins ursprünglich mitausmacht; der Mensch lebt nicht erst einmal als solcher — wie Rousseau es auffaßte — und wird dann auch noch regiert, sondern wenn immer Menschen sind, findet auch Regierung statt, gleich ob der einzelne in dieser Ordnung der Regierende oder Regierter ist. Darin, daß das Leben der Menschen so unter Regierung geschieht, darin drückt es sich eben aus, daß ihr Leben immer schon durch das öffentliche Wesen der Vernunft bezeichnet ist, aber offenbar eben so bezeichnet ist, daß dieses in sich öffentliche Wesen der Vernunft sich anfänglich gar nicht anders verwirklichen kann als eben in der Gestalt des Bevormundetseins. Das Leben des Menschen in der Gesellschaft kann geschichtlich nicht anders beginnen, als daß das in sich öffentliche Wesen der Vernunft sich in der Gesellschaft auf die Weise des Bevormundetseins verwirklicht, d. h. daß das Leben der Menschen unter einer despotischen Regierung geschieht. Aber es gibt eine geschichtliche Bewegung zum aufgeklärten Denken hin,[35] wo denn schließlich das in sich öffentliche Wesen der Vernunft sich auch selbst als solches ausdrücklich verstehen kann und sich die Regeln und Ordnungen des gesellschaftlichen Miteinanderseins der Menschen einordnen kann, so daß Regierung dann Ausdruck und Durchführung des freien Wesens der Vernunft selber sein kann.

Wenn immer nun aber Regierung ist und wie immer sie beschaffen sei, so wird sie, weil sich durch sie die Vernunft in ihrem öffentlichen Wesen selbst Ausdruck gibt, nicht ohne Lehre geschehen können. Und darauf kommt es nun an, ob die Inhalte dieser Lehren um ihrer selbst willen gelten sollen und damit also der direkte Ausdruck und das direkte Sichdurchführen einer despotischen Regierung sind oder ob sie

Ausdruck freier Urteilskraft sind, die sich selbst gesellschaftlich unter der Form einer aufgeklärten Regierung Gestalt gibt. Dabei wird es sich jedoch immer so verhalten müssen, daß auch unter einer Regierung, die noch in gewissem Maße despotisch ist, das in sich öffentliche Wesen der Vernunft sich doch auch als solches äußern und zur Darstellung bringen kann, denn das macht ja eigentlich die Wahrheit der Vernunft aus, in der sie immer stattfindet und ohne die auch die Regierung als Institution, die doch immer irgendwie Ausdruck und Durchführung des vernünftigen Wesens des Menschen ist, sich selbst nicht als Regierung zu erhalten vermöchte. Solange die Vernunft unter dem Bevormundetsein steht, wird sich die Lehre, in der sich das freie und öffentliche Wesen der Vernunft direkt darstellt, freilich immer der durch die despotischen Interessen der Regierung bestimmten Lehre einordnen und unterordnen müssen. Aber wenn die Aufklärung des vernünftigen Selbstbewußtseins genügend fortgeschritten ist, wird sich dieses Verhältnis umkehren und die Lehren, die Durchführung des Willens der Regierung als Institution sind, werden sich dann den Lehren, die nichts als das Sichgestalten des freien und öffentlichen Urteilens der Vernunft sein wollen, einordnen müssen.

In diesem Sinne sieht Kant die Universitätslehre[36] zu seiner Zeit in einer tiefgreifenden Reform begriffen. Solange das Denken als bevormundetes Denken geschieht und eine despotische Regierung das Leben in der Gesellschaft bestimmt, solange haben in der Universitätslehre die sog. oberen Fakultäten — die theologische, die juristische und die medizinische Fakultät — die Übermacht, und die philosophische Fakultät[37] als die untere Fakultät dient ihnen gleichsam nur, nämlich durch die Übung des Denkvermögens zu wissenschaftlicher Erkenntnis. Es muß so sein, denn die bevormundete Vernunft kann sich ja selbst nur auf die Weise eines für sich geltenden Regierens und Regiertseins meinen, ihr muß ihr Sichverstehen, auf das die Lehre der oberen Fakultäten direkt abzielt, in die Form dogmatischer Verkündigung und Bestimmung eingehen. Die Gotteslehre und die Rechtslehre, wie sie in diesem Zustande des vernünftigen Bewußtseins von den oberen Fakultäten vorgetragen werden, können immer nur so beschaffen sein, daß darin das Sichselbstverstehen der Menschen durch die Regierung seinen Ausdruck findet, und in diesem Sinne ist dann diese Lehre die Durchführung des jeweils besonderen Willens und der jeweils besonderen Interessen der besonderen Regierung, die die Fakultäten mit der Lehre beauftragt hat. Die untere Fakultät besteht in diesem Zustand der ausdrücklichen Überzeugung der Regierung und der Universität nach um der oberen Fakultäten willen; aber sie besteht doch immer zugleich auch um ihrer selbst willen, und Regierung und Universität können es gar nicht vermeiden, auch selbst zu wollen, daß die untere Fakultät als Ausdruck des freien und öffentlichen Wesens der Vernunft durch sich selbst und für sich selbst gelte. Das führt dann schließlich zu der Reform der Regierung sowohl als auch der Universitäten. Aber durch diese Reform werden die oberen Fakultäten nicht von der Lehre ausgeschlossen oder aus ihr verdrängt: sie ordnen sich nur dem Geschehen der Vernunft als freies und öffentliches Urteil, wie es die untere Fakultät seit je gemeint hat, mit ihren Lehren ein. Es bleibt dabei, daß die Lehren der oberen Fakultäten auf das inhaltliche Sichgestalten des Sichverstehens der Menschen — als gesellschaftlicher Wesen — gehen, aber dieses inhaltliche Sichgestalten des Sichverstehens muß nun so vollzogen werden, daß sich die freie Urteilskraft als solche in ihm erkennt.

Kant hat im ›Streit der Fakultäten‹ einige Andeutungen dazu gegeben, wie denn nun wohl inskünftig die Lehre der oberen Fakultäten zu erfolgen habe.[38] Aber es zeigt sich — in einer gewissen Parallelität zur Situation der ›Kritik der reinen Vernunft‹ —, daß er zu einer konkreten gehaltlichen Bestimmung dessen, wie denn nun die neue Lehre auszusehen habe, nicht eigentlich kommen konnte. Und auch hier ist es so, daß die dogmatische Metaphysik der Nachkantianer dann das Geschehen des Denkens als freies und öffentliches Urteil — d. h. hier die Lehre der philosophischen Fakultät — mit ihrem unbedingten Anspruch inhaltlich festlegen wollte und so zu einem Verständnis der philosophischen Fakultät kam, nach dem deren Lehre das Absolute und das Ganze des Wissens sein sollte und alle anderen Fakultäten in sich aufgehen lassen sollte. Diese Apotheose der philosophischen Fakultät war bei diesen Metaphysikern zugleich mit der radikalen Absage an das Denken der Aufklärung verbunden, das es — als ein Niedergang noch im Vergleich mit der alten Metaphysik — nicht gewagt hätte, die Vernunft in ihren Bestimmungen darzustellen. — Auch hier finden wir also wieder das gleiche Problem. Im Denken der Aufklärung bekennt sich das Denken zu sich selbst, es ist für sich selbst als das Geschehen freien und öffentlichen Urteilens da. Aber dieses Geschehen der Vernunft als freies Urteilen kann sich als solches nicht in Aussagen umsetzen. Schon die Aussagen der ›Kritik der reinen Vernunft‹ haben in gewisser Weise einen dogmatischen Charakter, und in der nachkantischen Metaphysik meint sich die Vernunft, die sich selbst als das Geschehen freien Urteilens offenbar ist, selbst wieder als solche unter der Gestalt dogmatischer Behauptungen.

3. Überwindung der metaphysischen Denkhaltung

a) Hervorgehen aus der Metaphysik des Cogito

Solange sich das aufgeklärte Denken noch nicht in der öffentlichen Lehre durchgesetzt hat, d. h. also für Kant vor seiner Zeit, solange ist das freie Denken und Urteilen, das in der Lehre der unteren Fakultät liegt, für das Sichverstehen des Menschen nur indirekt wirksam und seine eigentliche Aufgabe liegt darin, vorgegebene Strukturen und Sachverhalte wissenschaftlich zu erkennen und zu begreifen. Die Arbeit der unteren Fakultät, die die *artes liberales* und die empirischen bzw. historischen Wissenschaften lehrt, richtet sich auf das Sichverstehen des Menschen nur nebenbei und ohne darüber selbst inhaltliche Aussagen zu machen. Denn obwohl das Denken hier als autonomes Denken geschieht, übt es diese Autonomie doch nur in der Abhängigkeit von Vorausgesetztem und Vorgegebenem aus, handle es sich dabei um Dinge und Zustände oder um reine Strukturen.

Die philosophische Reflexion, die im Ausgang von dieser Denkhaltung der unteren Fakultät doch auch auf das Sichverstehen des Menschen als solches gehen will, hat in der Zeit des Sichvorbereitens des aufgeklärten Denkens an der Universität eigentlich überhaupt keinen Platz. Diese philosophische Lehre fällt aus der öffentlichen Lehre der oberen Fakultäten, die durch das Prinzip des Regiertseins und durch die jeweilige Verfassung der besonderen Regierungen bestimmt ist, heraus, sie kann aber auch nicht bei der Begrenzung, die die untere Fakultät für sich anerkannt hat, stehenbleiben. So finden wir hier (Kant handelt davon nicht) eine Metaphysik, die, indem sich in ihr das freie und öffentliche Wesen des Denkens schon als solches meint, sich aber darin doch selbst dogmatisch darstellen muß, in der öffentlich sanktionierten Lehre überhaupt keinen Platz finden kann: die oberen Fakultäten nehmen diese Metaphysik nicht an, und die untere Fakultät lehnt sie als ein dogmatisches Überschreiten der Grenzen reiner Wissenschaft ab.[39] Diese Metaphysik ist der adäquate Ausdruck des vernünftigen Sichverstehens der Menschen zu ihrer Zeit, aber sie muß ohne öffentlich institutionalisierte Lehre geschehen, denn die institutionalisierte Lehre ist hinter ihr zurück und kann ihr in keiner ihrer Formationen angemessenen Ausdruck geben. Erst wenn das aufgeklärte Bewußtsein öffentlich wirksam geworden ist, kann sich die untere Fakultät dahin erweitern, daß ihr autonomes Denken sich auch dem Sichverstehen des Menschen selbst angemessen zuwenden kann und sie sich damit die oberen Fakultäten, der Haltung des Denkens nach, in gewisser Weise einordnen kann.

Das Denken nun, das der Philosophie der Aufklärung, die in den Lehren der Universität ihre Stelle finden kann, als ein Denken, das aus der Universität herausfallen muß, voraufgeht, stellt sich recht eigentlich als die Metaphysik des *Cogito* oder der *Monade* dar. Das in sich öffentliche Wesen des Denkens wird hier auf eine Weise angegeben, nach der es in sich selbst beschlossen ist und als solches der faktischen gesellschaftlichen Verhältnisse nicht bedarf, obwohl es sehr wohl der Gesellschaft als solcher, nämlich des Reiches der Geister, bedarf. In der Lehre vom *Cogito* geht das reflektierende Denken über das Wissen des Gegebenen und Vorausgesetzten, an das sich die in der unteren Fakultät betriebenen Wissenschaften halten, hinaus, und sucht sich selbst auf die Weise eines Gegebenen und Vorausgesetzten darzustellen. Das freie, autonome und öffentliche Wesen des Denkens soll hier in philosophischer Reflexion selbst als ein gegebenes Dasein vorstellig gemacht werden und sich in diesem Gegebensein als solches verstehen können. Diese Lehre der Metaphysik vom Unbedingten, die nicht mehr einem unmittelbaren Sichhingeben des Denkens an das Sein entspringt, sondern die wissenschaftliche Haltung des Denkens, das in der unteren Fakultät geübt wird, zur Basis der Reflexion des Denkens auf sich selbst macht, stellt sich so ausdrücklich als eine Lehre dar, in der es dem Denken um sich selbst geht. Die Frage nach dem Unbedingten schlechthin, die Frage nach Gott, stellt sich durch die Frage nach dem *Cogito* hindurch, das selbst auch schon als in sich unbedingtes Geschehen eingesehen ist. Aber der Begriff, den dieses Denken sich vom *Cogito* oder von der *Monade* machen muß, ist doch mit den Mitteln des als Bevormundetsein geschehenden Begreifens gebildet. Das in sich autonome Wesen des Denkens gibt sich sein Sichverstehen unter der Gestalt des bevormundeten Denkens. Es ist diese Metaphysik des *Cogito* und der *Monade*, gegen die sich die Philosophie der Aufklärung ausdrücklich richten mußte. Aber dabei ist dann doch die Konstellation des Gegensatzes eben nur die äußere Konstellation; in der Sache ist die Philosophie der Aufklärung eben das Sichgemäßwerden der Philosophie des *Cogito*, und in gewisser Weise konnte sie sich auch selbst als ein solches Sichfortführen der Philosophie des *Cogito* verstehen.

Kant hat in der Vorrede zur zweiten Auflage der ›Kritik der reinen Vernunft‹, wo er sich selbst mit Kopernikus vergleicht, die eigentliche Leistung seiner kritischen Philosophie gerade darein gesetzt, daß sie das Ich als das Zentrum der Metaphysik, auf das alle andere Realität bezogen werden müsse, aufgehoben habe. „Es ist hiermit ebenso als mit den ersten Gedanken des *Kopernikus* bewandt, der, nachdem es mit der Erklärung der Himmelsbewegungen nicht gut fortwollte, wenn er annahm, das ganze Sternenheer drehe sich um den Zuschauer, versuchte, ob es nicht besser gelingen möchte, wenn er den Zuschauer sich drehen und dagegen die Sterne in Ruhe ließ."[40] Aber diese Aufhebung des *Cogito* als des an sich und für sich selbst bestehenden festen Punktes, auf den alle Realität zu beziehen sei, ist nicht erst in der ›Kritik der reinen Vernunft‹ vollzogen, sie charakterisiert das philosophische Denken der Aufklärung als solches. Kant hat es dann in der ›Kritik der reinen Vernunft‹ versucht, eine neue Vergewisserung des Denkens über sich selbst gerade dadurch zu erlangen, daß es sich selbst ausdrücklich darauf besinnt, daß es sich nicht mehr als ein in sich beschlossenes Bestehen begreifen, sondern sich als das Geschehen des Urteilens nehmen müsse, in dem und als dessen Ausführung sich alle Erkenntnis, wie immer sie im besonderen beschaffen sein mag, darstellen muß.

Von der Aufhebung der Lehre vom *Cogito* durch seine eigene Transzendentalphilosophie hat Kant in der ›Kritik der reinen Vernunft‹ noch des öfteren gehandelt, vornehmlich aber im Kapitel über die ›Amphibolie der Reflexionsbegriffe‹.[41] Dort setzt er sich mit der Monadenlehre Leibnizens auseinander. Zum Begriff von der Monade als einer absoluten und einfachen Realität, die in dieser Einfachheit durch Vorstellen und Wollen charakterisiert ist, mußte Leibniz für Kant deswegen kommen, weil er das Reale durch Abstraktion zu begreifen suchte. Das abstrakte Denken geht von dem für das Begreifen schon vorhandenen Bestimmten, von dem schon gegebenen Besonderen aus und begreift sich so selbst auf die Weise eines Gegebenen als die einfache Wahrheit des mannigfaltigen Vorhandenen. Das gegebene Mannigfaltige soll durch die einfache Monade, die auch ein Gegebenes ist, erklärt und verstanden sein. Aber dieses Begreifen durch bloße Abstraktion, das auf das einfache Bestehen des *Cogito* als Grundlage der Realität des Vielen führt, bleibt doch gerade ein Begreifen, in dem das Sichverstehen des Denkens von dem Gegebenen und Vorausgesetzten, sofern es als solches dem Denken noch nicht erschlossen ist, seinen Ausgang nimmt: das Sein des *Cogito* bleibt durch diesen Ausgang vom Gegebenen bestimmt und der Begriff von der unbedingten Realität, der so erworben wird, kann das Wesen des Denkens als Denken gerade nicht charakterisieren. Es läßt sich aber noch mehr sagen. Durch die Abstraktion, die hier als Abstraktion der metaphysischen Reflexion nicht allgemeine logische Bestimmungen, sondern das Wesen der Realität selbst anzugeben sucht, wird das gegebene Mannigfaltige, werden die für unser Erkennen und Erleben vorausgesetzten Dinge auch selbst nicht mehr in der ihnen eigenen Realität bewahrt und festgehalten; denn die Besinnung auf den Grund ihrer Realität — der dann in der *Monade* oder im *Cogito* gefunden werden soll — findet ja in der Abstraktion gerade so statt, daß das Denken die Dinge als solche nimmt, deren Realität es sich durch sich nicht erklären kann. Das reflektierende Denken setzt mit seinem Abstrahieren gerade an einem solchen Begreifen der Dinge an, das unvermögend ist, sie in ihrer Realität zu verstehen — in diesem Sinne zweifelt Descartes an der Realität von allem, was seiner Erkenntnis gegeben ist —, und so muß es als das Produkt seiner Abstraktion, nämlich in dem Begriffe vom *Cogito*, dann einen Grund des Mannigfaltigen angeben, der der Realität, in der die Dinge sich durch sich bezeugen, gerade nicht gerecht werden kann, sondern sich vielmehr als ein von den Dingen losgelöstes besonderes Bestehen darstellen muß. Das *Cogito* oder die *Monade*, die von diesem Denken als der Grund der Realität behauptet werden, bedeuten als Produkte der Abstraktion den Verlust des unmittelbaren Sichbezeugens der Realität, das wir an den Dingen haben. Daß das Denken auf diese Weise nicht dazu gelangen kann, dem Wesen der Realität gerecht zu werden, da es, indem es ihm um das Unbedingte geht, das Unbedingte doch nicht für sich selbst gelten läßt, sondern es vielmehr als Vorausgesetztsein, — d. h. in einer Reflexion, die in ihrer Methode durch Bevormundetsein charakterisiert ist, erreichen und begreifen will, führt eben dazu, daß die Philosophie der Aufklärung das *Cogito* zunächst radikal verwerfen muß.

Was in dieser Situation erforderlich ist und wozu das philosophische Denken der Aufklärung eben tüchtig sein will, ist also nicht, irgendwelche Modalitäten des abstrakten Begreifens zu ändern und das Denken etwa in dieser Situation, in der es die Realität doch nicht als solche verstehen kann, völlige Hingabe an die Erfahrung u. dgl. sein zu lassen — durch all solche Reformen wird die Ausgangssituation des Denkens nicht eigentlich geändert —, sondern was erforderlich ist, ist der radikale Verzicht des reflektierenden Denkens darauf, sich durch ein abstraktes Begreifen der Realität, das seiner Form nach behauptendes Begreifen sein muß, sowohl in bezug auf sein Verständnis der Dinge als auch in bezug auf das Verständnis seiner selbst seine Gestaltung und seine Darstellung zu geben. Das behauptende abstrakte Begreifen, wie es den Wissenschaften, die den Gegenstand der unteren Fakultät ausmachen, in ihrer Erforschung der Wahrheit angemessen ist, kann so nicht auf die philosophische Reflexion, die auf das Unbedingte geht, übertragen werden. In den Wissenschaften der unteren Fakultät kann es im Ausgang von dem Gegebenen und Vorausgesetzten um in sich unbedingte Erkenntnis von Wahrheit gehen; in der philosophischen Reflexion, in der das Denken sich selbst und das unbedingte Geschehen von Realität als solches meint, darf das Begreifen nicht mehr unter den Bestimmungen des Gegebenseins und des Vorausgesetztseins erfolgen, denn sonst kann das Denken sich selbst und kann es das unbedingte Wesen von Realität nicht als solches erlangen und verstehen. Es ist ein großer Unterschied zwischen dem wissenschaftlichen Denken, das das Gegebene und Vorausgesetzte vor sich hat und sich an ihm als freies und autonomes Begreifen entwickelt, und dem Denken der Metaphysik, in dem das reflektierende Selbstbewußtsein sich sein eigenes unbedingtes Wesen als ein Vorausgesetztes und Gegebenes produziert. Das philosophische Denken der Aufklärung kann das Begreifen und die Erkenntnisse der von der unteren Fakultät betriebenen Wissenschaften ohne weiteres in ihrer Gültigkeit anerkennen und übernehmen, aber es muß die Metaphysik des *Cogito* ablehnen, in der das Denken das Vorausgesetzte nicht nur als Material und Basis für die Ausübung seines autonomen Begreifens nimmt, sondern sich selbst auf die Weise von Vorausgesetztsein begreifen will.

Es geht dem Denken in der philosophischen Reflexion der Aufklärung um sich selbst und seine unbedingte Bedeutung; aber es kann sich seiner selbst nicht auf die Weise eines solchen Begreifens vergewissern, wie es dies in den Wissenschaften übt, wo das Begreifen sich als solches entwickeln kann, indem es sich gerade an etwas hält, das ihm etwas anderes ist als es selbst. Diese Andersheit kann das reflektierende Denken, wenn es ihm um sich selbst geht, nicht einbringen, es muß sie ablegen; aber, wenn es sie ablegt, hat es nichts mehr: in diesem Verzicht und in dieser Haltlosigkeit und Hilflosigkeit steht das philosophisch reflektierende Denken, das sich seiner selbst vergewissern will und das aller Illusion über sich selbst entsagt hat, an seinem Anfange da. Das eben ist die Ausgangssituation der Philosophie der Aufklärung, und allein als Sichdurchführen aus dieser Situation heraus kann dieses Denken sich dann auch in gewisser Weise seiner selbst vergewissern. Da dieses Denken aller abstrakten Behauptung entsagt, so kann es freilich für eine selbst schon wieder dogmatische Auslegung dieses philosophischen Denkens der Aufklärung so aussehen, als halte dieses Denken sich bloß an die Erfahrung. Aber dadurch ist die Situation dieses Denkens nicht wirklich bezeichnet. Der Verzicht auf alle dogmatische Aussage, das Zurückgeworfensein der philosophischen Reflexion bloß auf die Grundsituation, in der menschliches Denken und Begreifen sich immer schon vollzieht und an der es dadurch, daß es ihr noch die schönsten abstrakten Behauptungen hinzufügt, gar nichts ändern und sie um nichts vermehren kann, bedeuten eben, daß diese Grundsituation, aus der dann alle Dogmatik und Metaphysik erst entspringt, hier als solche ausgehalten und durchgeführt werden soll. Wenn man das bloße Innestehen in dieser Situation, wie es auf alle zusätzliche Auslegung durch dogmatische Behauptungen verzichtet, als ein Sichbegnügen des Begreifens und der philosophischen Reflexion mit der bloßen Erfahrung bezeichnet, so hat man dieses bloße, unverhüllte Innestehen der Reflexion in der Situation, die den Grund für alles menschliche Denken bildet und alle Doktrin und Metaphysik überhaupt erst aus sich entläßt, schon wieder dogmatisch und abstrakt fixiert und auf die Weise von Vorausgesetztsein angegeben. Es sind dann nicht mehr die abstrakten Behauptungen der Metaphysik, die als das Vorausgesetzte erscheinen, sondern es ist das Statthaben des sich zu sich bekennenden Selbstbewußtseins als solches, das sich selbst also gerade nicht auf die Weise der Behauptung angibt, das in dieser Auslegung als Vorausgesetztsein aufgefaßt ist. Es ist diese Auslegung, die dann die philosophische Reflexion der Aufklärung als das bloße Sichhineingeben des Denkens in die Erfahrung, als das Geschehen des Denkens als Erfahrung charakterisiert. Auch hier ist es wieder die Frage, wie in der Fortentwicklung der durch die Philosophie der Aufklärung gewonnenen neuen Haltung der Reflexion eine solche Auslegung gerade des Denkens der Aufklärung selbst möglich werden konnte.

« Vers le concret », das ist der Ruf, unter dem sich die Denker, die im 19. und im 20. Jahrhundert geglaubt haben, das Denken der Aufklärung auf eine dem Geist seiner Begründer gemäße Weise fortführen zu können, zusammengeschart haben. Aber diese Art zu denken entspricht — obwohl sie ihren Impuls von diesem Denken empfangen haben mag — dem Wesen des Denkens der Aufklärung gerade nicht. Das spätere Denken ist wieder ein metaphysisch-dogmatisches Denken, es hat wieder etwas von dem Begreifen unter der Bevormundung an sich, und diese Bevormundung kann dadurch nicht wahrhaft überwunden werden, daß man das Denken in dem Zustand, in dem es befangen ist, sich abarbeiten läßt. Das eben ist schon Abstraktion, wenn man sagt, die rationalen Strukturen geschehen auf die Weise des Empirischen, das Apriorische entwickelt sich selbst auf die Weise des Aposteriorischen usw. Unter solchen Formen hat das Denken nach der Aufklärung auch dann gedacht, wenn es dem Erbe der Aufklärung gerecht werden wollte. Ein solches Denken aber kennt gerade nicht den Verzicht auf die Abstraktion und damit auch nicht den Verzicht auf die scheinbare Selbstverständlichkeit des Realitätsverständnisses, die die Abstraktion mit sich führt. Gegen diese anfängliche, wenn ich so sagen darf, unkritische Haltung hilft dann auch nicht die Skepsis gegenüber den dogmatischen Systemen, mit der man das Denken der Aufklärung dadurch zu bewahren und zu erneuern sucht, daß man behauptet, man mache keine Metaphysik und bilde keine Hypothesen, sondern folge nur dem konkreten — stofflichen, gesellschaftlichen, wirtschaftlichen usw. — Geschehen, das seinen Sinn und seine Bedeutung (positiv oder negativ) in sich habe und durch sich angebe. Solche Deklarationen sind selbst nur der Ausdruck abstrakten Begreifens und haben in sich den behauptenden Charakter, den die philosophische Reflexion für das Denken der Aufklärung gerade nicht haben kann.

Das macht also die eigentliche Schwierigkeit aus, in der das philosophische Denken der Aufklärung für sich selbst steht und in der es dadurch auch für uns geschieht, wie denn dieses Denken, das es ablehnt, sich selbst und in eins damit die unbedingte Bedeutung von Realität durch Abstraktion zu denken, überhaupt als Denken der Realität und des Unbedingten stattfinden könne. Daß dieses Denken nicht als eine Reflexion durch Abstraktion geschieht, das bedeutet zugleich, daß es gerade auch nicht als Denken des Konkreten geschieht, denn das Konkrete ist selbst gar kein eigenständiger Begriff, sondern ist selbst nichts als einer von den Begriffen des abstrakten Denkens. Gerade sofern das „Konkrete" als Reflexionsbegriff genommen wird, gibt es ein abstraktes Verhältnis des Selbstbewußtseins zu sich selbst an. Dies ist jedoch offenbar die Situation des Denkens der Aufklärung nicht. Dieses Denken ist auch nicht « conscience malheureuse », „unglückliches Bewußtsein",[42] das, indem es sich als Konkretes gegen die Abstraktion zu meinen sucht, für sich selbst doch schon wieder ein bloß abstraktes Sein werden müßte. Dieses Denken ist vielmehr ein solches, das überhaupt nicht auf die Weise der Behauptung und der Feststellung über sich selbst geschieht, es ist ein Denken, das sich, ohne daß es sich eigentlich für sich selbst qualifizieren könnte, als das bloße Statthaben dessen durchzuführen sucht, was menschliches Selbstbewußtsein, ohne alle Auslegung seiner selbst, die es sich zusätzlich noch geben könnte, unmittelbar für sich selbst ist.

b) Ablehnung des Skeptizismus

Hume, Rousseau und Kant haben dieses Geschehen des sich auf sich beziehenden Selbstbewußtseins, das in solcher Haltung nichts sein will, als was es durch sich selbst als in der Welt geschehendes vernünftiges Selbstbewußtsein eben ist, auch als ein Sicherleben des Menschen in der

Selbstzufriedenheit bezeichnet. Diese Selbstzufriedenheit darf nicht in positiven Bestimmungen genommen werden, sie darf vielmehr nur negativ verstanden werden, nämlich in dem Sinne, daß im Sichverstehen des Menschen nichts vor sich gehe, was seiner Natur als vernünftiges Weltwesen nicht gemäß wäre. Diese Selbstzufriedenheit wird dem auf sich reflektierenden Denken und damit dem Menschen in seiner Lebenshaltung dann zuteil, wenn er zu einem Verstehen seiner selbst und der Welt gefunden hat, das weder dogmatisch noch skeptisch ist.[43] Kant, der von Hume sagt, daß er ihn zur Überwindung des dogmatischen Denkens geführt habe,[44] war doch der Meinung, daß Hume selbst noch im skeptischen Denken befangen gewesen sei und hat sozusagen nur für sich selbst und für seine kritische Philosophie eine Denkhaltung annehmen wollen, durch die sowohl das dogmatische Denken als auch das skeptische Denken überwunden sei. Aber, wenn wir Humes Lehre näher betrachten und uns an seine Gedanken, so wie er selbst sie darstellt, halten, so sehen wir, daß auch er den Dogmatismus und den Skeptizismus gleichermaßen abgelehnt hat und in seinem Bemühen gerade darauf ausgegangen ist, ein Denken zu erreichen, das weder durch den Dogmatismus noch auch durch den Skeptizismus bezeichnet wäre. Wir müssen die Philosophie der Aufklärung ebenso vom Dogmatismus wie vom Skeptizismus ablösen.

Der Dogmatismus des philosophischen Denkens geschieht als ein abstraktes Begreifen vorausgesetzter Realität so, daß dieses Denken sich dabei selbst als ein Denken von unbedingter Bedeutung, als ein in sich apriorisches Denken nimmt. Ein solches Denken hat in der Art und Weise, wie es sich in seinen Aussagen darstellt, den Charakter eines Behauptens, in dem sowohl das Aussagen selbst wie auch die Inhalte, die durch es ausgesagt werden, unbedingte Bedeutung haben sollen. Gegen diese unbedingte Bedeutung sowohl des Aussagens selbst wie auch des durch es Ausgesagten wendet sich der Skeptizismus. Im Skeptizismus geht das dogmatische Denken von dem durch es Ausgesagten her gegen sich selbst an, es geht gegen die unbedingte Bedeutung, um die es ihm geht, an, sofern es sich diese Bedeutung selbst schon inhaltlich vorstellig gemacht hat. Das dogmatische Denken hebt sich aber, indem es so gegen das vermeintlich selbstverständliche Gelten der Inhalte seiner Aussagen vorgeht, nicht in seiner Haltung als solcher auf; es bleibt abstraktes Denken und führt seine Kritik an dem von ihm selbst Ausgesagten so durch, daß es sich darin immer noch als abstraktes Denken selbst bestätigt. Das dogmatisch Ausgesagte wird dogmatisch aufgehoben; und wenn auch der Skeptizismus den dogmatischen Behauptungen nicht neue und andere Behauptungen dogmatisch entgegensetzt, sondern bis zur Einsicht in die Nichtigkeit aller dogmatischen Behauptungen weitergeht, so findet hier doch die Auflösung der dogmatischen Aussagen nur statt, indem das Denken in der Zuwendung zu den abstrakten und dogmatischen Begriffen verbleibt und also nur auf die Weise solchen Verbleibens erkennt, daß keine der Aussagen, die das metaphysische Denken macht, die absolute Geltung, die dieses Denken für sich beansprucht, durch sich rechtfertigen kann. Daß diese negative Einsicht immer noch beansprucht, selbst absolut geltende Aussage zu sein, das zeigt gerade, daß sie immer noch eine Form — wir können sagen, die letzte und äußerste Form — des abstrakten dogmatischen Denkens ist. Im Grunde liegt in allem dogmatischen Denken, eben weil die unbedingte Bedeutung des Denkens als solche nicht durch ein Raisonnieren von dem Vorausgesetzten her anzugeben ist, immer schon etwas vom Skeptizismus: es kann seiner selbst in den Aussagen, die es dogmatisch erstellt, nicht völlig gewiß sein; der radikale Skeptizismus ist nur die vollständige Entwicklung dieser keimenden Skepsis, die immer schon im dogmatischen Denken liegt und dieses Denken mitkonstituiert. Aber das radikale Durchführen der Skepsis bedeutet nicht eigentlich einen Wandel der Denkhaltung, sondern es bedeutet nur die äußerste Ausgestaltung des dogmatischen Denkens selbst, das sich nun nicht mehr bei besonderen Behauptungen aufhält und ihnen Gültigkeit verleiht, sondern dessen gewiß ist, daß es sich in dem dogmatischen Behaupten, in das es gebunden ist, selbst nicht gemäß sein kann und sich selbst nicht genügen kann.

Hume lehnt sowohl das dogmatische Denken der Metaphysik als auch das skeptische Denken, das sich gegen diesen Dogmatismus wendet, ab.[45] Der Dogmatismus wie der Skeptizismus verfahren in abstrakten Behauptungen, wenn auch der Skeptizismus dies nur in der Negation der Behauptungen tut. Die Überwindung des metaphysischen Denkens kann nicht dadurch geschehen, daß man versucht, den Ast abzusägen, auf dem man sitzt, sie kann nur dadurch geschehen, daß man vom Baume der angeblichen Erkenntnis herabsteigt. Es bedarf einer Besinnung des Denkens auf sich selbst, durch die es sich selbst die Möglichkeit verschafft, über das dogmatische Behaupten hinauszukommen. Diese Besinnung hat das philosophische Denken der Aufklärung sich zur Aufgabe gestellt; sie ist deswegen so schwierig, weil sie verlangt, über die Haltung und die Verfahrensweise des metaphysischen Denkens hinauszugehen, ohne daß für diese Überwindung selbst schon eine Methode zur Verfügung stände. Das dogmatische Behaupten soll aufgegeben werden, aber es kann keine Doktrin geben, die Anweisung dazu geben könnte, wie denn diese Überwindung eigentlich vorzunehmen sei. Es muß ein neuer Anfang des Denkens genommen werden, in dem das Denken sozusagen nur Haltung ohne Methode ist. Deswegen also lehnt Hume den Skeptizismus, der der Sache nach mit den alten Denkmitteln weiter verfährt, so deutlich ab und verlangt eine neue und andere Art des Philosophierens und der Einsicht, in der das denkende Selbstbewußtsein von nichts anderem ausgeht, als daß es das Geschehen von Denken und Erkennen ist.

Man hat dem skeptischen Denken immer wieder vorgeworfen, es nehme seine eigene skeptische, eventuell radikal skeptische, Aussage selbst noch als dogmatisch gültig an, und so könne der Skeptizismus nicht dazu gelangen, Skeptizismus schlechthin zu sein. Diese Auffassung wird von Hume geteilt; aber er folgert daraus nicht, daß man also wieder zu einem — gemäßigten — Dogmatismus zurückkehren müsse, sondern er stellt fest, daß man auch mit dem radikalsten Skeptizismus noch nicht wirklich vom Dogmatismus weggekommen ist und daß man vielmehr zu Weisen der Einsicht gelangen müsse, die überhaupt nichts mehr mit dem Aufstellen behauptender metaphysischer Aussagen — — verfahre das Denken dabei bejahend oder verneinend — zu tun haben: zu Weisen des Einsehens, in denen das Wissen sich nicht aus ihm vorgegebenen Inhalten selbst zu verstehen sucht, sondern sich in seinem Geschehen sich selbst als solches gegenwärtig und verständlich sein läßt.

Kant hat gemeint, in Hume den skeptischen Philosophen sehen zu sollen; er glaubte, daß Hume mit seiner Lehre bei der bloßen Negierung der alten metaphysischen Behauptungen stehengeblieben sei; er stellt sich damit gegen das Verständnis, das Hume selbst von seinen philosophischen Untersuchungen ausdrücklich hatte. Diese Beurteilung Humes, wie Kant sie in der ›Kritik der reinen Vernunft‹ und in den ›Prolegomena‹ vorträgt,[46] scheint einer dogmatischen Tendenz in der kritischen Philosophie Kants zu entspringen, mit der Kants Philosophie der als aufgeklärtes Denken geschehenden philosophischen Reflexion schon nicht mehr ganz gemäß gewesen ist. Die Befreiung vom dogmatischen Raisonnement, die Hume zu erreichen sucht, wird daran gemessen, ob sie sich selbst in ein System rationaler Aussagen hat bringen lassen, und es wird von Hume gesagt, daß er das in sich freie Denken nur so habe erreichen können, daß er darin Skeptiker in bezug auf ein in sich rationales System der Erkenntnis geblieben sei. Der Skeptizismus Humes, wie Kant ihn darstellt, wäre also nicht eigentlich als ein Skeptizismus in bezug auf die Aussagen der alten Metaphysik, sondern als ein Skeptizismus in bezug auf das neue rationale Verständnis der Erkenntnis durch Kant selbst verstanden: die Autonomie des Denkens bliebe also für diese Kritik an Hume die Basis der Beurteilung — und in diesem Sinne kann Kant sagen, daß Hume ihn vom dogmatischen Schlummer erweckt hat —, aber von dieser Basis aus würde dann nach dogmatischen abstrakten Begriffen verfahren und von einem solchen Begreifen her (das also die ›Kritik der reinen Vernunft‹ dann selbst in gewisser Weise charakterisiert) die Lehre Humes als ein bloßer Skeptizismus abgelehnt.

Wir müssen gegen diese Auffassung Kants festhalten, daß Hume an die Überwindung des metaphysischen Denkens aus der Einsicht heraus herantritt, daß die Überwindung der Unzulänglichkeit dieses Denkens durch den bloßen Skeptizismus eben nicht erreicht werden könne. Im Schlußkapitel seines ›Essai concerning human understanding‹[47] stellt er es dar, wie sich der Skeptizismus dem dogmatischen Denken als eine Methode des Raisonnierens anbietet, wodurch dieses Denken über das Ungenügen, in dem es sich in bezug auf seine eignen Aussagen erfährt, hinauszukommen sucht. Aber ist das dogmatische Denken einmal in dieses negierende Raisonnieren eingetreten, so wird es jede — behauptende — Negation auch wieder negieren und zurücknehmen müssen, weil auch diesen negativen Behauptungen in ihrem Negieren der Charakter der Unzulänglichkeit anhaftet. So wird im Ergebnis, ohne daß die dogmatische Denkhaltung eigentlich verändert wäre, nichts anderes erreicht, als daß jene natürliche Überzeugungskraft, die unser unmittelbares Begreifen der Dinge, wie immer es mit der dogmatischen Denkhaltung verflochten sein mag, stets hat, angekränkelt wird, und wir der Lebenssicherheit verlustig gehen, ohne doch eine neue Denkhaltung zu gewinnen. Es kommt, wenn wir es hier mit unseren Worten so sagen dürfen, nicht darauf an, daß man im Verbleiben im bevormundeten Denken doch ständig rebelliere, auf diese Weise wird vielmehr nur eine Bestätigung des bevormundeten Denkens erreicht und seine Wirksamkeit verinnerlicht, sondern es kommt — und dies geschieht in der Philosophie des aufgeklärten Denkens — darauf an, die unbedingte Bedeutung und die unbezügliche Realität des Wissens und Erkennens — die ja auch in dem bevormundeten Denken als solche stattfindet — ausdrücklich als solche für das Selbstbewußtsein hervorgehen zu lassen und sie für sich selbst sprechen zu lassen. Das kann nicht dadurch geschehen, daß man sich, sit venia verbo, innerhalb des dogmatischen und abstrakten Denkens immer mehr verbiestert, es kann allein dadurch geschehen, daß das Denken auf das Behagen verzichtet, das es an der Unselbständigkeit hat und sich für sich selbst zu dem bekennt, was es in dem unbezüglichen Beisichsein, das es ist, immer schon in gewisser Weise weiß, daß es sich nämlich als das unbedingte Geschehen von Wissen und Erkennen, das es ist, auf die Weise des Vorausgesetztseins und des Bestimmtseins gerade nicht angeben kann und sich auf die Weise des Vorfindlichen, an das man sich halten kann, selbst nicht meinen kann. Die Überwindung der Bevormundung des Denkens und seines Geschehens im Bevormundetsein kommt nicht dadurch zustande, daß man gegen diese Bevormundung rebelliert, sondern dadurch, daß das Denken aus der Täuschung über sich selbst, die in dem behaglichen Sichgehenlassen in der Heteronomie liegt, daß es, mit Kant zu sprechen, aus der selbstverschuldeten Unmündigkeit heraustritt und sich aus sich selbst vollzieht. Solange das Denken dogmatisches Denken ist, liegt in ihm der Widerstreit, daß es zugleich behagliches Sichgehenlassen im Abhängigsein und eben darin doch auch das Bewußtsein des Entfremdetseins von sich selbst ist. Die philosophische Reflexion der Aufklärung geht aus der Erfahrung der Unzulänglichkeit zu sich selbst und der Entfremdung von sich selbst, die das denkende Selbstbewußtsein in seinem dogmatischen Sichverstehen ist, darauf aus, daß der denkende Mensch diese Schwäche und Abhängigkeit seines Bewußtseins aus der Kraft überwinde, die im Denken doch zugleich immer auch noch liegt, sofern es um sich weiß und als Wissen um sich selbst für sich selbst da ist.

Die Überwindung dieser Situation kann also nicht durch irgendwelche Operationen des raisonnierenden Denkens und daraus folgende Lehraussagen erreicht werden. Sie kann nur dadurch erreicht werden, daß das Denken von allem behauptenden Begreifen zurücktritt, daß es für sich selbst nichts ist als sein bloßes Sichgegenwärtigsein in seinem Geschehen als Wissen und Verstehen. Am Anfang des aufgeklärten philosophischen Denkens steht der Verzicht auf die abstrakte und auf die behauptende Reflexion und das aus diesem Verzicht entspringende bloße Sichzugegensein des Wissens auf die Weise seines Geschehens an seinen Inhalten. Das bedeutet also, daß das Wissen sich aller Auslegung seiner selbst, die es zum unmittelbaren Vollzuge seines Geschehens durch sich selbst noch hinzugefügt hat, begibt, daß es alle von ihm selbst gemachte künstliche Angabe über sich selbst und seine Bedeutung fallen läßt und nichts ist als das bloße unbezügliche Geschehen seiner selbst, das es ist, wenn immer es ist, auch dann, wenn es zugleich doch auch unter dem Bevormundetsein steht und sich aus diesem Bevormundetsein heraus künstliche Auslegung seiner selbst und der Inhalte, an denen es sich vollzieht, gibt. Durch die Aufhebung der künstlichen Auslegung werden sowohl die Inhalte des Denkens in ihrer wahren Bedeutung einsichtig, als auch der Vollzug des Denkens sich selbst erst als solcher unverstellt zugegen sein kann. Daß das Denken sich im Verständnis seiner selbst von aller Zutat und aller es verstellenden Auslegung, die es sich aus seinem Geschehen im Bevormundetsein heraus gibt, befreie und für sich selbst nichts sei, als das, was es als unbedingtes und unbezügliches Geschehen ist, das ist es, wozu Hume in der philosophischen Reflexion gelangen will und wozu er aller metaphysischen Konstruktion absagen muß. Er sagt diesen Konstruktionen nicht so ab, daß er sie, wie Kant meint, im Skeptizismus behauptend negiert, er sagt ihnen ab, indem er die Bewußtseins- und Reflexionshaltung, aus der sie entspringen, nämlich das Geschehen des Denkens als Bevormundetsein, als solche verwirft und in das unbezügliche Geschehen des Denkens und Erkennens, das also solches doch immer auch Sichgegenwärtigsein ist, zurückgeht.

c) Das aufgeklärte Philosophieren und die Französische Revolution

Es wird nützlich sein, wenn wir, bevor wir in die nähere Betrachtung der Weise eintreten, wie Hume das philosophische Denken aus diesem Neubeginn heraus durchführt, noch einmal kurz auf die geschichtliche und gesellschaftliche Situation hinblicken, in der diese Philosophie ihre Entstehung nimmt. Die neue Denkhaltung, die Hume uns angibt, richtet sich dagegen, daß unser Denken für sich selbst als Geschehen von Abhängigkeit und Bevormundetsein statthat. Sie geht, so wie es Kant vom Denken der Aufklärung gesagt hat, auf den Ausgang des Denkens aus dieser Bevormundung. Daß das Denken bevormundet ist, das bedeutet, vom Wesen des Denkens selbst — nicht von seinen Inhalten und Aussagen her genommen, daß das Denken nicht imstande ist, sich selbst in seinem allgemeinen und öffentlichen Wesen, in seinem Geschehen als freies Urteil zu verstehen, sondern daß es dadurch festgelegt, besondert und sozusagen individualisiert (und in dieser Individualisierung dann auch gleichgeschaltet) ist, daß es seine Überzeugungen auf die Weise von Gegebensein und Vorausgesetztsein empfängt. Dieses Sichmeinen des Menschen als denkenden Weltwesens auf die Weise von Gegebensein und Vorausgesetztsein findet seinen auf das Sichverstehen der Menschen gehenden Ausdruck darin, daß sie in ihrem gesellschaftlichen Miteinandersein eben nicht auf die Weise freien und öffentlichen Urteilens, sondern im Sichbegreifen aus ihnen gegebenen Regeln, Ordnungen, Normen, Werten, aber auch konkreten für die jeweilige besondere Gesellschaft geltenden Gesetzen, Vorschriften, Hoheitsbezeugungen usw. da sind. Eine solche Situation des Selbstbewußtseins kann nun offensichtlich nicht dadurch behoben werden, daß das Denken und Begreifen, das in sich selbst durch Abhängigsein und Bevormundetsein charakterisiert ist, sich durch sich gegen solches Abhängigsein und Bevormundetsein erheben könnte und diese Mächte, mit Hegel zu sprechen, in sich aufheben könnte; ein solches rebellierendes Denken würde, indem es allerdings die faktisch geltenden Überzeugungen erreicht und angreift, doch selbst — als negierender Skeptizismus bzw. Anarchismus — in der Haltung des Bevormundetseins und des Hörigseins verbleiben. Dieses in sich dogmatische Wesen des bloß rebellierenden Denkens drückt sich selbst durch bloß negierende Abstraktionen aus, zu denen etwa auch solche Begriffe gehören können wie Gleichheit und Freiheit. Solche intellektuelle Bemühungen geben zwar — in der Zeit der Aufklärung — von der Unruhe in sich des Selbstbewußtseins der Menschen und seinem Sichnichtgenügen Ausdruck, sie sind aber nicht etwa Vollzug philosophischer Reflexion, sondern Ausdruck eines Beharrens des Denkens im alten Dogmatismus, der sich gegen sich selbst kehrt, ohne von sich loskommen zu können.

Die Doktrin einer Revolution kann immer nur abstrakten Charakter haben, sie muß als Doktrin der Ausdruck der Hörigkeit des Bewußtseins und seines Geschehens im Bevormundetsein bleiben. Es kann sein, daß sich in der Revolution selbst etwas ganz anderes ausdrückt und verwirklicht als in ihrer Doktrin oder Ideologie[48]: diese Doktrin oder Ideologie selbst aber wird gerade nicht eine Revolution der Denkungsart, sondern eine bloße Rebellion bedeuten, in der sich das Denken keineswegs von dem Bevormundetsein, gegen das es antritt, freimacht; sich in modernen Slogans auszudrücken, kann man sagen, daß die Theorie, die zu einer tatsächlichen Revolution gehört, immer reaktionär sein wird: und das gilt auch für die Zeit der Aufklärung. Die Philosophie der Aufklärung kann also auf die Revolution zumindest nicht in dem Sinne gehen, wie die Revolution sich selbst durch ihre Theorien oder Doktrinen darstellt, wenngleich es sich vielleicht so verhalten mag, daß der Geist der Revolution, der sich nur unangemessen und indirekt durch die ihr zugehörigen Doktrinen darstellt, als solcher in gewisser Weise mit der Philosophie seines Zeitalters übereinkommt. Kant hat in seinem ›Streit der Fakultäten‹ auch von dieser Frage gehandelt.

Die Philosophie der Aufklärung hat also mit einer Denkhaltung, die sich in ihren Lehren als Theorie von der Revolution gibt, nichts gemein, wohl aber kann sie darin, daß sich in ihr das Denken als das freie und öffentliche Geschehen, das es an sich selbst ist, meint, dem Geiste der Revolution entsprechen, sofern er, über alle Theorie, die er sich selbst zu geben scheint, hinaus, in der Tat darauf ausgeht, daß das Selbst- und Weltverständnis des Menschen aus dem Bevormundetsein herausgehe und für sich selbst als die Autonomie geschehe, die es an sich selbst ist. In diesem Sinne hat Kant offensichtlich seine eigene Philosophie als Korrespondens der Französischen Revolution verstanden.

Die Position, die die Philosophie der Aufklärung in bezug auf die gesellschaftlichen Bewegungen und Kräfte, die zur Revolution geführt haben, wie in bezug auf die Theorien, durch die sie sich Ausdruck gegeben haben, einnimmt, scheint so in gewisser Weise der Auffassung zu entsprechen, wie sie später der Marxismus angenommen hat, für den die Doktrinen, sofern sie als geistiger Überbau aus den tatsächlichen gesellschaftlichen Konstellationen und Kräften entspringen, auch nicht imstande sind, die gesellschaftlichen und ökonomischen Mächte als solche durch sich anzugeben, sondern vielmehr, wie autonom sie sich auch geben mögen, ein fatales und ohnmächtiges Produkt der in der wirklichen Situation agierenden Interessen sind.[49] So wie der Marxismus sich selbst über solche eigentlich blinden — aber sich kritisch gebenden — Doktrinen als die wahre und schlechthin gültige Einsicht in das gesellschaftliche Sein des Menschen erhebt, so wäre auch die Philosophie der Aufklärung über die Theorien, die ihre Zeit sich über sich selbst gemacht hat, erhaben und würde in gewisser Weise die Wahrheit dieser Zeit darstellen. Hegel meinte, die Philosophie sei ihre Zeit in Gedanken erfaßt.[50] Das würde, nach der Position, die wir hier der Philosophie der Aufklärung zuweisen und ebenso nach der Position, die die marxistische Philosophie sich selbst zuerkennt, in dieser Einfachheit nicht gelten: sondern die Doktrinen und Theorien, die sich unmittelbar als der geistige Ausdruck ihrer Zeit geben, sind vielmehr reaktionär und bloß der Ausdruck der installierten Geisteshaltung und Interessen, bloßer Überbau einer faktischen gesellschaftlichen und geschichtlichen Situation, die sich in diesem Überbau nicht nach den in ihr dynamisch wirksamen Mächten, sondern nach der toten Hülle des faktisch Anerkannten versteht, auch wenn in ein solches Verständnis etwas von Rebellion und Kritik eingeht. Dagegen hätte die Philosophie der Aufklärung, wie wir sie hier nehmen wollen, und hätte die Philosophie des Marxismus, nach der Bedeutung, die sie von sich selbst aussagt, die über die Interessen bzw. über das Geschehen des Selbstbewußtseins unter dem Bevormundetsein erhabene Einsicht, durch die sich das unbedingte Wesen des in sich freien und öffentlichen Sichverstehens der Menschen als vernünftiger Weltwesen als solches angibt. Der große Unterschied aber zwischen diesen beiden philosophischen Denkhaltungen ist der, daß die Philosophie der Aufklärung die Überwindung der Doktrinen nur dadurch glaubt leisten zu können, daß sie selbst nicht eigentlich den Charakter einer Doktrin oder Theorie hat, während der philosophische Marxismus sich gerade als die Doktrin und die Theorie schlechthin geben will, als die Doktrin, die das kritische Bewußtsein schlechthin in bezug auf alle anderen Doktrinen und auch von sich selbst und in sich selbst ist. Eine solche oberste und schlechthin gültige kritische Doktrin würde aber vom Denken der Aufklärung her verstanden immer noch dogmatische Theorie sein, denn nur das philosophische Denken ist wahrhaft autonom, das sich selbst nicht durch seine Aussagen und Behauptungen versteht, sondern seine Aussagen nur das Sichvollziehen der unbedingten, unbestimmten und unbezüglichen Bedeutung des Denkens sein läßt.

In diesem Sinne, so kann man sagen, ist Kants Lehre davon zu verstehen, daß alle unsere Erkenntnis nur eine Erkenntnis in bloßer Erscheinung ist und an sich selbst also gerade nicht den Charakter hat, in faktischen Aussagen faktisch zu gelten und in faktischen Inhalten Wahrheit faktisch anzugeben, sondern vielmehr sich selbst als Geschehen unbedingter Bedeutung meint, die doch nicht als solche greifbar ist, die sich dem auffassenden Begreifen entzieht, gerade indem sie sich kundgibt. Und in diesem Sinne bleibt das marxistische Philosophieren, gerade so wie das Denken auch Hegels selbst, vor der philosophischen Reflexion der Aufklärung ein faktisches und dogmatisches, ein aus dem Bevormundetsein heraus begreifendes Denken. Dieses philosophische Denken geht in Behauptungen vor, es erkennt es nicht, daß all unser Erkennen ein Erkennen in bloßem Erscheinen, ein in sich selbst durch sein Geschehen als Erscheinen bezeichnetes Denken ist, d. h. ein Denken, das sich in seinem eigenen Wesen gerade nicht auf die Weise des Behauptens, sondern nur auf die Weise seines Sichvollziehens an seinen Inhalten und als diese Inhalte, in denen es solchermaßen als bloßes Erscheinen geschieht, verstehen kann.

Zur Verdeutlichung dieser Position des philosophischen Denkens der Aufklärung wollen wir uns in Kürze auf das beziehen, was Kant im zweiten Teil seines ›Streits der Fakultäten‹ im Jahre 1795 zum Verständnis der Französischen Revolution vorgetragen hat.[51] Die wahre Bedeutung der Französischen Revolution kann man nach Kant noch nicht dadurch erfassen, daß man sich bloß an den direkten Vorgang des Revolutionsgeschehens hält sowie an die Meinungen, Überzeugungen, Theorien und Doktrinen, die die Führer der Revolution über die Bedeutung der Revolution vertreten haben; die wahre Bedeutung kann vielmehr erst dann verstanden und erschlossen werden, wenn sich der reflektierende Philosoph auf die Revolution besinnt und sich dabei gerade nicht nur an das tatsächliche Revolutionsgeschehen und an die Meinungen, die in ihm wirksam gewesen sind, hält, sondern sich zugleich auch mit seiner reflektierenden Beobachtung auf die Einschätzung dieses Geschehens durch die Bürger anderer Staaten als interessierte Zuschauer bezieht, die, ohne von dem Revolutionsgeschehen berührt zu sein, selbst unbeteiligt die Revolution verfolgen und sich in einem spontanen Verstehen zu ihr verhalten. Erst das Ganze (mit Hume zu sprechen *the complicated figure*[52]) des tatsächlichen Geschehens und seiner Einschätzung durch die unbeteiligten Zuschauer macht die volle gesellschaftliche Bedeutung dieses geschichtlichen Vorgangs und das in sich vollendete gesellschaftliche Sichverstehen des Menschen, das in diesem geschichtlichen Vorgang statthat, aus. Dieses Ganze aber und diese Einheit des tatsächlichen geschichtlichen Handelns und des unbeteiligten Beobachtens und Verstehens liegt weder bei den Handelnden noch auch bei den Beobachtenden, es liegt allein in der philosophischen Reflexion, die dies alles zusammenfaßt und es als den Vollzug eines in sich einigen Geschehens erkennt, in dem es dem Menschen darum geht, daß er als denkendes Weltwesen in seinem gesellschaftlichen Leben für sich selbst die Autonomie sei, die im Wesen des Denkens liegt. In der philosophischen Reflexion wird das Ganze des Geschehens der Revolution, sofern es den Menschen in ihr darum geht, ihr Dasein ein seiner eigenen Bedeutung gemäßes, von der Bevormundung freies Dasein sein zu lassen, in ein aussprechbares und ausgesprochenes Wissen versammelt, und erst damit kann es zum ausdrücklichen, die Grenzen der Nationen übersteigenden, Bewußtsein aller und zu ihrem ausdrücklichen Sichverstehen in dem in sich öffentlichen und autonomen Wesen der menschlichen Vernunft werden. Diese Bedeutung gibt Kant dann in seiner kleinen Schrift, sehr im Unterschied zu dem, was sich die Theoretiker der Revolution selbst als deren Bedeutung vorstellen, folgendermaßen an: „Diese moralische einfließende Ursache ist zwiefach: erstens die des *Rechts*, daß ein Volk von anderen Mächten nicht gehindert werden müsse, sich eine bürgerliche Verfassung zu geben, wie sie ihm selbst gut zu sein dünkt; zweitens die des *Zwecks* (der zugleich selbst Pflicht ist), daß diejenige Verfassung eines Volkes allein an sich *rechtlich* und moralisch-gut sei, welche ihrer Natur nach so beschaffen ist, den Angriffskrieg nach Grundsätzen zu meiden . . ."[53] Über diese Bestimmung der Bedeutung der Französischen Revolution durch Kant näher zu handeln und sie näher zu erläutern, kann nun hier nicht unsere Aufgabe sein,[54] wo wir die Position der aufgeklärten philosophischen Reflexion nur im Hinblick auf ihre theoretische Grundeinstellung hin erörtern und einsichtig machen wollen, nicht aber auf die Aussagen zur Ethik, Rechts- und Gesellschaftslehre eingehen können, in denen sich diese theoretische Grundeinstellung dann ihre Durchführung gibt. Doch wird man insbesondere noch sagen können, daß die philosophische Reflexion in gewisser Weise dadurch auch erst ganz zu sich selbst findet und sich selbst erweitert, daß sie so vor die großen geschichtlichen Vorgänge und zugleich auch vor das Verständnis, das die Menschen diesen Vorgängen entgegenbringen, gestellt ist. Die Grundhaltung der philosophischen Reflexion als solche freilich wird dadurch offenbar nicht berührt. Sie muß als Haltung schon vorhanden sein, wenn ihre Erweiterung und nähere Bestimmung durch die geschichtlichen Ereignisse soll erfolgen können.

Aus all diesem können wir nun abschließend vielleicht etwas deutlicher bestimmen, welches in der Zeit der Aufklärung das Verhältnis des philosophischen Denkens zu den tatsächlichen geschichtlichen und gesellschaftlichen Ereignissen ist, und können so auch insbesondere das Denken Humes, das der Französischen Revolution ja zeitlich vorausliegt, in eine gewisse Korrespondenz mit dem geschichtlichen Prozeß, der mit der Revolution eingetreten ist, bringen. Die philosophische Reflexion führt die Haltung des Denkens herauf, mit der das Denken sich von der Bevormundung frei macht. Aber dieses Freiwerden von dem alten dogmatischen Begreifen bedeutet nicht, daß damit auch schon ein neues Sichbegreifen des Menschen in seinem Weltverständnis und seinem Selbstverständnis erlangt wäre. Vielmehr ist so etwas wie ein Vakuum des Begreifens eingetreten. Das Selbstbewußtsein, das sich von der Bevormundung frei gemacht hat, weiß sich in seiner Autonomie, aber es kann dieser Autonomie im Begreifen noch keine eigentliche Durchführung geben. Diese Durchführung des neuen Sichverstehens in Gestalten, die begrifflich faßbar sind, bringt erst die tatsächliche geschichtliche Aktion. Sie erst macht, daß das neue Verstehen tatsächliche gesellschaftliche Wirklichkeit wird. Aber damit ist zugleich — für diese Entwicklung zur Zeit der Aufklärung, von der wir hier handeln — ein neuer Dogmatismus eingetreten, durch den das vernünftige Selbstbewußtsein sich in seinem Sichverstehen sich selbst schon wieder verstellt. Diese Verstellung dadurch zu beheben, daß das Begreifen sich gerade nicht direkt an Theorien und Doktrinen hält, die angeblich das geschichtliche Geschehen in seiner Bedeutung adäquat angeben, sondern sich in der Einheit seiner Reflexion gleichermaßen von den unmittelbaren geschichtlichen Vorgängen und von dem vernünftigen Verstehen, in dem diese Vorgänge aufgenommen werden, bestimmen und sich das seiner eigenen Natur gemäße Material geben läßt, das ist die Aufgabe der philosophischen Reflexion, die auf das tatsächliche Geschehen der Revolution in dieser Zeit folgt, und die Erfüllung dieser Aufgabe geschieht in gewissem Maße durch die Philosophie des alten Kant. Für

Hume dagegen, dessen Denken der Revolution vorausgeht, werden wir sagen können, daß sein Denken in dem Wissen, das es um das in sich öffentliche Wesen des denkenden Bewußtseins hat, dem vorausgegangen ist, was dann im Selbstbewußtsein der Menschen bewegende Kraft für die Französische Revolution war, und daß es in solchem Voraufgehen zugleich auch über das hinausgegangen ist, was die Theoretiker der Revolution dann über die Bedeutung der Revolution vorbringen konnten; hinausgegangen in dem Sinne, daß das Verstehen des Menschen hier von dogmatischen Thesen frei geblieben ist, nicht aber in dem Sinne, als ob damit auch schon Inhalte des Begreifens gesetzt gewesen wären, die die Theoretiker der Revolution dann wieder dogmatisiert hätten. Das eben ist vielmehr die eigentümliche Situation der Humeschen Philosophie, daß sie das Denken von der Bevormundung befreit, ohne ihm doch schon neue Inhalte für das Begreifen geben zu können.

II. DIE STRUKTUR DER THEORETISCHEN PHILOSOPHIE

1. Die Vorstellung des erkennenden Bewußtseins von sich selbst

a) Beobachtung als Ausdruck der Diskrepanz von Urteilen und Begreifen

Wenn wir uns nun von diesen — durch Kants Stellungnahme zur Französischen Revolution mitgeleiteten — Überlegungen her der theoretischen Philosophie Humes nicht nur in allgemeiner Darstellung, sondern in näherer Erörterung ihrer Problematik zuwenden wollen, dann werden wir im Vorgriff auf diese näheren Untersuchungen schon hier sagen können, daß dieses Denken durch eine Diskrepanz bezeichnet sein muß, die zwischen der Denkhaltung, die sich in seiner Durchführung verwirklicht, und den Aussagen, in denen diese Denkhaltung sich selbst Gestalt geben muß, besteht. Die Denkhaltung ist durch die Befreiung von der Bevormundung, durch das Offenbarwerden der in sich autonomen und öffentlichen Natur des Denkens bezeichnet. Die Denkinhalte aber, durch die diese Denkhaltung sich selbst angeben und faßlich machen muß, müssen weiter auf die Weise eines faktischen Begreifens genommen werden, das sich an das Gegebene und Vorausgesetzte hält. In diesem faktischen Begreifen als solchem geht es nicht eigentlich um das Sichverstehen des Denkens, es geht nicht um philosophische Reflexion. Dennoch ist das Denken in diesem Begreifen, wie es bloß auf die gegebenen Sachverhalte geht, in gewisser Weise durch Heteronomie bezeichnet. Man kann sagen, daß es für die alte Metaphysik eine direkte Korrespondenz zwischen diesem durch Heteronomie bezeichneten Begreifen der Dinge und der philosophischen Reflexion gab, in der das Denken sich selbst als solches unter dem Bevormundetsein aufnahm. Das aufgeklärte philosophische Denken versucht ein Sichverstehen des Denkens zu erreichen, das als solches nicht mehr durch die Bevormundung bezeichnet ist, aber es muß dies Sichverstehen durch ein Begreifen darstellen, das, sofern es auf Sachverhalte bezogenes Begreifen ist, weiter den Charakter eines faktischen und insofern heteronomen Begreifens an sich trägt. Von dem philosophischen Denken der Aufklärung an steht die philosophische Reflexion so in einem Widerspruch zwischen dem in der Autonomie des Denkens

Gemeinten und der in sich heteronomen Form des Begreifens, unter der sich dieses autonome Sichverstehen des Denkens selbst darstellen muß. Der Fortgang der Geschichte, die geschichtliche Entwicklung der Gesellschaft scheint hier dem Denken die Möglichkeit zu eröffnen, sich in seinem Sichdarstellen sich selbst näher zu bringen. Zugleich aber ist mit diesem Auseinanderfallen dessen, was das Denken als autonomes Denken eigentlich meint, und der Form des Begreifens, in der solches Denken sich darstellen muß (die eine Form heteronomen Begreifens ist), die Entwicklung der philosophischen Reflexion auf eine neue Metaphysik hin angelegt, in der es dem autonomen Denken auf die Weise heteronomen Begreifens um sich selbst als solches geht.

Es bleibt also für die philosophische Reflexion des aufgeklärten Denkens nur, das neue Sichverstehen des Denkens, das sich von der Bevormundung befreit hat, mit den hergebrachten begrifflichen Mitteln sowohl des alltäglichen wie des metaphysischen Denkens vorstellig zu machen, so daß sich ihm unter der Gestalt der alten Begriffe gerade das neue Bewußtsein des Denkens von sich selbst angibt. Durch die alten Begriffe soll sich das autonome Denken unmittelbar als solches angeben, diese Begriffe und Vorstellungen sollen das Fürsichgeschehen des Denkens in seiner unbezüglichen und unbestimmten Bedeutung meinen. Diese Begriffe und Vorstellungen sind aber die Begriffe und Vorstellungen des faktischen Erfahrens. Und so ist die Weise, wie die philosophische Reflexion sich jetzt in ihren Aussagen darstellt, die, daß eine unbedingte, unbestimmte und unbezügliche Bedeutung doch gerade auf die Weise des faktisch Begriffenen und Vorgestellten statthaben soll. Das aber ist es dann, was einer abstrakten Interpretation den Eindruck erweckt, als geschähen in der Philosophie der Aufklärung Vernunft und rationale Einsicht unmittelbar als empirisches Gegebensein. In Wirklichkeit verhält es sich eigentlich umgekehrt. Es wird hier nicht mehr versucht, das unbedingte und unbezügliche Wesen der Vernunft und der in sich autonomen Natur des Denkens im Ausgang vom gegebenen Faktum und nach Art solcher Fakten zu begreifen: das eben hatte die Metaphysik getan, und in diesem Sinne ist gerade sie als in die Empirie gebundenes Denken zu begreifen; sondern hier begreift sich das Denken in seinem autonomen Wesen in sich selbst und ist insofern für sich selbst wahrhaft apriorisches Wissen, das sich als solches auf die Weise des Erscheinens der Welt vollzieht. Aber dieses für sich selbst apriorische Geschehen des Denkens gibt sich selbst nach Art des alten faktischen Begreifens an. Und sofern es sich nun nicht mehr durch besondere zusätzliche Entitäten und Setzungen angibt, die zur faktischen Erfahrung noch hinzugegeben werden und das Unbedingte selbst als solches setzen und als Bestehen vorstellig machen, sondern vielmehr in seiner unbedingten Bedeutung unmittelbar auf die Weise des Erscheinens der Welt statthat, ohne sich als solches noch in zusätzlicher besonderer Setzung darzustellen, doch aber sich darin gerade des alten faktischen Begreifens bedienen muß, da erscheint dieses unbedingte Wesen des Wissens einer Interpretation, die mit ihrem Verstehen selbst in die Form faktischen Sichangebens gebunden ist, als ein bloß faktisches Geschehen, als Statthaben des Denkens als Denken auf die Weise der bloßen Erfahrung.

Es ist klar, daß dem philosophischen Denken der Aufklärung durch diese Unangemessenheit, in der sein Begreifen und Vorstellen zu dem durch die philosophische Reflexion eigentlich Gemeinten verbleiben muß, eine besondere Beschränkung und Eingrenzung auferlegt ist, daß es sich selbst in der größten Nüchternheit erhalten muß und es sich selbst nicht gestatten darf, sich selbst als solches durch die Begriffe und Vorstellungen, deren es sich in seinen Aussagen bedienen muß, darzustellen. Die Fakten, in denen es begreift und vorstellt, sind ihm immer nur Ort und Anlaß für sein Sichverwirklichen, nicht aber kann sich das unbedingte Wesen des Denkens selbst als solches auf die Weise solchen faktischen Begreifens und Vorstellens und als es angeben. In diesem Sinne ist die philosophische Reflexion der Aufklärung im alten Sinne, wie er so auch für die Metaphysik gültig ist, ein bloß theoretisches Begreifen: dieses Denken versteht sich selbst als ein beobachtendes Denken. Die Beobachtung, um die es diesem Denken geht, ist die Beobachtung seiner selbst. Es erfaßt sich auf die Weise des faktisch Vorgestellten und Begriffenen, indem es sich zugleich doch auch davon frei erhält, sich selbst als dies faktisch Vorgestellte und Begriffene anzugeben. In diesem Sinne ist Humes Philosophie in allen ihren Stücken theoretische, nämlich beobachtende Philosophie. Sie ist dies nicht nur für die theoretische Philosophie im engeren Sinne dieses Wortes, der es um unser Erkennen geht, die also das theoretische Vermögen als solches theoretisch zum Gegenstande hat, sie ist es auch für die Religionsphilosophie und für die Ethik. Die philosophische Reflexion versteht sich in all diesen Bereichen selbst als beobachtende Reflexion, der die Inhalte, an denen sich ihr das autonome Geschehen des Denkens erfüllt, doch zugleich auch Fakten bleiben, die von sich her nur Ort und Anlaß für das Sichverwirklichen des autonomen Wesens des Bewußtseins sind, durch deren Faktizität dieses Bewußtsein sich aber als solches nicht angeben kann. Daß aber die philosophische Reflexion so darauf reduziert ist, Beobachtung zu sein, das bedeutet für sie zugleich, daß sie es sich nicht gestatten kann, über ihr Sichverwirklichen als Beobachtung hinauszugehen; täte sie dies, so würde sie sich selbst darin zugunsten der Heteronomie aufgeben.

Da, wo das Denken der Aufklärung dieser Beschränkung, die die philosophische Reflexion sich selbst auferlegen mußte, nicht gefolgt ist, wo es m. a. W. nicht dazu gelangt oder dabei geblieben ist, sich selbst als philosophische Reflexion im strengen Sinne zu erhalten und zu verwirklichen, da wird der Impuls des Denkens zur Autonomie auf die Weise des heteronomen Begreifens und Vorstellens angegeben, und das Denken ist sich selbst nicht mehr gemäß. Es ist diese Art zu denken, in der das autonome Denken in seinem Sichverwirklichen nicht die Kraft aufbringt, sich selbst gemäß zu sein, sondern sich faktisch, d. h. durch ein in sich heteronomes Begreifen, in seiner Bedeutung angibt, das die Popularphilosophie und die Erzeugnisse der literarischen Intelligenz im 18. Jahrhundert charakterisiert. Diese Art des aufgeklärten Denkens, sich selbst zu bestimmen, finden wir bei Voltaire, in Deutschland etwa bei Lessing. Der neue Wein ist hier in alte Schläuche gefüllt. Und das in sich öffentliche Wesen des Denkens erscheint hier als die oberste Auszeichnung seines individuellen Sichverwirklichens. Die Freiheit und Öffentlichkeit des Urteils meint sich daher hier selbst auf einer Basis der Urteilsunfähigkeit. Es ist diese Gefahr, die Kant auch auf seine eigene Philosophie — in der ›Kritik der reinen Vernunft‹ — zukommen sah; weswegen er in einer kuriosen Anmerkung die „Analytik der Grundsätze" auf die Urteilskraft so bezieht, daß am Grunde auch des transzendentalen Denkens eigentlich ein solches Vermögen der Intelligenz liegen soll, wie wir es durch das Wort Mutterwitz bezeichnen.[55] Einer der obersten Begriffe der Aufklärung, in dem sich dieses Verlangen nach Urteilskraft, das doch von der Basis der Urteilslosigkeit aus geschehen muß, ausdrückt, ist der Begriff der Toleranz.[56] Auch für die Popularphilosophen und Literaten der Aufklärung gilt es, daß sie der Intention ihres Denkens und Verstehens nach über das hinaus sind, was sie verkündigend aussprechen und meinen. Aber im Unterschied zu dem im eigentlichem Sinne philosophischen Denken wollen sie den Impuls ihres Denkens gerade auf die Weise des dogmatischen Begreifens und durch es vorstellig machen.

Gerade deswegen also nehmen wir hier Hume zum Gegenstande unserer Untersuchung, weil es in seiner Lehre wirklich darum geht, daß das freie und autonome Geschehen des Denkens sich in seinen Aussagen als solches erhalte und sich in ihnen selbst gemäß sei, auch wenn das Vorstellen und Begreifen zugleich seinen faktischen Charakter behalten muß. Wenngleich die philosophische Reflexion durch sich die alte Weise zu begreifen nicht aufhebt, so nimmt das freie und autonome Geschehen des Denkens dieses Begreifen doch als den Ausdruck seines eigenen unbezüglichen und öffentlichen Wesens. Dieses Begreifen beansprucht nicht mehr, durch sich das Denken des Unbedingten, auf das die philosophische Reflexion geht, anzugeben, wie dies das metaphysische Begreifen getan hatte, sondern die philosophische Reflexion vollzieht sich auf die Weise dieses Begreifens als das freie Urteilen, das ihr Denken als solches ist. Wir können sagen, daß sich in der Metaphysik das Geschehen des Denkens als Urteilen durch das Begreifen dargestellt hat, wogegen in der philosophischen Reflexion der Aufklärung, wie sie sich im Werke Humes in ihrer reinsten Gestalt darstellt, das freie Geschehen des Urteilens sich selbst in seinem unbezüglichen und öffentlichen Wesen auf die Weise des bestimmenden Begreifens angibt.

b) Gemäßsein durch Entfremdetsein

Es ist also, um es noch einmal zu sagen, für Hume nicht der Skeptizismus — der, indem er die positiven Behauptungen behauptend negiert, selbst noch in der metaphysischen Denkhaltung verbleibt —, durch den das alte dogmatische Begreifen abgelöst wird, die metaphysische Denkhaltung muß vielmehr als solche aufgegeben werden, dem Begreifen muß seine metaphysische Bedeutung, sein Anspruch, behauptend auf die Einsicht eines Unbedingten gehen zu können, genommen werden. Das bestimmende Begreifen muß so genommen werden, daß es als die Durchführung und als das Sichdarstellen des unbezüglichen und vor allem Bestimmen liegenden Wesens des Urteilens vollzogen wird und dieses Geschehen des freien Urteilens Faßlichkeit finden läßt. Dies aber kann das Begreifen in gewisser Weise leisten, auch wenn es in seinem bestimmenden Verfahren als solches noch nicht aus dem unbezüglichen Geschehen des Denkens reformiert ist, denn in allem Begreifen, wie vorläufig es sein mag und wie sehr sich das Denken in ihm selbst auch noch unangemessen bleiben mag, geschieht doch das Denken selbst und führt sich als solches durch. Die eigentliche Verkehrung der philosophischen Reflexion geschieht nicht dadurch, daß diese Reflexion sich durch ein unmittelbar faktisch geschehendes Begreifen darstellt, sondern dadurch, daß sie sich selbst im autonomen Wesen ihres Denkens durch dies faktische Begreifen angibt, ihr Geschehen als freies Urteilen durch den faktischen Begriff und als ihn vorstellt. Humes philosophische Reflexion ist also dadurch charakterisiert, daß das autonome Geschehen des Denkens sich selbst in der Weise, wie es sich faßlich wird, gemäß ist, sich dabei aber doch solcher begriff-

Die Vorstellung des erkennenden Bewußtseins 45

lichen Bestimmungen bedient, die sich durch sich nur in ihrem faktischen Bestimmtsein ausweisen, das Wesen des Denkens als solches durch ihr Sichgeben also nicht anzeigen. Das unbezügliche und unbestimmte Wesen des Denkens geschieht als solches für sich selbst, es gibt sich aber doch nur auf die Weise von Bestimmungen an, die es nur so kundtun können, daß sie sich gerade nur selbst als solche bezeugen; das freie Geschehen des Denkens ist damit unter Bestimmungen gestellt, in denen es sich, obwohl es sich als philosophische Reflexion selbst gemäß ist, doch auch in gewisser Weise entfremdet ist. Im Denken Humes geschieht die autonome philosophische Reflexion so, daß sie sich in der Gewißheit ihrer selbst doch nicht eigentlich ihrer selbst durch das Begreifen, unter dessen Gestalt sie geschieht, vergewissern kann. Es findet, wenn wir es so ausdrücken wollen, eine transzendentale Reflexion so statt, daß sie in ihrem Sichverhalten zu sich selbst doch durch eine abstrakte Einsicht über sich selbst charakterisiert ist. So ist das Denken Humes also in seinem Vollzuge durchgängig durch einen gewissen theoretischen Grundzug bestimmt und auf ihn bezogen, der darin besteht, daß die philosophische Reflexion sich selbst auf die Weise eines faktischen Begreifens so darstellt, daß dieses faktische Begreifen, obwohl seine Bestimmungen immer nur sich selbst angeben, doch durch sich auch das Sichangeben unbedingter Bedeutung ist, die sich selbst in diesen Bestimmungen entfremdet ist und sich doch auch als Sichgemäßsein angibt.

Wenn das philosophische Denken so auf die Weise des bestimmenden Begreifens doch als Sichgemäßsein geschehen kann, wenn das freie und autonome Wesen des Urteils sich als solches durch das Begreifen angeben kann (unbeschadet dessen, daß dieses Begreifen doch ein faktisches Begreifen bleibt und dem Wesen des Urteilens so von sich her doch auch fremd bleibt), dann bedarf es für die philosophische Reflexion also keiner Metaphysik mehr, in der das Wesen des Denkens sich selbst durch abgesonderte Aussagen über das Unbedingte angibt, sondern dann geschieht die philosophische Reflexion unmittelbar als die Welterfahrung, in der der Mensch als das vernünftige Weltwesen, das er ist, existiert. Von diesem Geschehen des philosophischen Denkens als die Welterfahrung des Menschen selbst wird dann eine dogmatische Interpretation sagen können, hier handle es sich um eine Philosophie, in der das Denken sich ganz der Erfahrung ausgeliefert habe. Dies eben ist die dogmatische Auslegung davon, daß hier ein Denken geschieht, das sich seine eigene Natur nicht mehr durch abgesonderte Begriffe vom Unbedingten angibt, die letztlich selbst gerade von einer in ihrer Faktizität hingenommenen Erfahrung aus konzipiert sind, sondern das die Welterfahrung des Menschen im Beisichsein des Denkens versteht und diese Erfahrung als das Sichdurchführen des unbedingten Wesens des Denkens offenbar sein läßt. Dann ist das Denken allerdings in seiner unbedingten und unbezüglichen Bedeutung nicht von der Erfahrung abgesondert, sondern führt sich selbst auf die Weise der Erfahrung durch; aber die Absonderung des Denkens von der Erfahrung war eben nur eine Absonderung in der Doktrin, die künstlich für das unbedingte Wesen des Denkens und das von ihm gedachte Unbedingte einen abgesonderten Platz geschaffen hat, wie er gerade nur durch ein an das Begreifen im Vorausgesetzten, an faktische Erfahrung verfallenes Denken mit den Mitteln eben solchen Begreifens konzipiert werden konnte. Alle Metaphysik ist im Grunde Raisonnieren im Ausgang von einer als Faktizität begriffenen Erfahrung und Vorstelligmachen mit den Mitteln solcher Erfahrung. In der Lehre Humes gibt es nur das unbezügliche Geschehen des Denkens und Wissens selbst, und dieses Geschehen führt sich selbst als Erfahren durch, das unmittelbar seine unbedingte Bedeutung in sich trägt.

2. Das Erkenntnisgeschehen

a) Eindrücke und Vorstellungsbeziehungen

Dieses Sichverstehen des Denkens ist in der Lehre Humes dadurch ausgedrückt, daß all unser Erkennen in seiner Basis ein Geschehen von *impressions*, von Eindrücken, von Wahrnehmungen sei.[57] Die *impressions* bezeichnen hier ein in sich unbezügliches Geschehen, sie finden als solche statt und haben ihre Bedeutung in sich selbst und durch sich selbst. Es ist nicht sinnvoll, sie auf irgendeine Substanz, ein Subjekt, zu beziehen, dessen *impressions* sie wären. Sie sind vielmehr als solche das unbezügliche Geschehen des Wissens, das Geschehen des Erkennens: Wissen und Erkennen gibt sich als solches unmittelbar dadurch an, daß eben *impressions* stattbaben. Durch die *impressions* als *impressions* geschieht es, daß etwas da ist, daß eine Welt von Dingen und Zuständen der Dinge stattfindet. Daß *impressions* geschehen, das bedeutet, daß Gegebensein geschieht, daß es eine Welt gibt, und dieses Geschehen hat als solches den Charakter von Wissen und Erkennen.

Daß die *impressions*, indem sie die Welt geben, als solche doch gerade Wissen und Erkennen bedeuten, das kann nach Art des Gegebenseins selbst wieder durch gedankliche Strukturen angegeben werden, in denen die *impressions* sich unmittelbar aus sich heraus darstellen. Diese

Strukturen haben den Charakter der Allgemeingültigkeit und Notwendigkeit. In ihnen bringt es sich zum Ausdruck, daß die *impressions* an sich selbst den Charakter des Wissens und der Erkenntnis haben. Diese Strukturen, die sog. *relations of ideas*, fügen nichts zum Geschehen der Wahrnehmungen in ihrer Unmittelbarkeit hinzu, in ihnen gibt sich nur an, daß auf die Weise der Wahrnehmungen und als die Wahrnehmungen auch die Leistung des Denkens als solchen geschieht. In den Vorstellungsbeziehungen manifestiert sich notwendige und allgemeingültige Erkenntnis, die nicht etwa für sich isoliert dasteht, sondern die Natur der *impressions* selbst ausmacht, sofern sie auf die Weise ihres Sichgebens doch gerade das Geschehen und Sichdurchführen des Wesens von Erkenntnis sind.[58]

Diese Lehre Humes von dem Geschehen unserer Erkenntnis durch *impressions* und *relations of ideas*, in welch letzteren sich erschließt, daß die *impressions* als solche die Natur von Denken und Erkennen haben, ist nicht etwa nur eine Weiterentwicklung der bekannten Lehre Lockes, wonach *nihil est in intellectu, quod non fuerit in sensu*.[59] Diese Lehre Lockes ist, obgleich sie die alte Metaphysik verwirft, doch selbst noch metaphysische Lehre, und Hume hat es mit Recht abgelehnt, seine eigene Lehre als eine Fortentwicklung der Überzeugungen Lockes — oder auch Berkeleys — anzusehen. Wohl kennt Locke nicht mehr ein Reich für sich bestehender absoluter Gegebenheiten, aber er legt das unmittelbare Geschehen des Sichverstehens des Menschen in seiner Welterfahrung doch noch auf absolutes Bestehen hin aus; ein solches absolutes Bestehen haben für Locke ebensowohl die Dinge als auch das Ich selbst. Berkeley geht darüber hinaus und will nur noch die Geister, d. h. die denkenden Iche, als absolutes Bestehen festhalten. Hume aber hält überhaupt kein absolutes Bestehen mehr fest. Die Lehre vom Bestehen und vom Sein ist für ihn metaphysische Doktrin. Von dieser Doktrin, die Durchführung eines abstrakten und dogmatischen Begreifens ist, befreit er die philosophische Reflexion, die nun einfach als solche als Sichverstehen des Denkens als Denken geschieht, ohne noch den Anspruch zu erheben, zusätzlich auch noch Doktrin zu sein. Das Geschehen des menschlichen Selbstbewußtseins als philosophische Reflexion ist nicht eine Lehre, sondern ist einfach das Sichverstehen des Denkens in der Autonomie und als die Autonomie, die es an sich ist und immer auch schon war, in der es sich aber für sich selbst nicht direkt verstanden, sondern sich selbst als in sich bevormundetes Denken in seinem Sichverstehen in die metaphysischen Doktrinen hineingegeben und sich auf deren Weise selbst genommen hat.

Mit Hume erst hat sich das Denken davon befreit, seine theoretische

Reflexion als die Reflexion eines in sich durch Bevormundung charakterisierten Denkens durchzuführen. Das Denken ist für sich selbst das Geschehen von Urteilskraft, das auf die Weise des Erscheinenden seine Durchführung findet. Es ist nicht mehr der vom Vorausgesetzten ausgehende Begriff, der das Wesen, das in sich freie und autonome Wesen, des Urteilens durch sich auslegt, sondern dieses freie und autonome Geschehen des Urteilens stellt sich vielmehr selbst auf die Weise des bestimmten und begriffenen Erscheinenden dar. Das Unbedingte wird nicht auf die Weise der metaphysischen Behauptung über absolute Entitäten gefunden, sondern es vollzieht sich auf die Weise unserer in *impressions* geschehenen Erkenntnis. Indem das Denken so aller metaphysischen Behauptung entkleidet ist und darauf reduziert ist, sich als das bloße Statthaben der *impressions* und der *relations of ideas* zu verwirklichen, da ist damit der philosophischen Reflexion gerade die Möglichkeit gegeben, das Geschehen der unbedingten und unbezüglichen Bedeutung des autonomen Denkens und Urteilens so auf die *impressions* und auf die *relations of ideas* zu beziehen, daß das tatsächliche Erkenntnisgeschehen unmittelbar die Durchführung dieser unbedingten Bedeutung ist.

b) Seinserkenntnis und Zeiterfahrung

Die Lehre Humes stellt sich nun in ihrem Anfang ausdrücklich als eine Überwindung des metaphysischen Denkens dar, und zwar speziell als die Aufhebung des Satzes vom Grunde, den Leibniz zu so hohen Ehren gebracht hatte. Dieses metaphysische Prinzip wird von Hume insbesondere unter der Form bestritten, in der es sich als das sogenannte Kausalprinzip darstellt. Dieser Teil der Philosophie Humes ist der bekannteste, und man hat ihn immer auch als den wichtigsten angesehen. Kant hat diese Auffassung vertreten und hat sie in der ›Kritik der reinen Vernunft‹ und in den ›Prolegomena‹ betont.[60] Aber für Hume ist diese Zurückweisung des Kausalprinzips in der Tat nur der Anfang seines Denkens; ihm war es vielmehr um die positive Durchführung der von der metaphysischen Doktrin befreiten philosophischen Reflexion zu tun. Sie stellt — obwohl ohne diesen Anfang nicht zu denken — die eigentliche Leistung der Philosophie Humes dar. Wir wollen nun zunächst kurz auf Humes Widerlegung des Kausalprinzips eingehen, um sodann seine Neubegründung der philosophischen Reflexion näher zu betrachten.

Das dogmatische metaphysische Denken, das darauf geht, begreifendes Denken des Unbedingten, der absoluten Realität zu sein, stellt sich, wie es durch Leibniz ausdrücklich herausgestellt war, als ein Raisonnement nach dem Satze vom Grunde dar. Im Ausgang von einem Sein, das sich nicht durch sich selbst zu begründen vermag (welches Sein wir an der uns gegebenen Welt haben), sucht die Vernunft das in sich unbedingte Sein zu denken, das sich in sich selbst und durch sich selbst begründet. Das Sein der Dinge, die uns gegeben sind, ist ein in sich kontingentes Sein, es verweist immer auf ein anderes Sein, durch das es gesetzt ist. Das metaphysische Denken geht von diesen Kontingenten aus, es durchläuft rückwärts bzw. aufwärts die Reihe der Ursachen für das kontingente Sein, von dem es in seinem Begreifen ausgeht, und kommt schließlich zu dem Sein, das so Ursache ist, daß es für sich selbst keiner weiteren Ursache bedarf, da es vielmehr den Grund seines Seinkönnens in sich selbst hat. Gegen ein solches metaphysisches Raisonnieren muß sich eine philosophische Reflexion richten, die erkannt hat, daß alle bestimmten Begriffe dem in sich autonomen Wesen des Denkens und des Unbedingten gerade nicht gerecht werden können, sondern vielmehr ein Sichdurchführen des Denkens auf die Weise des Bevormundetseins darstellen, in dem das unbestimmte und unbezügliche Wesen des Unbedingten sich gerade nur in der Entfremdung von sich selbst angeben kann. Aber gegen dieses sein eigenes Geschehen auf die Weise der Bevormundung, wie es in dem Begreifen nach dem Satze vom Grunde statthat, kann das Denken nicht so angehen, daß es die mittels der Anwendung des Satzes vom Grunde erlangte Behauptung eines absoluten Seins als solche einer dogmatisch-skeptischen Kritik unterziehen würde und sich so z. B. bemühte, einsichtig zu machen, daß für die sogenannte erste und oberste Ursache kein Merkmal ihres Ausgezeichnetseins vor allen anderen — den bloß in sich bedingten — Ursachen angegeben werden könne. Ein solches Verfahren würde nicht über das dogmatische Denken und damit auch nicht über die Bevormundung hinaushelfen. Es muß vielmehr das Denken, das auf die Weise des Denkens von Ursachen und durch das Verfahren in der Reihe der Ursachen ein seiendes Unbedingtes als solches erlangen und angeben zu können meint, in sich selbst und in seinem Anspruch, angemessenes Denken des Unbedingten zu sein, aufgehoben werden. Das philosophische Denken darf es nicht mehr anerkennen, daß es sich selbst in solchem metaphysischen Raisonnieren gemäß sei.

Das dogmatische Denken wird also in seinem Gültigsein nicht dadurch aufgehoben, daß an den Begriffen dieses Denkens mit einer Kritik angesetzt wird, die selbst auch wieder in einem Begreifen verfährt, das an Vorausgesetztes gebunden ist und in solchem Sinne skeptisches und dogmatisches Denken sein würde. Diese Aufhebung muß vielmehr als das unmittelbare Sichverstehen der philosophischen Reflexion geschehen, in dem offenbar ist, daß das Wesen des Denkens und Urteilens sich durch ein in das Bestimmte gebundenes Begreifen gar nicht als solches angeben läßt. Nicht um die Widerlegung des durch das metaphysische Raisonnement Behaupteten geht es, sondern um die Aufhebung der Weise zu denken, die sich im metaphysischen Raisonnement Ausdruck gibt, selbst. Das Denken, dem es um das Unbedingte so geht, daß es dabei mit den Begriffen des kontingenten Seins, des Begründetseins und des seienden Grundes verfährt, kann als solches nicht mehr als ein sinnvolles Denken verstanden und kann nicht mehr als sinnvolles Denken vollzogen werden; es wird nicht durch Gegenbehauptungen aufgehoben, sondern es kann als Vollzug des Sichverstehens des Denkens nicht mehr stattfinden. Es geht in dieser philosophischen Reflexion hervor, daß ein solches Meinen des unbedingten Seins, wie das dogmatische Denken es im Ausgang von dem Begreifen des kontingenten Seins vollzieht, gar kein Vollzug des Denkens als Denken ist, sondern ein Verfahren des Denkens in einer Verstellung seiner eigenen Natur, in dem es mit seinen angeblich unbedingt geltenden Setzungen weniger meint und weniger von seinem auf das Unbedingte gehenden Anliegen angibt, als wenn es auf alle dogmatischen Setzungen verzichten würde und versuchen würde, sich auf die Weise des unmittelbaren Welterfahrens, als das es sich verwirklicht, als das unbedingte und unbezügliche Geschehen einsichtig zu sein, das es ist. Das Denken in den Begriffen des Kontingenten und des Notwendigen — des Bewirkten und seiner Ursache und ihrer notwendigen Verknüpfung — ist, sofern es sich als ein Denken mit metaphysischer Bedeutung darstellt, für dieses neue philosophische Verstehen nicht mehr zu vollziehen: dieses neue Denken kann nicht mehr verstehen, was in diesen Behauptungen eigentlich an Einsicht geschehen soll, und in diesem Sinne sind sie ihm unausgewiesen, hinfällig und nichtig.

Die einzige, für dieses Denken selbst nicht wichtige, Aufgabe, die sich die neue Philosophie noch in bezug auf das metaphysische Denken stellen kann, ist, sich vorstellig zu machen, wie es überhaupt zu Behauptungen, von denen man gar nicht sehen kann, wie eigentlich sie statthaben können und was sie bedeuten sollen, hat kommen können. Berkeley, der sich diese Aufgabe auch schon stellte, erklärte die Möglichkeit metaphysischer Behauptungen alter Art durch die Abstraktion und durch die die Abstraktion gleichsam herbeirufende Sprache.[61] Hume, der die neue Reflexion zuerst in ihrer Reinheit durchführt, erkennt, daß im menschlichen Denken ein Hang liegt, sich gehenzulassen und sich auf die Weise faßlichen Begreifens Einsicht als vorhanden zu geben, die sich nur durch sich selbst und gerade nicht auf die Weise eines gegebenen Bestimmten bestätigen kann. Kant hat dies später in dem Sinne noch deutlicher gefaßt, daß er sagte, es sei für uns Pflicht, die ›Kritik der reinen Vernunft‹ — nicht als Werk, sondern als Denkhaltung — zu haben.[62] Hier zeigt es sich, wie wenig es angemessen ist, das Denken der Aufklärung als das Verkommen des Denkens zu charakterisieren. Vielmehr verhält es sich, wenn wir uns überhaupt solcher Ausdrücke bedienen wollen, eher so, daß das dogmatische Denken, in das hinein das Denken der Aufklärung sich dann entwickelt hat, bei aller Fortentwicklung dieses Denkens auch wieder Züge seines Verkommens an sich trägt, eines Verkommens, in dem das autonome Denken sich selbst wieder auf die Weise der Einbildungskraft angeben will.

Das Denken Humes ist, indem es das Denken nach dem Satze vom Grunde aufhebt, ein Denken, für das der metaphysische Regreß keine Bedeutung mehr hat. Es kritisiert nicht an diesem Begreifen herum, behandelt es nicht auf skeptische Weise, sondern hebt es als solches auf, eben weil es ein Begreifen ist, in dem das Denken sich selbst auf die Weise seines Geschehens als Bevormundetsein meint. Die Bestätigung aber seines Wissens darum, daß die Begriffe von Ursache und Wirkung, daß Ursache und Wirkung selbst gar nicht sind, findet dieses Denken dadurch, daß es sich an das unmittelbare Geschehen seiner selbst auf die Weise der *impressions* hält, daß es sich an das hält, was da ist und gegeben ist, und es daraufhin befragt, ob es wohl durch sich so etwas wie Kontingenz und Notwendigkeit und die Beziehung von Wirkungen auf Ursachen und deren notwendige Verknüpfung hergeben könne. Da zeigt es sich, daß das, was da ist, sich immer nur in seiner jeweiligen Gestaltung und in der Aufeinanderfolge dieser Gestaltungen gibt. Es läßt sich aber in diesen Gestaltungen und ihrer Aufeinanderfolge nichts finden, was Bewirken und Bewirktsein, was die notwendige Verknüpfung von Ursache und Wirkung und was so schließlich einen unaufhebbaren Bezug zwischen kontingentem und schlechthin notwendigem Sein angeben könnte. An den Dingen und an der Aufeinanderfolge ihrer Zustände zeigt sich nichts, worauf wir es gründen könnten, daß sie in ihrem Dasein durch Bewirken und Bewirktsein und durch die notwendige Verknüpfung von Ursache und Wirkung konstituiert wären. Was es in unserer Erkenntnis gibt, das sind nur die *impressions* und ihre Aufeinanderfolge, nicht aber gibt es in ihr Ursache und Wirkung und ihre notwendige Verknüpfung, wodurch die Dinge in ihrem Dasein unter den Satz vom Grunde, wie er letztlich auf das unbedingte Sein leitet, gestellt würden.

Diese Einsicht ist also für Hume nicht etwa dadurch erlangt worden, daß das philosophische Denken skeptisch an den *impressions* nachgeprüft hätte, ob sich an ihnen so etwas wie Ursache und Wirkung und deren notwendige Verknüpfung findet; zu einer solchen Prüfung hätte das Denken die *impressions* selbst wieder dogmatisch auffassen müssen. Das philosophische Denken fragt nicht nach Behauptungen über die *impressions*, sondern es fragt in einem Fragen, das auf die Weise der *impressions* geschieht, nach sich selbst; es geht ihm um sich selbst, sofern es selbst auf die Weise der *impressions* und als die *impressions* geschieht. Und da ist es ihm offenbar, daß es sich selbst verfehlt, sobald es sich in seiner eigenen Bedeutung auf die Weise von Behauptungen meinen will, die auf die Weise von Bestimmtsein, auf die Weise von Vorausgesetztsein und Gegebensein die Bedeutung dessen angeben wollen, was geschieht, wenn das Denken sich selbst auf die Weise der *impressions* gestaltet und verwirklicht. Es ist nicht ein skeptisches Raisonnement, das die alte Lehre aufhebt, sondern das Zurückschrecken der philosophischen Reflexion vor dem Sichverfehlen in einem Begreifen, in dem es sich schon nicht mehr gemäß sein kann. Man kann sagen — und so hat sich dann ja auch, in behauptender Gestalt, die Metaphysik entwickelt, die aus dem aufgeklärten Denken folgt —, daß die theoretische Reflexion hier als solche moralische Reflexion ist: das Denken kann es nicht mehr übernehmen, in einer Weise für sich selbst zu sein, die unter dem liegt und das verkehrt, was sein Wissen von sich selbst schon ist.

Indem das Denken sich von den Begriffen der Ursache und der Wirkung und ihrer notwendigen Verknüpfung befreit hat, hat es sich, wenn wir so sagen dürfen, von der Last befreit, die es sich selbst dadurch geworden war, daß es seine eigene Bedeutung immer so glaubte angeben zu müssen, daß es darin faßliches Gesichertsein hätte, eben damit aber seiner eigentlichen Bedeutung schon gar nicht mehr gerecht wurde und ihr auch nicht gerecht werden wollte. Es hat sich von seiner selbstverschuldeten Unmündigkeit, die ihm doch auch ein Zustand des angenehmen Sichgehenlassens in der Schwäche gewesen ist, befreit. Damit ist, wie Schiller es dem Denken der Aufklärung dann nachempfunden hat, eine Leichtigkeit des Sichverstehens des Menschen in seinem Sicherfahren in der Welt erreicht, von dem man in gewisser Weise sagen kann, es gehe darin das Leben als ein bloßes Spiel hervor. Doch damit ist zugleich für das Sichverstehen des Menschen in der Welt auch der Zustand eingetreten, daß die Dinge der Welt dem Menschen durch sich nicht mehr den Halt und die Sicherheit gewähren können, die machen, daß er glaubt, sich seines Lebens und Lebenkönnens gewiß sein zu dürfen. Der Mensch steht als freies denkendes Wesen in der

Welt, doch ohne daß die Dinge ihm für sein Sichverstehen in seinem Leben noch den Halt gewähren können, den ihr — durch die Gültigkeit des Kausalprinzips geschehender — Bezug auf das unbedingte Sein ihm sonst gab. Der Mensch vermag es nicht mehr, gleichsam unmittelbar an den Dingen die unbedingte Überzeugung abzunehmen, daß sein Leben in der Aufeinanderfolge seiner Zustände ein in sich gesichertes Leben sei. Was es bedeutet, daß er lebt und leben kann und daß sein Leben sich durch die Zeit hindurch erhält, das ist dem Menschen jetzt nicht mehr eine Erfahrung, die ihm dinglich und faßlich ausgewiesen ist. Für ein Bewußtsein, das — auch ohne alle ausgearbeitete philosophische Reflexion — durch die metaphysische Denkhaltung charakterisiert ist, gilt, daß der Mensch seines Lebens und des Fortdauerns seines Lebens in der Zeit unmittelbar von den Dingen her sicher ist. Das Brot, das ich esse, hat mich in der Vergangenheit genährt, es nährt mich heute, und es wird mich auch in der Zukunft weiter nähren. Ich bin mir von dem Brote, das ich esse, her der erhaltenden Kraft, die das Brot meinem Leben gewährt, ein für allemal, auch für die Zukunft, gewiß. Das freie Denken, das freie und über sich selbst verfügende Urteilen, hat diese Sicherheit und Gewißheit gerade nicht mehr. Dieses freie und autonome Denken und Urteilen geschieht in seiner unbedingten Bedeutung wohl auf die Weise der *impressions*, aber es kommt von den *impressions* her nicht mehr zu einem bestimmten Begreifen des Unbedingten, sondern es ist nur auf die Weise der *impressions* in ihrer Flüchtigkeit und ihrem ständigen Wechsel, es ist nur auf die Weise des ständig fortgehenden Stromes der *impressions* in seiner unbedingten Bedeutung für sich da. Die metaphysische Denkhaltung begreift die *impressions* unter dem Gesetze von Ursache und Wirkung und ihrer notwendigen Verknüpfung, die *impressions* werden damit Ausdruck einer ein für allemal bestehenden unbedingten, zugleich aber bestimmten und faßlichen Seinsbedeutung, die sie von sich her angeben. Brot nährt den Menschen immer; Brot erhält uns, wenn immer wir es essen, stets in unserm Leben. Das Kausalitätsgesetz, das das Brot, das ich esse, hier von sich her anzeigt, garantiert es, daß Brot schlechthin und für alle Abfolge der Zustände ernähren kann und ernähren wird.[63]

Das freie und autonome Denken findet von dem Brote, das ich esse, her ein solches Gesetz, das über alle Zeit hinweg für die ernährende Kraft des Brotes gilt, nicht mehr. Für dieses Denken gibt es von den Dingen und ihren Zuständen her ein unbedingtes Gelten, das mich hielte, nicht mehr; für dieses Denken findet die unbedingte Bedeutung des Wissens und Erkennens nur auf die Weise der Abfolge der Zustände in der Zeit statt, es steht in dem ständig fortfließenden Strom der Erscheinungen, von denen eine jede nur sich selbst angibt, ohne Halt und ohne Sicherheit. Dieses Denken weiß sich als ein Denken, dem es um das Unbedingte geht, ohne daß es das Unbedingte doch von der Welt her halten und es sich auf die Weise seines faktischen Lebens in der Welt als solches angeben könnte. Indem das Wissen als Wissen für sich selbst geschieht, da ist es unmittelbar auch das Geschehen einer unbedingten Bedeutung, aber diese unbedingte Bedeutung läßt sich vom Erscheinenden her nicht angeben und läßt sich nicht durch es faßlich machen.

Das Leben des Menschen, das in gewisser Weise sich selbst wissendes und als solches kennendes Leben ist, ist für sich selbst das Geschehen einer unbedingten Bedeutung, die, wenn man sie schon substantivisch ausdrücken will, wohl besser als durch Sein durch das Wort Kraft angegeben würde; aber diese Kraft kann sich selbst nicht fassen, sie kann sich in ihrer Bedeutung für sich selbst nicht eigentlich angeben, sie geschieht nur als ein Sichgegenwärtigsein auf die Weise des ständig sich erneuernden und seine Vergangenheit negierenden Stromes der Lebenserfahrung. Die Kraft, von der wir sagen möchten, daß sie unser Leben selbst ist oder daß sie — vom Brote her verstanden — unser Leben erhält und fortdauern läßt, kann nicht etwas uns Bekanntes und Bestimmtes sein, denn bekannt und bestimmt ist nur die sich unentwegt neu gestaltende Lebenserfahrung selbst. Machen wir aber aus dieser Situation, die die Wahrheit unseres Selbstbewußtseins ist, das Kausalitätsgesetz mit seiner den Wechsel der Erscheinungen in der Zeit angeblich überdauernden Gültigkeit, und meinen wir so des Wesens der Kraft ein für allemal sicher sein zu können, so daß uns aus Vergangenheit und Gegenwart auch die Zukunft gesichert ist, so entmündigen wir nur uns selbst, lassen uns das Unbedingte dort gegeben sein, wo es sich als solches gerade nicht bezeugen kann, und geraten so in einen Zustand, wo wir unter der Behauptung unseres Gesichertseins doch gerade bloße Hilflosigkeit sind.

c) *Objektivität der Erkenntnis und Bedeutung der Erkenntnis*

An dieser Stelle ist es vielleicht nützlich, eine erste Bemerkung über die sogenannte Objektivität der Erkenntnis einfließen zu lassen. Für das philosophische Denken der Aufklärung, wie es sich uns hier durch Hume darstellt, scheint das Problem der Objektivität des Denkens keine Rolle zu spielen. Kant hat dann die Begründung der Objektivität der Erkenntnis zur wesentlichen Aufgabe der ›Kritik der reinen Vernunft‹ erklärt.[64] Spätere Metaphysiker und Ideologen, deren Denken aus dem Denken der Aufklärung folgt, haben schließlich gemeint, das Ausgehen auf Objektivität der Erkenntnis sei der Ausdruck eines bevormundeten, dogmatischen und damit in sich selbst durch Interesse — durch ein Interesse, in dem sich das Bedürfnis des Individuums nach Selbstbestätigung ausdrückt — bezeichneten Denkens. Die Erneuerung des Denkens, die Hume vollzieht, ist eben die, daß das Denken von der Bevormundung weggeht hin zu seinem Geschehen als Freiheit und Autonomie des Urteilens. Diese Erneuerung des philosophischen Denkens äußert sich darin, daß das Denken sich selbst in der unbedingten und unbezüglichen Bedeutung, die es ist, nicht mehr durch das bestimmende und bestimmte Begreifen, wie es vom Vorausgesetzten her statthat, versteht, daß es sich selbst nicht mehr auf die Weise einer durch ein bestimmtes Sein vorgestellten unbedingten Realität — die sich dann wieder in die Realität des *Cogito* und die Realität der Dinge teilen kann — angibt, sondern daß es vielmehr umgekehrt das, was erscheint, was da ist, den unmittelbaren Ausdruck des Geschehens seiner selbst als freies Denken und Urteilen sein läßt, ohne sich selbst aus diesem Erscheinen und Dasein heraus auf die Weise begriffenen Bestimmtseins in seiner unbedingten Bedeutung verstehen zu wollen und verstehen zu können. Das bedeutet aber, daß die Freiheit des Denkens für sich selbst ein Geschehen ist, das zwar an dem, was erscheint, was da ist, seine ihm gemäße Erfüllung hat, was aber durch diese Verwirklichung keine Bestätigung seiner selbst erlangen kann. Das metaphysisch-dogmatische Denken verwirklicht sich in sogenannten Evidenzen, in schlechthin geltender Gewißheit; das freie Denken Humes kann für sich selbst den Begriff der Gewißheit nicht kennen, es kann auch den Begriff der Wahrheit nicht kennen; es geschieht durch das Erscheinende, in dem es sich sich selbst gemäß weiß, doch so, daß es eine Bestätigung seiner selbst und seiner unbestimmten und unbezüglichen Bedeutung in seiner Verwirklichung gerade nicht erlangen kann. In diesem Sinne kann man also sagen, dieses Denken kenne weder Wahrheit noch Gewißheit, noch habe es eine Erkenntnis von sich selbst. Es ist unmittelbar offenbar, es macht den Vollzug des Erkennens selbst aus, daß unser Erkennen, wie es sich durch die *impressions* verwirklicht, sich in dieser Verwirklichung gerade nicht selbst als das Geschehen unbedingter Bedeutung, das es doch ist, fassen kann. Dieses Erkennen kann von sich selbst gerade nicht mehr so sprechen, wie dies im metaphysischen Denken geschehen ist, von sich behauptend, es sei seiner selbst gewiß, und es gelange zur objektiven Erkenntnis und zur Wahrheit, in der das erkennende Bewußtsein in sich selbst und durch sich selbst der Realität der Dinge als solcher sicher sein kann.

Man kann sagen, daß mit dem metaphysischen Denken auch die transzendentalen Begriffe hinfällig geworden sind. Das unter dem Vorausgesetztsein stehende Begreifen vollendete sich als bestimmtes Begreifen des Unbedingten in den Begriffen des ens, unum, verum, bonum, die sämtlich Begriffe der theoretischen philosophischen Reflexion waren. Diese Begriffe fallen weg, und damit fällt auch das Ausgehen auf eine sogenannte Objektivität der Erkenntnis weg. Sie fällt aber eben nicht so weg, daß man sich mit ihr auseinandersetzen würde und sie als den Ausdruck eines interessierten und bevormundeten Denkens verdammen würde — eine solche Auseinandersetzung wäre selbst noch interessiert und stünde selbst noch unter der Bevormundung —, sondern diese Frage nach der Objektivität der Erkenntnis ist als das Fragen einer Denkhaltung zurückgelassen, in der das Denken von seiner Freiheit und Autonomie abfällt und sich nicht so verhält, wie es ihm selbst entspricht. Das autonome Denken wendet sich nicht behauptend gegen bestimmte Behauptungen, die aus dem bevormundeten Denken fließen, und so wendet es sich auch nicht direkt gegen die Objektivität der Erkenntnis. Das neue Denken wendet sich vielmehr gegen das Geschehen des Denkens als Bevormundetsein selbst und damit wendet es sich gegen sein Geschehen als metaphysisches Behaupten, sei dieses nun unmittelbar dogmatischer oder sei es dogmatisch-kritischer Art; es wendet sich also nicht gegen die Objektivität des Denkens direkt, sondern gegen das Geschehen des Denkens als Unangemessensein, von welchem Unangemessensein auch das Problem der Objektivität der Erkenntnis, gleich wie man es behandle, ein Ausdruck ist. Was der angeblichen objektiven Erkenntnis durch die philosophische Reflexion Humes entgegengesetzt wird, ist nicht die direkte behauptende Negation dieser Erkenntnis, durch die gesagt würde, es gibt keine objektive Erkenntnis; was der Behauptung der objektiven Erkenntnis entgegengesetzt wird, ist, daß das Denken sich in der Behauptung über sich selbst, nach der es auf Wahrheit und objektive Erkenntnis angelegt ist, selbst gar nicht entspreche, sondern sich hier auf eine Weise angeben wolle, die seinem Geschehen, das in sich selbst unbedingte Bedeutung hat, die aber doch nicht auf die Weise der Bestätigung ihrer selbst geschehen kann, nicht entspricht, ja vielmehr dieser Bedeutung entgegengesetzt ist, da hier eine angebliche Bestätigung gesucht wird, die doch nur der Ausdruck der Schwäche und Unselbständigkeit des Denkens sein kann.

Das Geschehen des Denkens als Sichselbstentsprechen findet so statt, daß sich das Denken als freies und autonomes Urteilen selbst auf die Weise der *impressions* und auf die Weise eines Begreifens, das durch diese *impressions* geschieht, gemäß sei, ohne sich darin für sich selbst als solches bestätigen zu können. Das Denken ist als solches nicht wahres oder objektives und sachbezogenes Denken, sondern es ist als solches auf die Weise des Erscheinens, auf die Weise der *impressions* geschehendes freies Urteilen. Die geschichtliche Leistung der philosophischen Reflexion der Aufklärung besteht gerade darin, diese Bedeutung, die das Denken als solches immer hat, von ihrem Eingegangensein in die metaphysische Doktrin befreit zu haben, durch die das Denken in seinem Sichverstehen bezeichnet ist, solange es sich selbst unter das Bevormundetsein gestellt hat.

Das Erkennen ist für Hume in seiner Bedeutung nicht mehr durch die Sachen zu bestimmen, die es erkennt, sondern es gibt sich selbst durch sein Geschehen, das sich als solches auf die Weise des Erscheinenden und als dies Erscheinende selbst vollzieht, für sich selbst an. Das bedeutet also, daß wir, um das wahre Wesen des Erkennens (das also nicht mehr in der wahren oder objektiven Erkenntnis besteht) anzugeben, das Erkennen nicht mehr einfach als eine theoretische Einsicht über die Dinge und ihre Zustände bestimmen können, sondern daß wir es in erster Linie als das Sichverstehen des Denkens als Denken nehmen müssen, das sich als solches als theoretische Erkenntnis, als Erkenntnis in den *impressions* und in den *relations of ideas* durchführt. Wir kommen damit wieder zu der Einsicht zurück, daß für Hume die theoretische Erkenntnis in gewisser Weise die Durchführung des in sich moralischen Wesens des Erkennens ist. Im Sichverstehen des vernünftigen Selbstbewußtseins liegt unbedingte und unbezügliche Bedeutung, und es geht im theoretischen Erkennen darum, daß diese unbedingte und unbezügliche Bedeutung sich als solche vollziehe und verwirkliche. Dieses moralische Moment in der Erkenntnis wird, wie bemerkt, von Kant wiederholt, wenn er sagt, es sei Pflicht, die ›Kritik der reinen Vernunft‹ zu haben; aber dabei ist das moralische Bewußtsein doch nicht in dem engeren uns auch von Kant her geläufigen Sinn zu nehmen, wonach hier ein moralisches Verpflichtetsein, sich um eine bestimmte philosophische Haltung zu bemühen, bestünde, sondern hier ist gemeint, daß das Sichverstehen des vernünftigen Selbstbewußtseins schon als solches in sich moralischen Charakter hat, von dem die theoretische Erkenntnis nur eine Weise seines Sichdurchführens ist. Dieser moralische Charakter des denkenden Sichverstehens selbst ist es dann allerdings auch, der von uns die Anstrengung verlangt, uns in unserer tatsächlichen Denkhaltung über den Dogmatismus zu erheben, und insofern fließt aus dieser ursprünglich moralischen Natur des Erkennens dann auch die Verpflichtung zu einem denkenden Verhalten, durch das wir dieser Natur unseres Denkens gerecht werden. Wo das Denken sich selbst nicht mehr auf die Weise der Erkenntnis des realen Geltens von Ursache und Wirkung und ihrer notwendigen Verknüpfung verwirklichen kann, sondern auf sich selbst zurückgeworfen ist, da geschieht die Freiheit des Wissens auf die Weise der erscheinenden Welt so, daß der vermeintliche Halt, den das Selbstbewußtsein im dogmatischen Begreifen für sich zu finden hofft, als Täuschung verschwunden ist. Die Einkehr des denkenden Selbstbewußtseins in sich selbst nimmt diesem Selbstbewußtsein die Möglichkeit, sich darüber zu täuschen, daß es Wirklichkeit immer nur auf die Weise des unmittelbaren Sichgebens der *impressions* hat, daß dieses Sichgeben immer nur sich selbst bezeugt und unentwegt im flüchtigen Strom der Zeit geschieht, und daß das Denken keineswegs die Kraft hat, diesen Strom der Zeit durch sich zusammenzunehmen und über das Sein in einer zeitentbundenen oder für alle Zeit geltenden Weise zu verfügen. Das alte dogmatische Denken glaubte, das Kausalgesetz zu begreifen und glaubte, durch dieses von ihm begriffene Gesetz über die Zeit hinweg des Seins der Dinge Herr sein zu können. Aber dieses Kausalgesetz und dieses Begreifen des Kausalgesetzes war nur eine Schwäche der Vernunft, die in dem Zustand des Bevormundetseins, in dem sie befangen war, glaubte, die unbedingte Bedeutung könnte auf die Weise von Vorausgesetztsein, auf die Weise eines Geltens, das den Charakter des Vorhandenseins habe, angegeben werden: ein Glaube, der eben nur Sichgehenlassen des Denkens und die Schwäche solchen Sichgehenlassens bedeutet und dem das Selbstbewußtsein, das doch immer auch noch Autonomie des Denkens ist, deswegen auch nicht voll verfallen sein konnte. An die Stelle dieses Denkens in der Schwäche und im Bevormundetsein tritt nun das autonome und freie Denken, das sich zu sich selbst bekennt, und in diesem Denken ist die Täuschung der Schwäche, ist das dogmatische Begreifen des Kausalgesetzes überwunden, und es ist gerade offenbar, daß die unbedingte und unbezügliche Bedeutung des Denkens immer nur auf die Weise des flüchtigen Geschehens in der Zeit statthaben kann. Das Denken der philosophischen Reflexion, die Hume uns darlegt, kennt nicht mehr den Satz vom Grunde und sein Verfügen über die Zeit, das uns des Seins auch für die Zukunft versichert, es kennt nur das unbedingte und unbezügliche Wesen des Wissens, das gerade nur auf die Weise des flüchtigen Sichgebens der Erscheinungen in der Zeit, die immer nur sich selbst in eben dieser Flüchtigkeit bezeugen, seine Wirklichkeit hat und für sich selbst geschieht. Diese Philosophie meint nicht mehr, des Seins für die Zukunft gewiß sein zu können, sie hat das Sein allein in der Gegenwart der *impressions*, die niemals über sich hinausweisen, sondern in all ihrer Flüchtigkeit zugleich immer nur auf sich selbst beschränkt sind. Die Philosophie Humes eröffnet so das moderne Selbst- und Weltverständnis des Menschen, das durch das Bewußtsein von der Haltlosigkeit unseres Daseins in der Zeit erfüllt ist, so erfüllt ist, daß uns zugleich jede Stellungnahme, durch die wir uns über diese Situation in Urteilen — sei es, daß sie sich positiv, gemäß dem Prinzip der Hoffnung, sei es, daß sie sich negativ, nach dem Prinzip des Unterganges des Abendlandes, verstehen — erheben wollen. als dogmatische Täuschung über unsere eigene Situation durchsichtig ist.

3. Ineinandersein von Apriorität und Aposteriorität

a) Die Erkenntnis als "a complicated figure"

Daß das freie und autonome Denken sein Geschehen als Gemäßsein gerade so ist, daß es nichts anderes hat und ist als eben die *impressions* in ihrem bloßen Bezogensein auf sich und in ihrer Flüchtigkeit, das macht, wenn wir es so bezeichnen wollen, die Grunderfahrung der Philosophie Humes und der Philosophie der Aufklärung überhaupt aus. Das Denken verwirklicht sich auf die Weise der *impressions* dergestalt, daß es sich in ihnen und auf ihre Weise als sein Sichdurchführen in seiner absoluten Bedeutung weiß. Diese absolute Bedeutung hat das Denken einerseits in dem unmittelbaren Gegenwärtigsein der *impressions*, das als solches Wirklichkeit, Realität, Sein im Sinne eines unmittelbaren Sichbezeugens bedeutet. Es hat diese Bedeutung andererseits in den *relations of ideas*, in denen die *impressions* aus sich heraus und von sich her eröffnen, daß sie in ihrem Gegebensein die Natur des Denkens haben, die unbezügliche und unbestimmte Bedeutung von Denken und Urteilen gerade auch auf die Weise ihres Geschehens in Bestimmtsein angeben. In den *relations of ideas* beurteilt das Denken die *impressions* im Hinblick auf allgemeingültige und notwendige Strukturen, die die *impressions* durch sich erkennen lassen. In ihnen kommt nichts zu den *impressions* in ihrem Geschehen als Wirklichkeit oder Sein hinzu, aber es findet die ausdrückliche Einsicht darüber statt, welche Bedeutung die *impressions*, indem sie der Ort der Erkenntnis sind, als das Sichdurchführen des Erkennens als Erkennen haben.

In den *relations of ideas* findet das Denken, das sich in seinem Geschehen auf die Weise der *impressions* nicht eigentlich als solches für sich selbst bestätigen kann, doch eine Art sekundärer Bestätigung seiner selbst, eine Bestätigung, die aus den *impressions* heraus geschieht. Aus dem Material, in dem und auf dessen Weise sich das Erkennen findet, wird — im Ausgang von diesem Material selbst — eine Bestätigung der in sich apriorischen Natur des Denkens gewonnen. Die Autonomie des Denkens tut sich selbst so kund, daß die in sich apriorische Struktur des Denkens als solche doch aus dem in gewisser Weise aposteriorischen Sichverwirklichen des Denkens durch die *impressions* herausgeholt wird. Die *impressions* sind als solche das unmittelbare Sichdurchführen der autonomen Natur des Denkens, sie sind insofern selbst in sich apriorisches Geschehen, aber sie sind dies apriorische Geschehen ohne rationale apriorische Struktur, sondern sind vielmehr in aposteriorischem Bestimmtsein begriffen. Das Apriorische, das in diesem aposteriorischen Begreifen liegt, wird durch das Verstehen von Realität oder Sein ausgedrückt, aber dieses Verstehen ist ohne rationale Struktur; die Rationalität, die diesem unmittelbaren Verstehen des Seins entspricht, ist nur die des Begreifens in aposteriorischen Bestimmungen. Von diesen aposteriorischen Bestimmungen aus aber ergibt sich alsdann noch die zweite, sozusagen abgeleitete, Apriorität, die Apriorität der rationalen Strukturen, in denen sich die Natur des Denkens sich selbst im Ausgang von den *impressions* bestätigt. Diese *relations of ideas* haben also gerade nicht die Bedeutung des Seins, das Sein eröffnet sich vielmehr nur in einem begriffslosen Verstehen; diese Strukturen haben nur den Charakter eines Sichverstehens des Denkens in sich selbst, das im Ausgang von dem Sichverwirklichen dieses Denkens in der Aposteriorität geschieht. Die Rationalität der Strukturen, in denen sich das Denken hier für sich selbst bestätigt, kann daher auch nicht eigentlich dadurch angegeben werden, daß man sie als eine in Begriffen geschehende Rationalität fassen würde, die Begriffe beziehen sich vielmehr immer nur auf das aposteriorische Bestimmtsein: diese Apriorität ist, wenn wir es so angeben wollen, eine Umsetzung des in sich apriorischen Seinsgeschehens in faßliche Denkstrukturen, die im Ausgang von dem Sichgeben des Realen auf die Weise aposteriorischen Bestimmtseins und Begriffenseins geschieht. Es wird eine apriorische Struktur eingesehen, die im Ausgang vom aposteriorischen Begreifen und Bestimmtsein gewonnen ist und die das in sich apriorische Geschehen von Realität auf solche abgeleitete Weise meint. Die *relations of ideas* meinen die Bedeutung des Seins, indem sie, um diese Bedeutung angeben zu können, von dem Geschehen dieser Bedeutung auf die Weise des Bestimmtseins, das diese Bedeutung von sich her gerade nicht bestätigen kann, ausgehen müssen. In diesem Sinne sind die *relations of ideas* also weder unmittelbares, sozusagen transzendentales, Verstehen des Seins, noch auch sind sie aposteriorische Begriffe, die gar nicht die Bedeutung von Sein angeben können, sondern sie sind das Geschehen der unbezüglichen und unbestimmten Seinsbedeutung aus dem Bestimmtsein heraus. Apriorität, die das Sein selber meint, geschieht hier aus der Aposteriorität heraus, auf die Weise der Aposteriorität und als diese Aposteriorität selbst. Daß die in sich apriorische Bedeutung von Realität so auf die Weise der Aposteriorität gemeint ist, das kann man ein Verstehen und Erkennen des Seins selbst auf die Weise der reinen Rezeptivität oder des reinen Anschauens nennen, nämlich der Rezeptivität oder des Anschauens, das als solches Apriorität meint. Kant hat dann in diesem Sinne von den reinen Anschauungsformen gesprochen, die die Grundlagen der reinen Mathematik sind, gerade wie die *relations of ideas* sich auf die Weise der apriorischen Einsichten der Arithmetik und der Geometrie darstellen.

Bei all diesem ist zugleich zu merken, daß die philosophische Reflexion Humes diese Einsichten nicht etwa als Doktrin verkündigt, sondern daß sie nichts tun will, als das Denken, wie es, wenn menschliches Selbstbewußtsein sich verwirklicht, an sich selbst immer geschieht, unmittelbar als solches zur Darstellung zu bringen, frei von aller dogmatischen Auslegung, die es sich selbst angedeihen lassen möchte. So hat auch Kant die ganze Lehre der ›Kritik der reinen Vernunft‹ verstanden, und speziell die Lehre von den reinen Anschauungsformen will nicht etwa die reine Mathematik neu begründen, sondern vielmehr nur angeben, wie reine Mathematik immer schon geschieht und wie sie, ganz unabhängig von den Auslegungen, die sich das denkende Bewußtsein von seinem Tun zusätzlich machen mag, möglich ist.

Von dem Geschehen der *impressions*, das auf die Weise des aposteriorischen Begreifens bestimmt wird, zu den *relations of ideas*, die aus dessen Aposteriorität heraus Apriorität meinen, gibt es keinen rationalen Übergang. Die Apriorität der *impressions*, die als Verstehen von Realität und Sein geschieht, fällt aus aller rationalen Struktur heraus, liegt vor aller rationalen Struktur. Die *relations of ideas* haben rationale Strukturen, die apriorische Bedeutung haben, aber diese Strukturen stehen ihrer Apriorität ungeachtet in keinem direkten Verhältnis zur Apriorität der Realität, sondern sind vielmehr durch das aposteriorische begriffene Bestimmtsein vermittelt. Es kann also nach der philosophischen Einsicht Humes keinen Übergang von dem apriorischen Seinsverstehen, das begriffslos ist, zu der Apriorität der Mathematik geben, die nicht, ohne daß sie sich des aposteriorischen Begreifens als Material bediente, zu ihrer apriorischen Einsicht gelangen kann. Um es mit den Termini Kants auszudrücken, so ist nach der Lehre Humes ein Übergang von der reinen Mathematik zu einer reinen Naturwissenschaft, die dann nicht nur auf die apriorischen Strukturen der Arithmetik und der Geometrie ginge, sondern das Dasein der Dinge beträfe, nicht möglich. Die Einsicht in *relations of ideas* ist in sich selbst beschlossen und verstattet keinerlei Übergang zu weiteren Bereichen apriorischer und zugleich rational strukturierter Erkenntnis. Das Seinsverständnis seinerseits liegt außerhalb aller strukturierten Rationalität, es liegt außerhalb aller möglichen Wissenschaft. Was für das Verständnis des Daseins der Dinge in wissenschaftlicher Rücksicht bleibt, ist so nur das aposteriorische Begreifen, das zu statistisch fundierten Gesetzmäßigkeiten usw. führen kann.

Dennoch verhält es sich so, daß die *impressions* doch auch gerade, insofern sie aposteriorisch bestimmtes Gegebensein sind, die Durchführung des in sich apriorischen Wesens des Denkens sind. Auf die Weise dieses Aposteriori der *impressions* führt sich das Denken in seiner apriorischen Natur selbst aus. Das Aposteriori der *impressions* ist als solches, als das Aposteriori, das es ist, und auf die Weise eben seines aposteriorischen Sichgebens das Sichbezeugen des in sich apriorischen Wesens des Denkens und seiner unbedingten und unbezüglichen Bedeutung. Es findet in den *impressions* ein Sichbezeugen des Wesens des Denkens statt, in dem das Denken sich selbst keineswegs, wie man doch meinen möchte, selbst apriorisch anzeigt, sondern wo vielmehr das Aposteriori selbst, als solches, als das aposteriorische Geschehen, das es ist, als das Sichbezeugen der apriorischen Natur des Denkens statthat. Es findet, obwohl das Denken sich nicht für sich selbst als solches direkt in den *impressions* bestätigen kann, doch ein Sichbezeugen des apriorischen Wesens des Denkens auf die Weise des Aposteriori selbst statt. So hätten wir, außer dem apriorischen Verstehen des Seinsgeschehens, in den *relations of ideas* so etwas wie ein indirektes Sichbestätigen des Denkens als Denken, das von der Aposteriorität her geschieht; darüber hinaus aber gälte auch dies noch, daß das aposteriorische Geschehen der *impressions* als solches, d. h. eben in seiner Aposteriorität, das Sichdurchführen des Apriori selbst ist. Hier hätten wir also ein Sichbezeugen des Denkens, das mit apriorischen Strukturen nichts zu tun hat, sondern es selbst gerade als die Aposteriorität selbst ist. Gerade auf die Weise seiner selbst gibt das aposteriorische Erfahrungsgeschehen sich selbst auch als das Geschehen apriorischer Bedeutung an. Der Strom des Geschehens in der Zeit gibt gerade auch als solcher durch sich diese Bedeutung her. Es kann dies aber nicht einfach schon dadurch hervorgehen, daß der Strom des Geschehens in der Zeit eben da ist, denn da ist ja direkt nichts als die Aposteriorität, sondern es muß sich so verhalten, daß dieses aposteriorische Geschehen es durch sich selbst aposteriorisch bewirkt und aposteriorische Anzeige davon hervorgehen läßt, daß es an sich selbst doch gerade auch apriorische Bedeutung meine und sei. Diese Angabe der apriorischen Bedeutung aus dem Aposteriorischen heraus muß durch eine Erweiterung dessen, was die *impressions* durch sich angeben, zustande kommen, durch eine Erweiterung, die sich aus dem Vollzug des aposteriorischen Geschehensstromes selbst aposteriorisch ergibt. Diese Erweiterung findet durch eine andersartige *impression* statt, die durch das Sichvollziehen des Geschehenstromes selbst hervorgebracht wird, durch eine *impression*, die nicht eigentlich neben den anderen *impressions* steht, sondern sich ihnen als ihre Ergänzung hinzufügt. Diese *impression*, die aposteriorisch die apriorische Bedeutung des aposteriorischen Geschehenstromes angibt, kann innere *impression* heißen, die auf das zeitliche Verlaufen der äußeren *impressions* insgesamt bezogen ist und zu ihrem unmittelbaren Geschehen dies aposteriorisch hinzufügt, daß ihr Geschehen als solches apriorische Bedeutung meine.

Die äußeren *impressions* geben uns den Ablauf des Geschehens in der Welt; die innere *impression*, die nicht neben den äußeren *impressions* steht, sondern dem Eindruckshaften als solchem erst seine Vollständigkeit gibt, läßt dieses äußere Geschehen als die mit sich selbst gleiche apriorische Bedeutung hervorgehen. Diese *impression* heißt innere *impression* nicht in dem Sinne, daß sie irgendwo innen im erkennenden Subjekt vorkäme, denn gerade dieses Subjekt ist ja in der philosophischen Reflexion Humes aufgehoben, sie ist innere *impression*, weil es sich durch sie angibt, daß das ganze Auseinander in der Zeit doch nur die Bedeutung eines einigen in sich beschlossenen apriorischen Geschehens hat. Wenn wir es so ausdrücken dürfen: gerade auf die Weise des Auseinanderseins in der Zeit geschieht die aposteriorische Wirklichkeit als Beisichsein und Insichsein. Diese innere *impression* wird erlebt als Gefühl.[65]

Es gibt also nach Hume im theoretischen Bewußtsein zunächst die äußeren *impressions*, in deren Äußerlichkeit sich das Denken nicht für sich selbst zu erkennen vermag. Es gibt dann, von diesem Geschehen der äußeren *impressions* her die sogenannte innere *impression*, d. h. die *impression*, die auf ihre Weise, eben als *impression*, angibt, daß die *impressions* in ihrem aposteriorischen Geschehen doch Sichbezeugen des Wesens des Denkens als solchen sind. Da es aber immer nur *impressions* sind, aus denen hier die apriorische Bedeutung hervorgeht, so findet die Bestätigung des Denkens auch immer nur als Aposteriorität statt und kann nicht in rationalen Strukturen vorstellig gemacht werden. Die innere *impression*, auf deren Weise die apriorische Bedeutung des Geschehenszusammenhanges erfahren wird, hat nicht mit dem Begreifen zu tun, sondern ist eben sie selbst als Eindruck besonderer Art, als Gefühl. Auf die Weise des Gefühls findet das unbezügliche apriorische Wesen des Denkens sich selbst als Aposteriorität. Im Gefühl bezeugt sich aposteriorisch ein apriorisches Wissen des Bestimmten, das sich im direkten Ausgehen von dem aposteriorischen Geschehensablauf nicht als solches versteht. Im Gefühl wird im Ausgang von diesem aposteriorischen Geschehen auf aposteriorische Weise apriorische Bedeutung gewußt.

Das Gefühl aber ist von den äußeren *impressions* her erzeugt, es ist nur von diesem Geschehen der äußeren *impressions* her möglich. Die äußeren *impressions* müssen da sein, damit von ihnen her dann auch das Gefühl entstehe, und zwar aus dem zeitlichen Abgelaufensein der äußeren *impressions* her, aus ihrem Stattgehabthaben her entstehe. Ein solches Entstehen findet faktisch statt; aber wir können rational keine Rechenschaft davon geben. Wir können nur an dem äußeren aposteriorischen Geschehen selbst in der philosophischen Reflexion zu entdecken suchen, was es denn an ihnen mache, daß es zu der inneren *impression* kommt. Beobachtung kann uns belehren, aber nicht in rationaler Einsicht belehren, sondern nur so belehren, daß wir die aposteriorischen Verhältnisse in ihrer Komplexität deutlicher auffassen. Die Einsicht, die wir so gewinnen, kann selbst immer nur ein Hereinnehmen des aposteriorischen Geschehens in seiner Aposteriorität in die Reflexion bedeuten, sie kann nicht bedeuten, daß wir das Aposteriorische, das sich direkt immer nur selbst bezogen, verlassen und an ihm sozusagen unmittelbar apriorische Zusammenhänge entdecken könnten. Der Zusammenhang eröffnet sich als aposteriorischer Zusammenhang in der Beobachtung, die apriorische Bedeutung des Aposteriorischen liegt allein im Gefühl selbst.

Was die Beobachtung im äußeren Geschehen als Grundlage für das Entstehen des Gefühls entdeckt, ist der ständig sich wiederholende gleichförmige Ablauf gewisser Zusammenhänge. Die Gleichförmigkeit im Geschehensablauf macht es, so scheint es die Beobachtung zu ergeben, daß in uns das Gefühl, die innere *impression*, entsteht, die für uns das äußere Geschehen unter eine apriorische Seinsbedeutung stellt. Durch dieses Gefühl können wir uns als vernünftige Weltwesen aus dem Ungesichertsein heraus, in das wir durch den Ablauf alles Geschehens in der Zeit gestellt sind, doch wieder als in einer einzigen Seinsbedeutung, die über alle Zeit hinweg gilt, gesichert erfahren. Von den äußeren *im-*

pressions her entsteht das Gefühl, die innere *impression*, die uns über die Flüchtigkeit des Geschehensablaufes, die allein uns die äußeren *impressions* geben, hinaushebt und uns in dieser Flüchtigkeit ein einiges Seinsgeschehen erfahren läßt. Von der Gleichförmigkeit der Geschehensabläufe her werden wir dieser Einheit in sich des Seinsgeschehens gewiß, wobei wir uns zunächst nur an diese gleichförmigen Zusammenhänge selbst halten, dann aber von ihnen aus auch das Ganze des Weltlaufs in dieser Einheit erfahren. Das Erleben unseres Daseins in seiner Zeitlichkeit und damit auch in seinem radikalen Ungesichertsein und Sichnichtbestätigenkönnen muß stattfinden, damit aus ihm heraus jenes Gefühl entstehen kann, das uns durch sich das Geschehen unseres Daseins und Bewußtseins in Sicherheit gibt und dieses Sichersein selbst ist. Das Gefühl, wie es dem gleichförmigen Ablauf der Naturereignisse zugeordnet ist, bedeutet Bestätigung der vernünftigen Natur des Menschen für sich selbst, es bedeutet Sicherheit, Gewißheit über sich selbst. Dieses Gefühl gibt unserm Dasein und gibt dem Dasein der Dinge in der Welt den Charakter des Beschlossenseins in sich, der Ganzheit, eines Beisichseins, das, wie sehr sich auch die aufeinanderfolgenden Zustände des äußeren Geschehens voneinander absetzen mögen, doch die Wahrheit ihres Prozesses ausmacht. Die äußeren Zustände wechseln und schließen einander aus, das Gefühl aber läßt sie in solchem Wechsel und Sichausschließen nur die Erscheinung eines Seinsgeschehens sein.

Wenn die innere *impression* so im Ganzen des Erlebens miterlebt ist, dann kann sich die bloße Aufeinanderfolge, wie sie in den äußeren *impressions* erlebt ist, nicht mehr einfach als etwas durch sich Selbstverständliches und fraglos Gültiges angeben, sondern diese bloße Aufeinanderfolge ist zugleich auch in eine Bedeutung gestellt, die die Aufeinanderfolge den bloßen Ausdruck eines in sich beschlossenen Ganzen sein läßt. Das, was, wenn die äußeren *impressions* rein für sich genommen werden, eine bloße Aufeinanderfolge von Zuständen und Ereignissen ist, die sich in ihrem Nacheinander alle außerhalb voneinander befinden, das ist im Gefühle zur Einheit zusammengenommen und das Außereinander nur als Ausdruck und Darstellung eines einzigen in sich beschlossenen Ganzen angesehen. Im Hinblick auf die äußeren *impressions* kann man sagen, daß das Gefühl, indem es durch sich die Einheit und Ganzheit des Erlebens angibt, die Zukunft antizipiert, sie in der Einheit des Erlebens verfügbar macht, die *impressions*, die noch gar nicht da sind, herbeiholt und sie in realer Bedeutung wissen läßt, obgleich sie ihre Realität durch sich doch erst dann werden bezeugen können, wenn sie — worüber die jetzigen *impressions* nichts angeben — in der Zukunft einmal eintreten werden. Dieses Herbeiholen der künftigen *impressions*, deren uns in der äußeren Erfahrung nichts versichert, durch die innere *impression*, die gleichsam die ganze Reihe der aufeinanderfolgenden äußeren *impressions* in sich zusammenfaßt, bewirkt dann aber auch so etwas wie eine neue Art, den äußeren Geschehenszusammenhang zu denken.

b) Wissenschaftliches Bewußtsein und Erkenntnisfortschritt

Das Denken erstreckte sich auf die äußeren *impressions* auf zweierlei Weise: einerseits durch das bloße empirische Begreifen von Bestimmtem, andererseits durch sein Sichbestätigen in den *relations of ideas*. In den notwendigen und allgemeingültigen Strukturen der *relations of ideas* hat es das Denken mit sich selbst, mit seiner eigenen unbedingten und unbezüglichen Bedeutung zu tun. Diese *relations of ideas* gehen aber nicht auf das Sein der Dinge, sondern setzen dieses vielmehr voraus und werden von dem bloßen Bestimmtsein der *impressions* her als deren intelligible Struktur entwickelt. Mit der inneren *impression*, mit dem Gefühl, kommt jetzt aus der Aposteriorität ein Sichbestätigen des Denkens in das Erfahren hinein, das das aposteriorische Geschehen gerade als solches und an sich selbst das Sicherfüllen der unbedingten und apriorischen Bedeutung sein läßt. Dieses Gefühl verknüpft — aposteriorisch — die auseinanderliegenden aufeinanderfolgenden Zustände in der Einheit eines Seinsgeschehens. An dieser aposteriorisch, nämlich auf die Weise des Fühlens, hervorgehenden unbedingten Bedeutung kann das Denken nun sein rationales Sichbestätigen auf die Weise der *relations of ideas* indirekt, nämlich so anwenden, daß es dabei wieder von den begriffenen bestimmten äußeren *impressions ausgeht*. Auf diese Weise wird dann das äußere Geschehen selbst auf die Weise einer rationalen Einheit gemeint, die auf das Sein dieses Geschehens geht; doch diese Einheit kann nicht eigentlich von dem äußeren Geschehen selbst abgenommen werden, das vielmehr nur das Außereinander und die Aufeinanderfolge zeigt, sondern sie wird am äußeren Geschehen gedacht, ohne daß von diesem Denken direkt Rechenschaft abgelegt werden könnte. Es ist das Gefühl, das es von dem nach Art der *relations of ideas* geschehenden Denken verlangt, daß es von dem äußeren Geschehen her auch eine solche Bestätigung seiner selbst finde, in der es nicht direkt von dem Bestimmtsein der äußeren *impressions* ausgeht, sondern sich durch das äußere Bestimmtsein hindurch auf das Wissen des Gefühls bezieht und in einer sich auf das äußere Bestimmtsein beziehenden rationalen Struktur sein indirekter Ausdruck ist. Die rationale Struktur, die so gefunden wird, ist die der notwendigen Verknüpfung von Ursache und Wirkung.[66] Diese Struktur ist dann nicht mehr so, wie es die eigentlichen *relations of ideas* sind, eine Struktur, die dem Sein der *impressions* bloß nachfolgt und bloß angibt, wie sie von ihrem Bestimmtsein her das Wesen des Denkens als solches eröffnen, diese Struktur wäre eine Struktur, die auf das Sein der *impressions* selbst geht und dieses Sein selbst in notwendiger und allgemeingültiger Einsicht bestimmt.

Das Denken in apriorischen Strukturen, das sich zunächst nur auf die Arithmetik und die Geometrie bezieht und darin also gerade keine Seinsbedeutung hat, wird hier in der Tat erweitert. Diese Erweiterung geschieht dadurch, daß das aus den *impressions* heraus stattfindende Sichbestätigen des Denkens für sich selbst nicht mehr nur auf das äußere Bestimmtsein der *impressions*, sondern auch auf das Gefühl bezogen wird, allerdings so, daß die Entwicklung der rationalen Strukturen dabei doch von den äußeren Bestimmungen hergenommen wird. Dieser Bezug auf das Innere, auf das Gefühl, gibt nun dieser neuen Anwendung der *relations of ideas* eine Seinsbedeutung. Zu den Strukturen der reinen Mathematik, die nicht auf das Sein gehen, kommt eine neue Struktur hinzu, die der notwendigen Verknüpfung von Ursache und Wirkung, die als solche auf das Sein selbst der Dinge geht. Wenn wir uns wieder der Sprache Kants bedienen wollen, so werden wir sagen, zu der reinen Anschauungsform des Raumes als der Anschauungsform des äußeren Sinnes ist auf diese Weise die reine Anschauungsform der Zeit als Anschauungsform des inneren Sinnes hinzugekommen.[67] Die reine Anschauungsform des Raumes und die aus ihr entspringenden Wissenschaften gehen nicht auf das Sein der Dinge, die reine Anschauungsform der Zeit und eine aus ihrer indirekten Anwendung auf das äußere Geschehen entspringende Wissenschaft gehen auf das Sein der Dinge, denn diese Anschauungsform geschieht aus der Verinnerlichung der *impressions*, wodurch sie in ihrem Auseinandersein und in ihrem Sichausschließen in die Einheit eines Seinsgeschehens hineingenommen werden.

Schon hier zeigt es sich, daß Kant solchen Gedanken in der ›Kritik der reinen Vernunft‹ eine andere Wendung gegeben hat, und mit dieser Fortentwicklung der philosophischen Reflexion werden wir uns noch befassen müssen. Die dogmatische und dialektische Metaphysik, die auf Kant gefolgt ist, hat gerade seine Lehre von den Kategorien, die nach Hume doch vielmehr als eine Lehre vom inneren Sinne bestimmt werden müßte, verworfen. Schopenhauer hat von der Lehre der ›Kritik der reinen Vernunft‹ eigentlich nur die Lehre von den reinen Anschauungsformen zurückbehalten wollen und das Geschehen einer Einsicht nach dem Satze vom Grunde unmittelbar durch dieses reine Anschauen verstanden.[68]

Man kann vielleicht sagen, daß mit der Lehre Humes von dem rationalen Verstehen des Seinszusammenhangs der Dinge aus dem Gefühl, dem Gefühl der Gewohnheit, heraus, die eigentlich so simpel dasteht, in der Tat eine Revolution der Denkungsart vollzogen ist. Die Revolution der Denkungsart, die durch diese so einfach erscheinende philosophische Reflexion vollzogen ist, liegt darin, daß das Denken sich in der Besinnung auf sich selbst vor sein Geschehen als solches gebracht hat. Es hat sich durch sich selbst von seinem Geschehen unter dem Bevormundetsein, als Bevormundetsein befreit und sein Sichvollziehen als Doktrin von sich selbst und als Auslegung seiner selbst, das mit seinem Geschehen als Bevormundetsein notwendig gegeben war, abgelegt. Man kann von einer Revolution der Denkungsart sprechen, weil in diesem Geschehen eine Analogie zu dem liegt, was wir im gesellschaftlichen Bereich eine Revolution nennen: nur daß diese Revolution hier nicht durch mehrere gegeneinander gekehrte Kräfte geschieht, sondern durch die bloße Einkehr des Denkens in sich selbst. Aus der Schwäche heraus, die es als Bevormundetsein ist, wendet sich das Denken gegen seine eigene Schwäche. Es gelangt dabei zu der Aufhebung des metaphysischen Begreifens, wie die tatsächliche Revolution zur Aufhebung der unbedingt geltenden bestimmten Institutionen gelangt. Die Aufhebung des metaphysischen Begreifens macht, daß für das vernünftige Selbstbewußtsein von nun an das unbedingte Bedeuten auch am Anfange seines ausdrücklichen Sichverstehens so steht, wie es seit je im Selbstbewußtsein liegt, nämlich vor allem Begriff, doch so, daß es sich durch das Begreifen äußert.

Das Begreifen als solches ist dann, auch für das ausdrückliche Sichverstehen, allerdings auf die Anwendung des Denkens in der Erfahrung reduziert. Der Begriff kann nicht mehr beanspruchen, durch sich unbedingte Bedeutung anzugeben. Es geht für das ausdrückliche Sichverstehen des Menschen hervor, daß wir rationale Strukturen, in denen sich das Denken als Denken bestätigt, gerade nicht in begrifflichen Behauptungen über das Unbedingte haben, sondern in der reinen Mathematik, die nicht die Durchführung eines reinen Begreifens, sondern eines reinen Anschauens ist.[69] Die Menschen haben freilich seit je Mathematik betrieben, aber sie haben das mathematische Denken als solches nicht verstanden; dieses Verstehen, das die Mathematik nicht auf Begriffe, sondern auf reines Anschauen gründet, geht aus der philosophischen Reflexion Humes hervor.

Über dieses unmittelbar mit der Erfahrung der äußeren Welt verknüpfte wissenschaftliche Denken hinaus gibt es noch ein mittelbar mit ihr verknüpftes wissenschaftliches Denken, das Denken der reinen Naturwissenschaft. Auch dieses Denken ist nicht etwa ein Denken aus bestimmten Begriffen, sondern ein Denken aus reinem Anschauen. Wie das mathematische wissenschaftliche Denken ein Denken aus der Anschauungsform des Raumes ist, so ist das naturwissenschaftliche Denken ein Denken aus der Anschauungsform der Zeit, welche Anschauungsform sich uns vermittelst der inneren *impression*, des Gefühls der Gewohnheit erschließt. Durch dieses Sichbestätigen des unbedingten und unbezüglichen Wesens des Denkens auf die Weise der Zeit gelangen wir zu einer wissenschaftlichen Einsicht, die auf das Dasein der Dinge geht. Auch die reine Naturwissenschaft ist lange vor der philosophischen Reflexion Humes betrieben worden, aber durch diese Reflexion gelangt der Mensch zum ausdrücklichen Verständnis über das, was in diesem naturwissenschaftlichen Denken geschieht. Diese Einsicht aber geschieht durch das Sichbefreien des Denkens von seinem Sichverstehen als behauptendes Denken. Sie bedeutet die Befreiung von einem Sichverstehen des wissenschaftlichen Denkens, nach dem dieses Denken sich die Dinge in ihrer Realität aneignen zu können meint und in diesem Sinne zu objektiver Erkenntnis gelangen will. Es bedeutet das Sichbefreien des wissenschaftlichen Denkens von der Auslegung, in der es sich sich selbst unter der Devise „Erkennen ist Macht" darstellt. Es bedeutet damit die Überwindung des wissenschaftlichen Denkens, das sich selbst als individualisiertes und auf sich selbst zurückbezogenes behauptendes Denken versteht. Es ist einsichtig, daß das Wesen des wissenschaftlichen Denkens ein in sich öffentliches Geschehen ist, das nicht durch den behauptenden Begriff, sondern durch das freie und autonome Urteilen anzugeben ist.

Hegel, so kann man sagen, hat zwar von qualitativen Umschwüngen in der Geschichte überhaupt und in der Geschichte des philosophischen Denkens insbesondere geredet, hat aber im Grunde die Entwicklung des Denkens linear verstanden. Für ihn ist das große Thema der Geschichte dies, daß der Geist sich aus einem anfänglich abstrakten Zustand seines Sichverwirklichens selbst daraufhin bearbeite, für sich selbst konkreter Geist zu werden. Bei dieser Bearbeitung treten dann die qualitativen Sprünge auf, von denen Hegel spricht; aber diese Sprünge sind nur äußeres Phänomen für einen Gang der Entwicklung, der in sich einsinnig ist und sich immer gleich bleibt. Einer solchen Schau zeigt sich die Philosophie der Aufklärung als das Verkommen des Denkens in dem Sinne, daß der Geist, seiner abstrakten Aussagen über das

Unbedingte überdrüssig, nichts anderes mehr sein will als unmittelbares Erleben des Unbedingten in der faktischen konkreten Erfahrung. Der Geist gibt eine Bearbeitung seiner selbst, die doch immer wieder nur abstrakte Ergebnisse gebracht hat, auf und übergibt sich in einer Art Resignation ganz seinem faktischen Geschehen. Diese Hingabe an die faktische konkrete Erfahrung ist aber noch nicht eigentlich Überwindung des abstrakten Fürsichseins des Geistes, denn der Geist ist nur erst so in die Erfahrung zurückgegangen, daß er sich sie noch nicht wirklich angeeignet hat, sie noch nicht als das Geschehen seiner selbst versteht. Die Philosophie der Aufklärung ist gegenüber der alten Metaphysik Skeptizismus im Sinne einer passiven Resignation des Geistes, der noch nicht bereit ist, sich in seinem Zurückgeworfensein auf die Erfahrung zu sich selbst zu entschließen. Daß der Geist sich so aus seinem Zurückgeworfensein auf die Erfahrung zu sich selbst entschließt, das ist erst die Leistung der auf die Epoche der Aufklärung folgenden Philosophie, die nach Hegel mit Kant beginnt.[70] Hier geht es dem Geiste darum, sich von dem abstrakten Sichverstehen, das er auch in seinem Zurückgegangensein in die Erfahrung für sich selbst immer noch ist, zu befreien und sich sein Geschehen in der Erfahrung als das Geschehen seiner selbst, als Geschehen von Geistigsein, zu eröffnen. Diese neue Periode des Denkens gibt dann auch im äußeren Erscheinungsbild so etwas wie einen qualitativen Umschwung, insofern sich nämlich jetzt die Erfahrung, die für das Denken der Aufklärung nur faktisch gegolten hat, in den begrifflichen Bestimmungen, durch die der Geist sich ausdrückt, erscheinen soll. Aber im Grunde geht die Bewegung des Geistes linear fort, die Abstraktion, an der der Geist von Anfang an leidet und die er nicht losgeworden ist, wird nun aus dem Zustande der Resignation heraus weiter bearbeitet, die spätere Philosophie ist das Sichabmühen des Geistes in dem Zustande, in dem er sein Verkommensein als einen Habitus weiß, dem er immer nur äußerlich wird abhelfen können.

Eine solche Philosophie ist Doktrin; und als Doktrin ist sie nicht eine Philosophie des Fortschritts, sondern vielmehr eine Meditation der Ausweglosigkeit, die man dann auch, sofern hier eben eine Doktrin stattfindet, in der der Geist über seine eigene Geschichte bis zu deren Vollendung befindet, Utopie nennen kann. Es ist gleich, auf welche Weise eine solche Utopie — bei Hegel und seinen Schülern — die Entwicklung des Geistes und den Endzustand der Geschichte darstellt, diese Utopien sind in jedem Fall Meditationen über die Ausweglosigkeit der Geschichte des Geistes, denn sie haben das abstrakte Fürsichsein des Geistes zur Basis, aus deren Material heraus allein der Geist sich selbst bearbeiten kann und so in allem, was er in bezug auf sich selbst tut, immer nur wieder mit seinem Geschehen auf die Weise der Abstraktion zu tun haben wird. Eine solche Doktrin kann nicht imstande sein, der Philosophie der Aufklärung wirklich gerecht zu werden, die ja eben gerade dadurch bezeichnet ist, daß hier die philosophische Reflexion nicht als Doktrin geschieht, die damit aus der linearen Konzeption der Geschichte, über die ein Denken, das in sich selbst auf eine Doktrin und eine doktrinale Haltung verpflichtet ist und damit als Geschichtsphilosophie auch alles andere philosophische Denken als Doktrin verstehen muß, niemals hinauskann, eben deswegen herausfällt, weil eine geistige Haltung, die ein solches doktrinales Bild von der Geschichte des Geistes hervorgehen läßt, sie gar nicht verstehen kann.

Die Philosophie der Aufklärung, so können wir sagen, ist in der Tat Philosophie des Fortschritts; aber Fortschritt bedeutet nicht einfach ein freudiges und vertrauensvolles Weitergehen zu immer umfänglicheren wissenschaftlichen Erkenntnissen und immer größerer Selbstvervollkommnung und immer gerechteren und menschenwürdigeren gesellschaftlichen Zuständen u. dgl., Fortschritt bedeutet in der philosophischen Reflexion zuerst: Fortgang von dem doktrinalen Behaupten, Hingang zu dem Sichverstehen des Menschen in dem an sich bestimmungslosen freien und öffentlichen Geschehen des Denkens als Urteilen. Eine solche Philosophie des Fortschritts gibt sich selbst gerade nicht dadurch an, daß sie sich selbst behauptend mit früheren Epochen des Denkens vergleicht und selbst darüber befindet, wie weit sie es gebracht habe. Fortschritt bedeutet hier vielmehr Verständnis des Wesens des Menschen als solchen und damit Verständnis der Geschichte als solcher und im ganzen. Menschliches Selbstbewußtsein ist als solches als Fortschritt anzugeben, weil es eben nicht mit der Abstraktion beginnen muß, die, einmal gesetzt, den ganzen Prozeß der Geschichte zu einem Prozeß der Hilflosigkeit des Menschen in der Welt verwandelt. Dieses Selbstbewußtsein ist vielmehr immer schon das freie und autonome Geschehen des Wesens des Denkens, und insofern ist es auch ohne alle Bearbeitung immer schon in sich vollendet. Aber innerhalb dieser Situation hat es nun freilich die Aufgabe, sich ständig darum zu bemühen, sich selbst gemäß zu sein und in diesem Sinne gibt es ein Fortschreiten im Sichverstehen, und das Selbstbewußtsein ist dieses Fortschreiten. In diesem Prozeß tritt dann allerdings auch einmal die Philosophie der Aufklärung selbst ein. Aber sie ist in ihrer Bedeutung nicht dadurch anzugeben, daß sie nun ein ganz bestimmtes Stadium in der Entwicklung des Geistes darstelle, sie ist nicht dadurch anzugeben, daß sie in eine große lineare Entwicklung des Fortschreitens des Geistes eingeordnet würde (die Stufe etwa darstellt, wo der Geist sich selbst ausdrücklich als den fortschreitenden erkennt), sondern diese philosophische Reflexion der Aufklärung ist nichts anderes als das bloße Sichselbstaussagen des menschlichen Selbstbewußtseins in dem, was es immer schon ist. Sie ist das ausdrückliche Bewußtsein darüber, daß das Wesen der geschichtlichen Entwicklung ungeschichtlich ist und daß das Geschehen des Denkens als solches immer ein Geschehen für alle Zeit ist. Diese Philosophie ist die Philosophie, die die Zeit ausdrücklich als reine Anschauungsform versteht, welches Verstehen das menschliche Selbstbewußtsein doch immer schon ist, auch wenn dieses Verstehen noch nicht als philosophische Einsicht geschieht. Diese Philosophie weiß sich daher als den Vollzug eines Geschehens des Denkens, das als solches über aller Zeit ist, sich aber in solcher Bedeutung selbst zeitlich erscheint. Was in der Philosophie der Aufklärung, die keine Doktrin ist, erscheint, ist das überindividuelle und zeitlose Geschehen des Denkens als Denken, das sich selbst darin versteht, daß es als Erscheinungsform die Zeit und den individuellen Gedanken hat. In diesem Sinne ist die Philosophie der Aufklärung Philosophie des Fortschritts und selbst Fortschritt: daß das freie und autonome Geschehen des Denkens, das über aller Zeit ist und in sich vollendet ist, sich doch in zeitlicher Erscheinung darum bemüht, sich auch erscheinend gemäß zu sein, und um diese seine Situation auch weiß.

Wir können nun zur weiteren Erläuterung dieser Position noch Folgendes hinzufügen. Dadurch daß die Philosophie der Aufklärung das Denken von seinem Geschehen als Bevormundetsein befreit, gibt sie dem Menschen die Möglichkeit, Vernunft und Leben als ein einiges in sich beschlossenes Geschehen zu erfassen und zu verstehen und sich selbst als diese Einheit zu erkennen. Darin hatte sich im metaphysischen Denken recht eigentlich die Entfremdung des Menschen von sich selbst geäußert, daß er in seinem Sichverstehen nicht zur Einheit eines Ganzen gelangen konnte, daß ihm sein Sichverstehen im metaphysischen Raisonnement und sein Sichverstehen im gelebten Leben auseinanderfielen und ihm das Unbedingte auf gedoppelte Weise angaben. Auch dessen hat Kant in seinem ›Streit der Fakultäten‹ Erwähnung getan.[71] Das menschliche Dasein ist für die Philosophie der Aufklärung nicht mehr in das *Cogito*, mit dem sich als Wissenschaften die Metaphysik und die Theologie zu befassen hätten, und in den Leib, dem sich die Medizin als Wissenschaft zu widmen hätte, zerteilt, es werden nicht mehr zwei Entitäten vorgefunden, mit denen sich das Denken und Begreifen auch in ganz verschiedener Weise zu befassen hätte. Das unmittelbare Geschehen des Sichverstehens des Menschen als vernünftiges Weltwesen befreit so das wissenschaftliche Denken von einer doktrinalen Festlegung, unter der es sich selbst nicht entsprechen konnte. Diese doktrinale Festlegung hatte ihren Einfluß auch auf das wissenschaftliche Denken im Bereich der unteren Fakultät. Wohl ist lange vor der Philosophie der Aufklärung die Zeit der Metaphysik, des *Cogito*, auch schon die hohe Zeit der Naturwissenschaften und der Medizin. Mit der Metaphysik des *Cogito* ist ein wissenschaftliches Denken verbunden, das die Verbindung von Erfahrung und Gesetz sehr wohl schon zu seinem Prinzip gemacht hat. Daß aber das wissenschaftliche Denken nicht nur faktisch stattfindet, sondern sich selbst als Denken versteht, das ist erst mit der Lehre Humes erreicht, in der es einsichtig ist, daß das Geschehen des Denkens niemals durch ein Bedenken von Entitäten verstanden werden kann, sondern Sichdurchführen von Urteilen auf die Weise von Erscheinen ist. Humes Reflexion gibt dem philosophischen wie dem wissenschaftlichen Denken ein ausdrückliches Bewußtsein von seiner eigenen Natur. Hume zeigt an, daß sowohl die Einsichten der Philosophie als auch die Erkenntnisse der reinen Wissenschaften die Natur von Reflexionssätzen haben, in denen es das Denken im Ausgang von dem bestimmten Erscheinenden mit sich selbst zu tun hat. Diese Einsicht, die die wissenschaftliche Erkenntnis um gar nichts bereichert, setzt doch das wissenschaftliche Bewußtsein als solches für sich selbst frei und gibt diesem Denken das Wissen um seine Autonomie, das von jener Zeit ab dann für das wissenschaftliche Bewußtsein die Basis seines Denkens bildet.

III. DER DOGMATISCHE REST
IM AUFGEKLÄRTEN PHILOSOPHISCHEN DENKEN

1. Die Leere im autonomen Urteilen

a) Die Anstrengung der Urteilskraft gegen das Begreifen

Man könnte diese positive Charakterisierung der Philosophie der Aufklärung weiter ausführen, aber das Bild würde dadurch wohl in Bezug auf das Wesentliche nicht mehr sehr bereichert. Die Frage, die wir noch nicht erörtert haben und der wir uns nun mit ebensolcher Bemühung wie den voraufgehenden Untersuchungen zuwenden müssen, ist, welches denn in der philosophischen Reflexion der Aufklärung, d. h. hier für uns insbesondere im Denken Humes, der Mangel war, der bewirkt hat, daß aus diesem Denken heraus alsbald wieder eine Rückkehr zum Dogmatismus stattfindet, die sich doch wohl schon in der ›Kritik der reinen Vernunft‹ anzeigt. Hegel sah in der Philosophie der Aufklärung einen Mangel, der dann zu einer neuen positiven Entwicklung des philosophischen Denkens hingeleitet habe. Wir sehen in dieser Philosophie einen Mangel, weil durch sie die Entwicklung zu einem solchen dogmatischen Denken, wie das 19. Jahrhundert — und als dessen Exponent Hegel — es dann vertritt, doch nicht hat ausgeschlossen werden können. In der Entwicklung, die das philosophische Denken im Ausgang von der Philosophie der Aufklärung genommen hat, mag sicher auch ein Fortschritt liegen, zugleich aber läßt es sich nicht leugnen, daß dieses spätere Denken wieder dogmatische Doktrin, ein Denken unter der Bevormundung ist; daß diese Möglichkeit von dem Denken der Aufklärung her überhaupt noch gegeben war, bedeutet in gewisser Weise einen Mangel dieses Denkens, einen Mangel, der darin liegen muß, daß es sich selbst in seiner Durchführung dem nicht gemäß verhalten konnte, was eigentlich seine Meinung war.

Wir können also, was das Verhältnis dieses Denkens zu der weiteren geschichtlichen Entwicklung der Philosophie angeht, sagen, dieses Denken muß in gewisser Weise von seiner eigenen Autonomie abweichen, weil es Anlaß dazu gegeben hat, daß aus ihm heraus wieder ein dogmatisches Denken entstehen konnte; jenes dogmatische Denken aber mußte dann die Philosophie der Aufklärung offenbar gerade deswegen als mangelhaft ansehen, weil sie den Dogmatismus nur im Ansatz enthält, dem dieses spätere Denken selbst sich dann ganz überliefert hat. Dabei kann es sich dann sehr wohl so verhalten, daß dieses Sichüberliefern des Denkens an den Dogmatismus gerade die Weise sein mußte, wie das Denken allein versuchen konnte, mit dem dogmatischen Ansatz, der in der philosophischen Reflexion der Aufklärung noch liegt, fertig zu werden und ihn zu überwinden.

Hegel hat den Mangel, der in allem Denken liegt, insbesondere auch in allem philosophischen Denken liegt, durch die Abstraktion angegeben. In diesem Mangel muß sich für ihn das Denken selbst bearbeiten. Für Hume ist das Denken nicht durch die Abstraktion bezeichnet, es geschieht vielmehr — auf die Weise des Erscheinenden — als Gemäßsein. Aber dieses Geschehen des Denkens als Gemäßsein ist eben doch auf das Beschlossensein in sich der *impressions* in ihrem faktischen Bestimmtsein verwiesen. Dieses Beschlossensein in sich der *impressions* ist es, durch das in das Denken der Hang, bevormundet sein zu wollen, gelegt ist; es bedingt in gewisser Weise das metaphysische Raisonnement, und es charakterisiert auch noch die aufgeklärte philosophische Reflexion, insofern als auch das autonome Geschehen des Denkens, das sich selbst versteht, immer noch auf das bloße Begreifen im faktischen Bestimmtsein angewiesen bleibt. Wenn Hegel diese Situation des Denkens als abstraktes Denken verstand und ihre Bearbeitung verlangte, so hat sich die philosophische Reflexion in ihrer Autonomie gerade schon dem bloßen faktischen Begreifen übergeben, will sich selbst auf die Weise solchen Sichübergebenhabens und verlangt von sich sozusagen fanatisch die völlige Hingabe ihrer selbst an das bloße faktische Bestimmtsein. Für eine solche dogmatische Wendung des Denkens, die als Doktrin die Philosophie Humes selbst schon falsch verstehen muß, ist aber dieses bloße Verwiesensein des autonomen Denkens auf die in sich beschlossene *impression*, an das Hume sich in der philosophischen Reflexion halten muß, der Ausgang und Anlaß.

Hume kann alles, was er über das Geschehen des Selbstbewußtseins und über sein Sichverstehen sagt, doch immer nur so angeben, daß er sich dabei an das faktische Geschehen der *impressions* hält, das von sich her und als solches das Sichverstehen des Selbstbewußtseins gerade nicht ausdrückt. Das Denken hat aufgehört, sich selbst in seiner unbedingten und unbezüglichen Bedeutung unter faktischen Begriffen zu meinen, aber an die Stelle dieses Raisonnierens, in dem das Denken Entfremdung von sich selbst ist, ist kein neues Raisonnieren getreten, in dem das Fürsichsein des autonomen Denken sich unmittelbar zum Ausdruck bringen könnte. Die reine und autonome Reflexion soll jetzt vielmehr ohne alles metaphysische Raisonnement so geschehen, daß sie sich bloß an die *impressions*, die aber eben immer noch die in ihrem faktischen Bestimmtsein aufgefaßte begriffene Wahrnehmung sind, hält und sich durch sie ausdrückt. Das Sichdarstellen der unbedingten Bedeutung des Denkens soll durch sein bloßes Sichfeststellen in der Wahrnehmung erfolgen. Das drückt Hume — wie wir schon anzeigten — auch immer wieder dadurch aus, daß er sagt, das philosophische Denken solle auf die Weise der bloßen Beobachtung vorgehen.

In dieser Haltung ist das Denken nun sehr wohl Verstehen seiner selbst in seiner Autonomie; es hat in bezug auf sich selbst auf alle Operationen des unter der Bevormundung geschehenen Raisonnierens verzichtet, es hat eine neue Selbst- und Welterfahrung gewonnen, die von doktrinaler Verstellung frei ist; aber es kann aus dieser neuen Haltung nichts machen: es konnte in bezug auf sich selbst nur auf die alten Raisonnements verzichten, hat aber nicht die Möglichkeit, sich selbst raisonnierend neu zu bestimmen, eben weil seine Begriffe die alten faktischen Begriffe geblieben sind. Das transzendentale Verstehen ist in dieser philosophischen Reflexion als Vollzug da, aber es kann sich als solches keine Gestalt geben, da es nicht über ein Begreifen verfügt, das diesem Sichverstehen angemessen wäre. Die Operationen des Begreifens, die das Denken als Denken in der Bevormundung in bezug auf sich selbst vollzogen hat, werden nicht mehr durchgeführt, das Denken hat auf dieses Raisonnieren verzichtet und hat es überwunden, aber es hat sich damit doch noch nicht die Möglichkeit gegeben, sich durch sein Begreifen, das Begreifen der *impressions* in ihrem Bestimmtsein ist, das Begreifen der Dinge und Zustände in der Welt ist, selbst als solches in der Weise des Bestimmtseins darzustellen.

Hegel, der diese Situation des Sichverstehens in einer Reflexion aufnimmt, die sich als solche dem Faktischen ganz übergibt, verlangt, daß das Denken den rohen Stoff der sinnlichen Wahrnehmung bearbeite, d. h. sich selbst in ihm bearbeite, und diesem Stoff geistige Bestimmung verleihe. Das ist die Ausgestaltung, die dann in der Fortentwicklung des Denkens der Humeschen Position durch Hegel und durch andere in der Tat gegeben wird. Dadurch ist aber der Mangel, der eigentlich in der Humeschen Position liegt, gerade auf die Weise seiner Mangelhaftigkeit selbst entwickelt; und, gerade daß das volle Sichübergeben des Denkens an diese Mangelhaftigkeit seines Begreifens in der Philosophie Humes noch aussteht, wird dann von dieser Auslegung und Fortentwicklung her als ihre Unvollkommenheit betrachtet. Nehmen wir die Philosophie Humes an sich selbst, so zeigt sich, daß die Unangemessenheit, die hier doch noch im Geschehen des Denkens als Gemäßsein liegt, gerade nicht dadurch aufgehoben werden kann, daß der Stoff der Wahrnehmung nun doch noch in geistige Bestimmung hinein bearbeitet wird; sondern diese Situation des Denkens verlangt die Überwindung der in ihr noch liegenden Unangemessenheit aus sich selbst heraus in der Weise, daß das Wahrnehmen als solches, bzw. die Wahrnehmungen als solche, die immer schon in ihrem faktischen Geschehen und Bestimmtsein aufgefaßte und begriffene Wahrnehmungen sind, doch auch so verstanden werden können müßten, daß das Begreifen im Bestimmten dabei schon der Ausdruck des Sichverstehens des Denkens ist. Die Reform des Begreifens darf nicht von dem Bestimmtsein, auf dessen Weise es sich darstellt, ausgehen, sondern sie muß eine Reform seines Geschehens als Begreifen selbst sein: das Begreifen selbst muß so erneuert werden, daß es als Begreifen von Bestimmtem unmittelbarer Vollzug des Geschehens des Denkens als freies und autonomes Urteilen ist.

Wir können also sagen, das Denken hat sich in der philosophischen Reflexion der Aufklärung von seinem Geschehen unter dem Bevormundetsein befreit, aber in bezug auf das faktische Begreifen der Welt ist es in dem alten Zustand des Begreifens, das ein Begreifen von Vorausgesetztem ist, geblieben. Daß dieses Denken sich selbst als beobachtendes Denken verstehen muß, ist der Ausdruck der Hilflosigkeit dieses philosophischen Denkens, das als Reflexion in sich eingekehrt ist, das aber als Begreifen der Welt in ihrem Gegebensein das alte faktische Begreifen bleibt. Dieses Denken bleibt darauf angewiesen, sich durch Fakten zu verstehen, die da sind, ohne daß es sich selbst in ihnen zu erkennen vermöchte, die es feststellt, ohne durch sich angeben zu können, in welcher Weise das, was ist, der Ausdruck und die Durchführung seiner selbst sei. So findet also das Denken für sich selbst auf die Weise der erscheinenden Welt als Gemäßsein so statt, daß es sich selbst dabei nur auf die Weise des faktischen Geschehens aufnehmen und auf sich selbst beziehen kann. Es besteht, obwohl das Denken für sich selbst als Gemäßsein geschieht, ein ursprüngliches Unangemessensein des tatsächlichen Begreifens der gegebenen Welt zur Reflexion, und das Denken ist auf die Weise seines Welterfahrens Urteil, ohne doch das diesem Geschehen seiner selbst als Urteil entsprechende Begreifen sein zu können. Nur indem sich das Denken in der philosophischen Reflexion ständig im Bewußtsein darüber erhält, daß es auf die Weise des faktischen Begreifens doch als Gemäßsein geschieht, ist dieser Mangel überwunden, im Begreifen selbst kann ihn das Denken nicht ablegen.

Es ist, um dies in Parenthese zu sagen, offensichtlich, daß diese, wenn wir so sagen dürfen, ständige Anstrengung des Denkens gegen die Unangemessenheit seines eigenen Begreifens von dem bloß gebildeten Raisonnement der aufgeklärten Intelligenz nicht durchgehalten werden konnte, sondern daß sich in solchen Raisonnements (von denen wir hier nicht näher handeln können) das Begreifen im Vorausgesetzten wie von selbst wieder als die Weise darstellen mußte, auf die man der Autonomie des Denkens sehr wohl genügenden Ausdruck geben könne. Aber dieses Begreifen im Vorausgesetzten konnte dann eben immer nur sich selbst in seinem Bestimmtsein angeben. Das macht die berühmte Urteilslosigkeit und Urteilsunfähigkeit der Gebildeten der Aufklärungszeit aus, die, wenn es um Fragen des Sichverstehens des Menschen in der unbedingten Bedeutung seines Daseins ging, in aller und jeder Behauptung solche Bedeutung fanden, ohne die Möglichkeit zu haben, diese Behauptungen eigentlich prüfen zu können, eben weil sie sich mit dem Verfahren in Behauptungen überhaupt schon in eine Situation begeben hatten, die dem freien Sichverstehen des Selbstbewußtseins, das sie eigentlich meinten, unangemessen war. Da aber alle Welterfahrung die Beziehung auf das Unbedingte in sich enthält, so war in der Tat auch in jeder Behauptung etwas von diesem Unbedingten zu finden, doch eben auf die Weise der Unangemessenheit, auf die Weise des Sichpreisgebens des freien und vom Behaupten losgelösten Wesens des Urteilens selbst. Kant hat sich in seiner Schrift über die ›Träume eines Geistersehers‹ auf diese Situation bezogen.[72]

Für die Entwicklung des philosophischen Denkens mußte die Position der philosophischen Reflexion, die wir in der Philosophie der Aufklärung finden, wo sich also das autonome Geschehen des Denkens an die Beobachtung bindet, die diesem Denken überhaupt erst die Möglichkeit gibt, sich als autonomes Denken zu verwirklichen, in gewisser Weise von verhängnisvoller Folge sein. Wenn das Denken sich in seinem Sichverstehen über sein Gebundensein an die bloße Beobachtung erheben wollte, so konnte es dies nur dadurch tun, daß es dabei an dem Beobachteten und an dem bestimmten Begreifen, in dem es aufgefaßt ist, ansetzte. Damit aber mußte für die philosophische Reflexion ein Zustand eintreten, in dem das sich selbst in seiner Autonomie verstehende Denken sich als solches gerade in ein Sichverhalten zu sich selbst vom Vorausgesetzten her begab. Den Ansatz hierzu finden wir schon in der ›Kritik der reinen Vernunft‹, in der das Denken doch im philosophischen Raisonnement zugleich auch immer noch für sich selbst in der Autonomie verbleibt, als die es an sich selbst geschieht. Die ›Kritik der reinen Vernunft‹ aber konnte nur ein Zwischenzustand sein, dem das totale Sichübergeben der philosophischen Reflexion an das Begreifen im Vorausgesetzten gefolgt ist. In diesem dogmatischen Sinne hat

Fichte dann seine eigene Philosophie als eine Philosophie der Beobachtung verstanden;[73] und eine solche Philosophie der Beobachtung hat sich dann von der philosophischen Reflexion der Aufklärung jene Konzeption machen müssen, von der wir mit Bezug auf Hegel gesprochen haben.

b) Die dogmatische Auslegung der Philosophie der Aufklärung als Folge aus dieser Situation

Es wird vielleicht nützlich sein, das Verständnis des Denkens und der Geisteshaltung der Aufklärung durch die spätere Metaphysik und Geschichtsphilosophie noch etwas näher zu betrachten, und da können wir uns auf Fichtes Schrift ›Die Grundzüge des gegenwärtigen Zeitalters‹[74] beziehen, wo er das Zeitalter der Aufklärung als die dritte Epoche der Menschheitsgeschichte darstellt und dieses Zeitalter für das der schlechthinnigen Verderbnis und Sündhaftigkeit erkennt. Das Verständnis der Geschichte, wie Fichte es uns hier entwickelt, ist als Verstehen und als geistige Haltung durch die Position bezeichnet, die die Philosophie der Aufklärung erlangt hatte: nämlich durch ein Geschehen der Reflexion, das in sich zugleich die Vernunft wie das Leben Gedanke sein läßt. Aber diese Haltung des Denkens ist nicht mehr wie bei Hume bloßer unmittelbarer Vollzug des aktuellen Philosophierens selbst, sondern sie ist in einem dogmatischen Begreifen nach außen projiziert, soll sich als solche faktisch darstellen, und der Mensch, als in der Welt existierendes vernünftiges Lebewesen, soll von Anfang an und in seiner ganzen geschichtlichen Entwicklung durch die faktische Einheit von Vernunft und Leben bestimmt sein. Die der Beobachtung gegebene Menschheit ist selbst in ihrem Dasein das Geschehen der Einheit von Vernunft und Leben. Aber in dieser Einheit steckt ein Widerspruch: ein Widerspruch von vielleicht nur vorläufiger Bedeutung. Dieser Widerspruch treibt die Geschichte voran, in der der Mensch dann zur Zeit der Aufklärung den Punkt seiner Entwicklung erreicht hat, wo er am tiefsten heruntergekommen ist.

Der Widerspruch, der im Dasein des Menschen steckt, besteht darin, daß der allgemeinen Natur des Lebens, die durch Bestimmungen eigentlich nicht angegeben werden kann, durch das vernünftige Sichbegreifen des Menschen nur so entsprochen werden kann, daß er sich besondert, Individuum wird. Damit beginnt die Dialektik des Sichverstehens des Menschen, die dann zugleich auch eine Dialektik seines Lebens in der Gesellschaft sein muß. Das dialektische Sichentwickeln des Sichverstehens des Menschen macht seine Geschichte aus. Diese geschichtliche

Entwicklung erreicht ihren tiefsten Punkt damit, daß durch den Aufstand der Vielen, die die Schwachen sind, gegen die Macht der Wenigen und Starken über die Gesellschaft der Zustand herbeigeführt wird, in dem die Wirklichkeit und die wahre Bedeutung des menschlichen Daseins durch das bloße Individuum, d. h. durch die Summe aller Individuen, angegeben sein soll. Dieser Zustand, der für die Gesellschaft faktisch durch die Französische Revolution herbeigeführt wird, ist im Denken durch die Philosophie der Aufklärung gegeben.

Diese Philosophie, die so etwas ist wie die Ideologie der zur Macht drängenden bzw. schon zur Macht gelangten Enterbten, erkennt nichts mehr an als Erfahrung und Beobachtung und die daraus folgende Handhabung der Dinge und Zustände in der Welt unter dem Gesichtspunkt des Nutzens für die einzelnen Individuen und zu deren Gebrauch. Sie hat damit den eigentlichen Sinn des Lebens zugunsten des Sichbefassens der Individuen mit sich und mit ihrem Verfügenkönnen über die Welt zu ihrem Nutz und Frommen gänzlich verloren. Mit diesem Verzicht allerdings der Individuen darauf, das in sich allgemeine und vernünftige Wesen des Lebens noch durch ihr Dasein festzuhalten und zur Verwirklichung zu bringen, ist zugleich das Freisein des Wesens des Lebens von seinem Gebundensein an und seinem Bestimmtsein durch die individuelle Besonderung (nämlich durch die starken Individuen) erreicht. Und so kann sich aus dieser Situation nun — als eine Gabe, die aus dem Wesen des Lebens selbst fließt — das Begreifen des Lebensgeschehens selbst entwickeln, die vernünftige Natur des Lebens kann Begriff werden, und es kann die sogenannte Vernunftwissenschaft hervorgehen.[75] Mit dieser Wissenschaft entspricht der Mensch begreifend seiner eigenen Natur, er versteht sich selbst in seiner Wahrheit so, daß dieses Verstehen als solches auch Begreifen ist, und er kann so — durch die Wissenschaft hindurch — wieder zum Anfang zurückkehren, in dem Vernunft und Leben ein einiges Geschehen sind.

In dieser Lehre Fichtes wird also aus einer Position heraus, die sich selbst der philosophischen Reflexion der Aufklärung verdankt, das Denken der Aufklärung auf das bloße Erfahrungsdenken festgelegt, das selbst als das in sich völlig individualisierte und besondere Begreifen charakterisiert ist, das das allgemeine und unbestimmte Wesen des Lebens durch sich nicht mehr anzugeben vermag. Seiner Wahrheit nach drückt das Begreifen als Begreifen in der Erfahrung die Einheit von Vernunft und Leben aus: In der Aufklärung aber ist dieses Begreifen ein bloßes Befangensein in der Besonderung, im Individuellen, und damit die Darstellung der Bedeutung des Lebens durch den Nutzen. Aber wenn das Begreifen so das Wesen des Lebens und der Vernunft gar nicht mehr durch sich selbst zu halten vermag, dann hat es damit auch alle Macht über Vernunft und Leben verloren: es ist, gerade indem es sich als das schlechthin wahre Denken gebärdet, für die Vernunft ein Medium ihres Sichdarstellens geworden, das der Vernunft keine eigene Kraft, durch die es sie seinerseits gestalten könnte, entgegensetzen kann, es ist eben nichts als bloßes vorhandenes Mittel, dessen die Vernunft sich dann — in der nächsten Epoche des Denkens — bedienen kann, um sich selbst auf die Weise des Begreifens zum Ausdruck zu bringen, ohne daß sie irgendwelche Verstellung befürchten müßte.

Daß Fichte die Philosophie und die Denkhaltung der Aufklärung überhaupt nur so verstehen kann, daß er in ihr nur das schlechthin individualisierte und in diesem Sinne auch wissenschaftliche — auf objektive Erkenntnis ausgehende behauptende — Denken erblickt, das liegt freilich daran, daß er das Sichverstehen des Denkens in seiner Autonomie und Freiheit, wie es die Philosophie der Aufklärung in der Bindung an ein faktisches Begreifen vorgebracht hat, von vornherein wieder in die dogmatische Auslegung gebracht hat und dann innerhalb dieser Auslegung das Denken der Aufklärung selbst als Denkhaltung eines wissenschaftlichen Skeptizismus festhält, der sich aus der dogmatisch-metaphysischen Selbstsicherheit des feudalen Zeitalters ergeben habe. Wie bei Hegel ist die geschichtliche Entwicklung des Denkens nicht aus dem Sichverstehen der Vernunft, sondern aus einem angeblichen faktischen Begreifen des Unbedingten verstanden, wonach das Denken der Aufklärung nicht zur Autonomie des Denkens, sondern zum dogmatischen wissenschaftlichen Skeptizismus führt. Aber, deutlicher wohl noch als dann bei Hegel, zeigt sich in der Lehre Fichtes, daß das philosophierende Selbstbewußtsein, indem es sich so auf eine dogmatische Geschichte des Denkens festgelegt hat, darin doch seines Sichverstehens in der Autonomie des Denkens, das ihm die philosophische Reflexion der Aufklärung vermacht hat, bleibend inne ist. Deswegen kann nun aus der dritten Epoche der Geschichte, dieser Epoche des tiefsten Niedergangs der Denk- und Bewußtseinshaltung der Menschen, plötzlich die Vernunftwissenschaft entspringen, in der sich das autonome Wesen der Vernunft, ihr Geschehen als freies Urteilen als solches im Begreifen zum Ausdruck bringt. Dieses plötzliche Hervorgehen der Vernunftwissenschaft erfolgt nur innerhalb von Fichtes dogmatischer Konzeption, aber es gibt eben an, daß die begriffliche Durchführung des dogmatischen Denkens dem Sichverstehen der philosophischen Reflexion durch sich nicht hat genug tun können, daß in diesem Denken mehr liegt, als durch das Verfahren im dogmatischen Begreifen angegeben werden kann. Dieses dogmatische Begreifen ist in seiner Unzulänglichkeit in der — selbst nur durch diese Philosophie Fichtes konzipierten — Denkhaltung des radikalen Individualismus und Skeptizismus und der bloßen Wissenschaftlichkeit ganz offenbar. Aus diesem in sich haltlosen dogmatischen Denken geht dann die Vernunftwissenschaft hervor. Sie besteht eigentlich nur darin, daß die durch das autonome Sichverstehen des Denkens charakterisierte dialektische Metaphysik jetzt die Möglichkeit ihres Sichdurchführens zur Anwendung bringt, nach der sich die Autonomie des Denkens nicht mehr auf die Weise des faktischen Begreifens selbst als Tatsache will, sondern sich aus der Gewißheit ihrer selbst heraus durch das dogmatische Begreifen als Tathandlung verkündet.[76]

Die Vernunftwissenschaft ist Sichverkündigen des autonomen Selbstbewußtseins, das auf die Weise des faktischen und dogmatischen Begreifens geschieht. Das sich verkündigende vernünftige Selbstbewußtsein kann nun in dieser Position von sich selbst meinen, daß das dogmatische Begreifen, durch das es sich angibt, für die Gewißheit seiner selbst, die es ist, ganz belanglos sei, da sich die völlige Ohnmacht dieses Begreifen in bezug auf das autonome Sichverstehen des Selbstbewußtseins ja schon in der — von ihm selbst gesetzten — voraufgehenden Epoche des Denkens enthüllt hat. In Wirklichkeit aber verhält es sich so, daß auch dieses Sichverkündigen des Selbstbewußtseins als freie und autonome Vernunft nur innerhalb der dogmatischen Denkhaltung stattfindet. Innerhalb dieser Denkhaltung werden wohl die Operationen des Begreifens, vermittelst deren dieses das Unbedingte selbst in Form begrifflichen Bestimmtseins und begrifflicher Setzung anzugeben sucht, aus dem Sichverstehen des Denkens in seiner Autonomie durchschaut und als unangemessen erkannt — es gibt, wie Fichte es ja so früh vertreten hat, keine metaphysische Gotteslehre mehr [77] —, aber vor allen Operationen des begrifflichen Raisonnements ist das dogmatische Begreifen doch die Weise, in der das autonome Sichverstehen des Denkens für sich selbst da ist: die Vernunft versteht sich in ihrer Autonomie selbst auf die Weise des unbedingten Faktums. Diesem faktischen Sichwissen der Vernunft erscheint es dann, daß das begriffliche Raisonnement keine Macht über es hat. Und aus dieser Einsicht kann sich die ihrer selbst gewisse Vernunft schließlich im begrifflichen Raisonnement so durchführen, daß dieses Raisonnement ihrer Selbstgewißheit nur als eine Formelsprache zur Durchführung und Ausführung dient, ohne das Beisichsein der Vernunft in ihrer Selbstgewißheit als solches zu tangieren.

Vergleichen wir diese Fortführung und Ausführung der philosophischen Reflexion der Aufklärung mit dieser Reflexion selbst, so können wir den Unterschied — wie er sich zwangsläufig in der Fortentwicklung der Position der aufgeklärten Philosophie selbst ergeben hat — vielleicht so in eine These bringen: in der Philosophie der Aufklärung geschieht das Wissen um die Autonomie der Vernunft so, daß die autonome Vernunft darin erkennt, sie könne sich als solche nur auf die Weise des bloßen faktischen Erscheinens ihrer selbst zur Durchführung bringen; in der dogmatischen Transzendentalphilosophie oder Metaphysik, die aus dem Denken der Aufklärung folgt, nimmt sich die autonome Vernunft auf die Weise ihrer Erscheinungsformen selbst als Faktum. Die Philosophie der Aufklärung versteht sich als eine Philosophie, die über aller zeitlichen Entwicklung ist und deren geschichtliches Heraufkommen auch selbst nur Ausdruck des überzeitlichen Wesens der menschlichen Vernunft ist. Die Philosophie des absoluten Geistes und der absoluten Vernunft dagegen gibt das überzeitliche Wesen der Vernunft zugleich auch durch einen Endzustand der philosophischen Reflexion an, in dem dieses überzeitliche Wesen in seinem Beisichsein auch zu seinem Fürsichsein komme. Die Philosophie der Aufklärung ist in diesem Sinne ein Denken, das, indem es sich im Wissen darum erhält, daß es immer nur auf die Weise bloßen Erscheinens geschehen könne, an sich selbst glaubt. Die Philosophie der absoluten Vernunft und des absoluten Geistes ist, indem Vernunft und Geist sich in ihr als absolutes Faktum behaupten wollen, eine Philosophie, in der das Denken an seine eigene Doktrin nicht glauben kann. In der Aufklärung kommt das Denken als philosophische Reflexion mit sich selbst überein. In dem auf die Aufklärung und aus ihr folgenden Denken aber entsteht eine Diskrepanz zwischen der philosophischen Doktrin, unter deren Gestalt das vernünftige Selbstbewußtsein sich sich selbst behauptend darstellt, und dem unmittelbaren Sichverstehen des vernünftigen Selbstbewußtseins als solchem. Diese Entwicklung ist in der Philosophie der Aufklärung selbst angelegt, insofern in ihr doch das Begreifen dem autonomen Denken unangemessen bleibt, und in ihr die eigentliche Korrespondenz von Urteil und Begriff doch noch nicht erreicht ist.

2. Die ›Kritik der reinen Vernunft‹: Dogmatisch ausgeführte Aufklärung der aufgeklärten Philosophie über das dogmatische Moment in ihr

a) Die Korrektur an dem „Erwecker" Hume

Ich glaube, es muß nun noch die Aufgabe einer Einführung in die theoretische Philosophie der Aufklärung sein, die Labilität und die mit dem Kompositum von Stärke und Schwäche gegebene Dynamik der Reflexion dieser Philosophie in der Bewegung zu zeigen, die sie noch innerhalb des Denkens der Aufklärung selbst hat, bevor sie sich dann in das dogmatische Denken verliert, auf das wir soeben in Kürze verwiesen haben. Zu diesem Zwecke müssen wir uns nach Hume auf Kant beziehen. Aus den kleinen Schriften Kants zur Gesellschafts- und Geschichtsphilosophie geht hervor, in wie ausgeprägter Weise Kants Philosophie Durchführung der philosophischen Reflexion der Aufklärung ist. Aber mit der ›Kritik der reinen Vernunft‹ scheint sich in gewisser Weise der Übergang von dem philosophischen Denken der Aufklärung zur dialektischen Metaphysik darzustellen. Wir können hier darüber freilich nur in aller Kürze handeln.

Kant hatte es aus dem Studium Humes heraus sehr wohl eingesehen, daß die eigentliche und in gewisser Weise einzigartige Leistung des aufgeklärten Denkens darin liegt, daß das in sich apriorische Wesen des Denkens und Urteilens sich dazu befreit, sich selbst als solches aus sich zu verstehen und sich nicht mehr aus dem Vorausgesetzten heraus als apriorisches Begreifen von Vorausgesetztem selbst auszulegen. Er sieht aber zugleich auch das unaufgelöste Problem, das in der Philosophie Humes steckt: daß nämlich die Korrespondenz des autonomen Denkens mit dem Begreifen noch nicht erreicht ist. Der Mangel dieser Korrespondenz scheint ihm zu bedeuten, daß die Vernunft in Humes Lehre noch nicht wirklich imstande ist, sich von sich selbst Rechenschaft abzulegen. Zu dieser vollkommenen Einsicht über sich selbst soll die Vernunft in der ›Kritik der reinen Vernunft‹ kommen. In dieser ›Kritik der reinen Vernunft‹ müßte es also gelingen, das faktische Begreifen, das der Autonomie der Vernunft noch unangemessen ist, als das in seiner Angemessenheit zur Vernunft offenbare Instrument der Vernunft, sich in ihrem Sichverwirklichen auf die Weise bloßen Erscheinens selbst zu fassen, hervorgehen zu lassen.

Für die Ausarbeitung einer solchen Einsicht muß die Lehre von den *impressions* und von den *relations of ideas* die Basis bleiben. Alle unsere Erkenntnis geschieht auf die Weise der *impressions*, durch die

Erkenntnis von *impressions* findet die Erfahrung von Wirklichkeit und Sein statt. In solchem Erfahren geschieht das Wissen in unbedingter Bedeutung, die sich hier eben als Wissen von Wirklichkeit und Sein kundgibt. Hume bemerkt dazu, und dies eben muß Kant ungenügend erscheinen, daß diese unbedingte Bedeutung von Wirklichkeit und Sein, die durch die *impressions* geschieht, nur faktisch festgestellt werden kann. Außer den *impressions* gibt es die *relations of ideas*. Auch in ihnen geschieht unbedingte Bedeutung. Aber diese unbedingte Bedeutung ist nicht eine Bedeutung der Wirklichkeit und des Seins, sondern eine Bedeutung von rationalen Strukturen, die sich vom Sein der *impressions* her ergeben. In diesen Strukturen erfaßt sich das Denken vom Gegebenen her in seiner eigenen Natur; es drücken sich in ihnen sozusagen Reflexionsurteile im Ausgang von gegebener Bestimmung aus. Kant stellt es, ohne zur Sache eigentlich etwas hinzuzufügen, ausdrücklich heraus, daß hier auf die Weise der Erfahrung das apriorische Wesen des Erkennens statthat, und er löst, deutlicher als Hume, diese Apriorität als solche von ihrer tatsächlichen Durchführung in den bestimmten Erkenntnissen der reinen Mathematik ab, indem er sagt, Erfahrung sei als solche immer schon durch apriorisches Anschauen mitkonstituiert. Die Anschauungsform, um die es sich hier handelt, ist die reine Anschauuungsform des Raumes, und die *relations of ideas*, in denen sie sich wissenschaftlich ausgestaltet darstellt, sind die Einsichten der Arithmetik und Geometrie.

Die Einsichten, die durch die reine Anschauungsform des Raumes erworben werden, sind Einsichten von in sich rationaler Struktur, Einsichten, in denen das Wesen des Denkens sich für sich selbst bestätigt, sie sind aber eben gerade keine Einsichten in Sein und Wirklichkeit; Sein und Wirklichkeit sind vielmehr für diese Einsichten, die bloß Beziehungen meinen, vorausgesetzt. Die Einsichten über Sein und Wirklichkeit haben selbst keine rationale Struktur. Das Anliegen Kants mußte darauf gehen, die Einsicht über das Sein auch zu einer rationalen Einsicht zu machen und so die Korrespondenz von Begriff und Urteil zu erlangen.

Dazu fand sich nun in der Lehre Humes auch ein entsprechender Ansatz. Durch das Gefühl der Gewohnheit sollte das bloße Beschlossensein in sich der *impressions* auch überwunden werden und ein Sicherkennen des Denkens als Denken — in seiner zeitübergreifenden Bedeutung — auch in Bezug auf Sein und Wirklichkeit möglich werden. Dieses Sichbestätigen des Denkens als Denken mußte freilich bei dem äußeren Gegebensein der *impressions* und ihrem bloßen Beschlossensein in sich ansetzen und konnte also sozusagen nur als ein indirektes Sichbestätigen des Denkens, das die *impressions* als solche nicht unmittelbar hergaben, aufrechterhalten werden. Die Weise aber, wie hier nun auch in bezug auf Sein und Wirklichkeit apriorische Einsicht in der Erfahrung erlangt wird, entspricht doch der Art von Erkenntnis, wie sie auch in den *relations of ideas* erlangt ist, nur daß diese Erkenntnis, die an den äußeren *impressions* auf das Sein und nicht nur auf Beziehungen geht, diese *impressions* nicht in Raumverhältnissen rational einsichtig macht, sondern sie dadurch dem Wesen des Denkens selbst eröffnet, daß sie sie in ihrem zeitlichen Geschehen rational versteht. Dadurch daß die *impressions* von ihnen selbst her zeitlich rational verstanden werden können, können sie in ihrem Sein verstanden werden, können sie in ihrem Beschlossensein in sich, das zunächst nur als bloßes Faktum erscheint, doch als Sichdurchführen des Denkens als Sichbestätigen verstanden werden. Durch das Gefühl der Gewohnheit, das in die *impressions* miteingeht, vermag das Denken als Denken Zugriff auf das Sein der *impressions* zu gewinnen, das dergestalt auch — von den äußeren *impressions* her — als apriorische Struktur hervorgehen kann. Übertragen wir diese Einsicht in die kantische Terminologie, so würde hier also eine Einsicht über die in sich apriorische Struktur der Erfahrung aus der reinen Anschauungsform der Zeit statthaben. Dieses Verständnis des Seins der Dinge unter der reinen Anschauungsform der Zeit kann als das Prinzip der reinen Naturwissenschaft begriffen werden;[78] und die besondere Betonung, die dieses Prinzip im Hinblick auf kantische Gedanken dann noch finden müßte, wäre diese, daß die apriorische Anschauungsform der Zeit die äußere Erfahrung immer schon als solche konstituiert, unabhängig davon, wie weit aus dieser reinen Anschauungsform heraus ein naturwissenschaftliches Denken ausgearbeitet ist.

An dieser Stelle zeigt es sich nun, wie sehr Kant am rechten Verständnis der Philosophie Humes und an der rechten Fortentwicklung seiner philosophischen Reflexion durch den Mangel an Korrespondenz zwischen dem autonomen Urteil und dem Begreifen, der in dieser Philosophie noch liegt, gehindert ist. Kant mußte es darum gehen, das Sichverstehen des Denkens als Denken auch für das Sein und die Wirklichkeit der *impressions* zu erlangen, Sein und Wirklichkeit auch durch eine apriorische Erkenntnis nach Art der *relations of ideas* (die als solche also gerade nicht auf das Sein gehen) zu verstehen. An diesem Sichverstehen im Sein der *impressions*, d. h. an dem Hervorgehen des Seins selbst auf die Weise apriorischer Struktur ist das Denken in Humes Philosophie dadurch gehindert, daß die *impressions* in ihrem Sichgeben in sich beschlossen sind, sich selbst nur in ihrem Bestimmtsein als solchem ausweisen, m. a. W. bloß auf die Weise faktischen Begreifens für das Denken vorhanden sind. Dieses faktische Begreifen ist es, das eigentlich überwunden werden mußte. Hume hat dieses Begreifen für die äußeren *impressions* als solches stehen lassen, hat es aber zugleich doch auch indirekt dadurch überwunden, daß er das Geschehen der äußeren *impressions* auch durch die innere *impression* charakterisiert sein ließ und durch diese innere *impression* dem Denken die Möglichkeit eröffnete, sich auch im Sein der äußeren *impressions* als in etwas, das eben doch nicht nur faktisches Bezogensein auf sich selbst, sondern darüber hinaus auch das unbedingte Wesen des Denkens selbst angebe, zu verstehen.

Hier nun kann Kant nicht fortkommen. Er sieht nur das bloße faktische Bezogensein der *impressions* auf sich selbst, ihr bloßes Sichdarstellen in ihrem Sein auf die Weise des faktischen Begriffs, der nichts angibt als eben das durch ihn bestimmte Gegebensein. Eine Beziehung der inneren *impression* auf die äußeren *impressions* ist nicht möglich, eben weil die Reflexion, wenn sie sich vom faktischen Begreifen her direkt und ausdrücklich als Sichbestätigen, d. h. als apriorische Struktur der Erfahrung, erreichen will, nur an diesem faktischen äußerlichen Bestimmtsein und Begriffensein des Gegebenen ansetzen kann. So kommt Kant zur Kritik an Hume, dem er vorwirft, er sei daran verzweifelt, das Sein der Dinge selbst durch apriorische Strukturen, in denen sich das Denken als Denken verstehen kann, anzugeben, und habe an Stelle dieser apriorischen Strukturen nichts anderes beizubringen gewußt, als ein selbst auch aposteriorisches, in sich beschlossenes Erleben von Gewohnheit.[79] Auf diese Weise ist die Lehre Humes schon bei Kant, so wie es dann auch bei seinen Nachfolgern geschieht, in bezug auf das Begreifen des Seins der Dinge als Skeptizismus charakterisiert.

Gegen diesen Skeptizismus der Lehre Humes, wie er von ihm konstatiert ist, sucht Kant nun zu erweisen, daß die äußeren *impressions* doch von sich selbst aus, von ihrem Geschehen in faktischem Begriffensein aus, direkt, ihr Seinsgeschehen als ein Geschehen von in sich apriorischer Bedeutung erkennen lassen können. Er braucht also die Humesche Lehre von der inneren *impression* und von der Zeit, die wir mit seinen eigenen Termini als eine Lehre von der Zeit als reiner Anschauungsform a priori (und als solcher als Prinzip der reinen Naturwissenschaft) deklariert hatten, nicht und muß versuchen, direkt von den äußeren *impressions* her zur apriorischen Struktur der Seinserfahrung zu gelangen. Gleichwohl geht aus der Lehre Humes die Bedeutung der Zeit für die in sich apriorische Konstitution der Erfahrung hervor, und es geht insbesondere hervor, daß allein durch das apriorische Verstehen, das mit der Einsicht in das Wesen der Zeit verbunden ist, ein apriorisches Verständnis des Seins der gegebenen äußeren *impressions* möglich sein kann. Wenn also ein direktes Verständnis der apriorischen Struktur der Erfahrung auch in bezug auf das Sein erlangt werden soll, so müssen diese Strukturen, die direkt durch das Begreifen gewonnen werden sollen, sich zugleich auch auf die Zeit beziehen, die es, aus der Situation der philosophischen Reflexion des aufgeklärten Denkens heraus, eigentlich ist, durch die allein das Sein der Dinge selbst als apriorische Struktur verstanden werden kann. So kommt Kant, indem er den vermeintlichen Skeptizismus Humes zu überwinden sucht, zu einer merkwürdigen Konstruktion, wo das Seinsgeschehen als apriorische Struktur durch das Begreifen selbst erlangt werden soll, dieses Begreifen aber zugleich doch auch auf die Zeit bezogen sein soll, die allein geeignet sein kann, das bloße Bezogensein auf sich der *impressions* in ihrem faktischen Begriffensein zu überspringen.

Die ausdrückliche Durchführung der Lehre der ›Kritik der reinen Vernunft‹ aber kann es nicht erlauben, davon, daß die Zeit die Grundlage für eine mögliche apriorische Struktur der Erfahrung selbst in ihrer Seinsbedeutung ist, anders Notiz zu nehmen als so, daß das zeitliche Geschehen der Dinge, ohne selbst durch sich die Apriorität ihrer Seinsstruktur anzugeben, nur das Material bilde für eine begriffliche Struktur der Erfahrung, die durch sich deren Sein als ein in sich apriorisches Geschehen bestimme. Auf diese Weise kommt die Lehre von den reinen Verstandesbegriffen heraus, die sich doch nur in der Gestalt der reinen Grundsätze, in denen sie auf das apriorische Wesen der Zeit bezogen sind, als apriorische Strukturen des Seinsgeschehens erweisen können. Die Erfahrung der Zeit selbst kann dabei in ihrer eigentlichen Bedeutung nicht weiter angegeben werden, auf sie wird nur von den Begriffen aus Bezug genommen.[80]

So haben wir hier einen ersten Punkt, wo die ausdrückliche Lehre der ›Kritik der reinen Vernunft‹ dem schon nicht mehr voll Rechnung tragen kann, was Kants eigenes Verständnis vom Sichverwirklichen des vernünftigen Selbstbewußtseins, das Weltbewußtsein ist, gewesen ist. Und dementsprechend nimmt sich auch das Verständnis der Zeit, das Kant in seiner ›Anthropologie‹ vorträgt, ganz anders aus als das, was er in der ›Kritik der reinen Vernunft‹ über die Zeit angibt. In der ›Anthropologie‹ ist nicht nur die apriorische Seinsbedeutung der Zeit erhalten, sondern zugleich mit viel größerer Eindringlichkeit als bei Hume das Ineinander und Durcheinander von Flüchtigkeit und Selbigkeit, das in der Zeit liegt, als Charakteristikum des vernünftigen Selbstbewußtseins zur Einsicht gebracht.[81]

Es liegt so, wie Schopenhauer deutlich gespürt hat, in der Lehre der transzendentalen Analytik und auch der der —in der 2. Auflage ebenfalls geänderten — transzendentalen Ästhetik — für diese vornehmlich in dem Teil, der sich auf die Zeit bezieht — eine große Unsicherheit.[82] Kant war sich der Bedeutung der Zeit für das apriorische Wissen um das Sein der Dinge bewußt, konnte aber in der Durchführung seiner Doktrin, die sich allein auf die Begiffe stützte, keinen Gebrauch davon machen. Das Verständnis des Seins sollte allein den Begriffen zugewiesen bleiben. So hat er, wohl ohne daß man dafür einen anderen Grund angeben könnte, als daß er das Sichverstehen des Denkens in seiner Apriorität durch die Zeit doch auch von den Kategorien deutlich abheben wollte, versucht, in der transzendentalen Ästhetik auch die Zeit von den äußeren *impressions* her als eine reine Anschauungsform anzugeben, in der rationale Strukturen nach Art der *relations of ideas*, die also gerade nicht auf das Sein der Dinge gehen, begründet wären. Für die wissenschaftliche Erkenntnis, die aus dieser reinen Anschauungsform folgen sollte, mußte dann der reinen Anschauungsform des Raumes die Arithmetik weggenommen werden, da die reine Naturwissenschaft, die auf das Sein der Dinge geht, jetzt den Kategorien zugewiesen werden mußte. So bleibt die Lehre von der reinen Anschauungsform der Zeit ein leeres Konstrukt. Die Weise aber, wie in den Grundsätzen des reinen Verstandes auf die Zeit Bezug genommen wird, muß sich dann als etwas ganz anderes darstellen als etwa als ein Bezug auf die Anschauungsform der Zeit, die Kant künstlich hat erstellen müssen. Hier findet der Bezug auf die Zeit vielmehr so statt, daß die Zeit gerade nicht mehr als eine Ordnung bloßer *relations of ideas* aufgefaßt ist, sondern sich vielmehr als das Geschehen der Seinserfahrung selbst darstellt, das sich nicht verläuft, obgleich sich gar vielerlei in ihr verläuft.[83]

Die Schwierigkeiten, in die die Lehre der ›Kritik der reinen Vernunft‹ so gerät, sind aber eben darin begründet, daß die Korrespondenz des Begreifens und des autonomen Urteilens, die sich bei Hume noch nicht findet, doch erreicht werden soll. Damit diese Korrespondenz erlangt werden könne, muß das faktische Begreifen, in dem die Erfahrung immer nur auf sich selbst in ihrem Bestimmtsein bezogen ist, irgendwie überwunden werden, es kann aber nur so überwunden werden, daß die philosophische Reflexion, mit dem freien und autonomen Denken, als das sie sich vollzieht, gerade bei diesem faktischen Begreifen, durch das sie erscheinend geschieht, ansetzt. Die Überwindung der Unangemessenheit des Begreifens zum autonomen Geschehen des Denkens, die in der philosophischen Reflexion noch liegt, kann nur im Ausgang von diesem Begreifen selbst stattfinden, auf dessen Weise das Denken sich als solches faßlich wird. Und diese Überwindung des Begreifens aus dem Begreifen selbst heraus hat Kant in der ›Kritik der reinen Vernunft‹ auch in der Tat versucht, und sie ist, nach dem, was wir von der Entwicklung des kantischen Denkens wissen, und nach dem, was er selbst hierüber in seiner ›Kritik der praktischen Vernunft‹ bezeugt, der Anfang seines ganzen kritischen Geschäftes gewesen. In der Antinomik der reinen Vernunft hat Kant dieses Bemühen des philosophischen Denkens, vom Begreifen selbst aus dazu zu gelangen, das Begreifen den angemessenen Ausdruck des Denkens des Unbedingten sein zu lassen, dargestellt. Das Ergebnis ist aber, daß das Begreifen durch sich nicht dazu kommen kann, das Denken des Unbedingten auf angemessene Weise anzugeben. Die Überwindung der Unangemessenheit des Begreifens zum autonomen Denken kann durch die Antinomik nicht eigentlich erlangt werden; die Situation, in die Hume die philosophische Reflexion gestellt hatte, bleibt in gewisser Weise bestehen. Sie besteht aber fort mit dem Unterschied, daß das autonome Denken sich einerseits auf die Weise des faktischen Begreifens zu fassen sucht, und daß andererseits die Unzulänglichkeit des faktischen Begreifens zu der Erfüllung dieser Aufgabe durch die Antinomik deutlich hervorgeht und das autonome Denken diese Unzulänglichkeit des Begreifens zu ihm selbst ausdrücklich — vom Begreifen her — einsieht. Kant hat diese Situation als den eigentlichen Skeptizismus der Vernunft empfunden, demgegenüber der Skeptizismus Humes, so wie er ihn sieht, nur ein Vorspiel war: nämlich der Skeptizismus, der sich unmittelbar gegen das dogmatische Denken wendet; wogegen sein Skeptizismus der Skeptizismus ist, der dann entsteht, wenn Vernunft sich selbst als ihre eigene Kritik verhält. In den nach seinem Tode veröffentlichten Manuskripten zu den ›Fortschritten der Metaphysik seit Leibnizens und Wolffs Zeiten‹ hat Kant sich hierüber ausgesprochen.

Wenn nun aber das autonome Denken der philosophischen Reflexion für sich selbst in diesem Skeptizismus steht, dann findet damit auch schon jene Befreiung des Begreifens von seinem vermeintlichen Anspruch, durch sich die Vernunft als solche ausdrücken zu können, statt, die wir dann bei Fichte bei seiner Darstellung der dritten Epoche der Menschheit und des menschlichen Denkens finden können;[84] nur daß diese Nichtigkeit des Begreifens vor der Vernunft hier nicht nach außen projiziert ist, sondern ein Stadium innerhalb der kritischen Besinnung der Vernunft auf sich selbst darstellt. Innerhalb dieser kritischen Besinnung der Vernunft auf sich selbst stellt es sich nun heraus, daß das Begreifen, indem es aller Bemühung der philosophischen Reflexion zum Trotz einfach als solches besteht und fortdauert, doch nicht die Fähigkeit und die Macht hat, durch sich das unbedingte Wesen des

Denkens anzugeben. Weil das faktische Begreifen über das unbedingte Wesen des Denkens keine Macht hat, doch aber das tatsächliche Erkennen durch sich bestimmt und in ihm gilt, so kann das autonome Denken sich dieses in bezug auf es machtlosen Begreifens als des Mediums bedienen, durch das es sich im faktischen Erkennen tatsächlich Ausdruck gibt, ohne dadurch in seiner unbedingten Bedeutung verstellt werden zu können. Das faktische Begreifen kann auch als das Begreifen dienen, durch das die unbedingte Seinsbedeutung, die in der Erfahrung liegt, angegeben werden kann, ohne daß sie dadurch als Bedeutung verstellt werden könnte. Das faktische Begreifen kann so die Bedeutung der reinen Kategorien und Grundsätze annehmen, durch die das Sein der erfahrenen Welt als apriorische Struktur angegeben werden kann.

Vergleichen wir diese Position Kants mit der Position Fichtes, so sehen wir, daß im Unterschied zu der Lehre Fichtes das autonome Denken sich hier, indem es das faktische Begreifen als das Medium nimmt, in dem es sich darstellen könne, da dieses doch nicht die Macht habe, es in seiner unbedingten Bedeutung zu verstellen, sich doch zugleich auch von diesem Medium frei erhält, es auf das Sein der Erfahrung, auf das Gegebensein der *impressions* nur insofern anwendet, als dieses Gegebensein in sich selbst beschlossen ist, sich nur selbst bezeugt, nur sich selbst als solches angibt. Zugleich aber vermag die Vernunft dieses Sein der Erfahrung, dieses Gegebensein der *impressions* immer auch noch unmittelbar als Durchführung ihrer selbst zu verstehen. Und dieses unmittelbare Verstehen kommt über das, was bei Hume, der den Skeptizismus der kritischen Vernunft noch nicht erreicht hatte, möglich war, insofern hinaus, als es sich nicht mehr einfach nur durch faktische *impression* aufzunehmen braucht, wie dies bei Hume im Gefühl der Gewohnheit geschieht, sondern — freilich ohne Begriff — das Erscheinende ausdrücklich als die Durchführung des in sich unbestimmten Wesens von Erscheinen zu verstehen vermag. Das Sein der Welt bekommt einen anderen Charakter. Durch die reinen Kategorien soll es zwar in faktischen Strukturen angegeben werden, zugleich aber ist es auch aus dem Wesen der autonomen Vernunft selbst, die von dem Sichhalten an das begriffliche Bestimmen auch frei ist, als das erscheinungshafte Fürsichsein der Vernunft selbst offenbar.

Dennoch verhält es sich so, daß die transzendentale Analytik die philosophische Reflexion Humes nur so weiterentwickelt, daß sie dabei in Form einer dogmatischen Lehre verfährt, die dem Wissen, um das es in dieser Reflexion geht, nicht mehr eigentlich angemessen sein kann. Hume hatte das Sein der *impressions* als ein bloßes Faktum stehen lassen. Er hatte die apriorischen Strukturen der *relations of ideas* als

Strukturen, in denen das Wesen des Denkens sich für sich selbst von den *impressions* her bestätigt, ohne jedoch auf das Sein dieser *impressions* gehen zu können, als Faktum aufgestellt. Er hatte schließlich eine apriorische Einsicht, die sich auch auf das Sein der *impressions* bezog, in indirekter Weise durch das Gefühl der Gewohnheit — ebenfalls in faktischer Einsicht — gewonnen. Die eigentliche Aufgabe, die sich für die philosophische Reflexion von dieser Situation aus stellte und vor die sich Kant auch gestellt sah, mußte die sein, das Geschehen der *impressions*, von dem nach dieser Lehre alle Erkenntnis ausging und sich selbst verstand, aus der philosophischen Reflexion heraus so auf das autonome Wesen von Denken und Urteilen hin zu eröffnen, daß es sich als unmittelbarer Ausdruck und unmittelbare Durchführung dieses autonomen Wesens des Denkens darstellen konnte. Die *impressions* mußten aus dem Zustand herausgenommen werden, daß sie sich einfach als Fakten eines Begreifens im Bestimmten darstellten, in denen das Erkennen sich als in etwas Vorausgesetztem, das es durch sich nicht weiter verstehen könnte, zu finden hätte. In der Antinomik der reinen Vernunft ging es Kant um diese Überwindung des bloß faktischen Auffassens der *impressions* und des faktischen Begreifens, in dem ein solches Auffassen geschieht, in das Sichverstehen des Denkens in seinem unbedingten und unbezüglichen Wesen hinein, aber er hat dabei nicht zu einem neuen Verständnis der Erfahrung und des Begreifens gelangen können. Gleichwohl ist ihm die Aufgabe der philosophischen Reflexion, daß es nämlich um dieses neue Verständnis der Erfahrung und des Begreifens gehe, in dem Erfahrung und Begreifen unmittelbar das Sichdurchführen des autonomen Geschehens des Denkens sein könnten, immer deutlich gegenwärtig geblieben, und er hat gemeint, in der transzendentalen Ästhetik und in der transzendentalen Analytik mit den Mitteln des nicht veränderten Begreifens diese Aufgabe doch aufnehmen zu können, wobei dann allerdings die transzendentale Reflexion selbst als solche dogmatischen Charakter annehmen mußte.

b) Die Synthesis a priori

Kant sah sich also für die transzendentale Ästhetik und die transzendentale Analytik vor eine in sich dreifach unterteilte Aufgabe gestellt. Der faktische Charakter des Begreifens mußte sowohl für das direkte Erfahren der *impressions* selbst als auch für die faktische Einsicht in die *relations of ideas* als schließlich auch für die durch bloß tatsächliches Erkennen gewonnene Einsicht in apriorisch gültige Seinsverhältnisse der Dinge überwunden und in das Sichverstehen des Denkens hineingenommen werden. Die Basis für die Reform der philosophischen Reflexion bildet dabei das neue Verstehen der *impressions* selbst, von dem es abhängt, daß dann auch die *relations of ideas* und der Seinszusammenhang der Dinge neu verstanden werden können. Hätte ein solches neues Verständnis der *impressions* auf angemessene Weise erlangt werden können, so wäre das neue Verstehen der *relations of ideas* und des Seinszusammenhanges der Dinge daraus unmittelbar gefolgt. Da eine solche Umwandlung des Begreifens der *impressions* nicht eigentlich erfolgen konnte, das faktische Begreifen vielmehr als das Mittel, auf dessen Weise die philosophische Reflexion sich durchführt, beibehalten werden mußte, so wurden aus der modifizierten Lehre von den apriorischen Strukturen, nämlich aus der Lehre von den *relations of ideas* und der Lehre vom apriorischen Seinszusammenhang der Dinge in einer philosophischen Reflexion, die sich selbst durch dieses Medium meinte, eigene dogmatische Lehrstücke vom Sichverstehen der philosophischen Reflexion selbst, und diese Lehrstücke haben in der transzendentalen Ästhetik und in der transzendentalen Analytik ihre Darstellung gefunden. Die Reform dagegen des Begreifens der *impressions* selbst, in denen sich das Denken nach der philosophischen Reflexion, wie Hume sie entwickelt hatte, eben gerade nicht als apriorische Struktur zu verstehen vermochte, mußte sich, ohne Gestalt gewinnen zu können, sozusagen als das bloße Bewußtsein von der eigentlichen Aufgabe einer Reform der philosophischen Reflexion darstellen, durch die die *impressions* selbst als unmittelbares Sichdurchführen des autonomen Wesens des Denkens verstanden würden. Aus dem Bewußtsein dieser Aufgabe als des eigentlichen Anliegens der philosophischen Reflexion sind dann die beiden Lehrstücke so durchgeführt, daß sie sich selbst als dogmatische Entwürfe des Sichverstehens der transzendentalen Reflexion darstellen.

Das eigentliche Fundament also der ›Kritik der reinen Vernunft‹ konnte kein Lehrstück werden, und die vorhandenen beiden Lehrstücke sind ihrerseits dogmatische Durchführung des auf diesem Fundament aufzuführenden Baues, wobei eben das Fundament als solches in der transzendentalen Doktrin gar nicht als solches gelegt und in eigener Gestalt vorstellig gemacht werden kann. Die transzendentale Ästhetik und die transzendentale Analytik bauen auf einer Intention der philosophischen Reflexion auf, die mit ihrer Bedeutung ihre ganze Konstruktion durchdringt, aber das Begreifen nicht in sich zurückzunehmen vermag. Diese Intention kann nicht in einem Lehrstück, das im neuen Verstehen der *impressions* seine Darstellung finden könnte, ausgeführt werden, sondern kann lediglich als die Verkündigung des Programms vorgetragen werden, um das es in der ›Kritik der reinen Vernunft‹ gehe. Dieses Programm besagt aber in seinem ersten und obersten Satz, daß an die Stelle des Statthabens der *impressions* in einem bloß faktischen Begreifen ihr Geschehen in einem in sich apriorischen Begreifen treten müsse. Dieses Programm wird von Kant in der Einleitung zur ›Kritik der reinen Vernunft‹ so vorstellig gemacht, daß es außer der aposteriorischen Verknüpfung der Wahrnehmungen mit dem Begreifen, die dann geschieht, wenn wir das Wahrgenommene zusätzlich noch auf abstrakte Begriffe beziehen, auch noch eine ursprüngliche apriorische Verknüpfung von Wahrnehmung und Begreifen geben müsse, die eben besagt, daß Wahrnehmung als solche und an sich auch schon apriorische rationale Struktur, Durchführung des Geschehens des autonomen Wesens des Denkens als Sichbestätigen sein müsse. Die *impression*, die auf die Weise faktischen Begreifens geschieht und zu der sich in der tatsächlichen Erfahrungserkenntnis eine für sich geltende Operation des Denkens nur durch das abstrakte Begreifen hinzufügen läßt (von welcher abgeleiteten aposteriorischen Denkoperation Hume gar nicht zu handeln für nötig befunden hatte), die *impression* müßte unmittelbar in ihrem Geschehen als das autonome Geschehen des Denkens, d. h. als in sich apriorisches Begreifen hervorgehen können.

In seiner Sprache gibt Kant diese für die philosophische Reflexion gestellte Aufgabe so an, daß er sagt, zu der synthetischen Erkenntnis a posteriori, in der also das Wahrgenommene mit dem abstrakten Begriff verknüpft wird, müsse — als Bedingung für deren Möglichkeit — noch die Synthesis a priori hinzutreten, in der das Geschehen von Wahrnehmung als solches das Geschehen von Begreifen im Sinne des Fürsichseins des Denkens in seiner Autonomie sei. Für die aposteriorischen Synthesen ist die Erfahrung als solche schon vorausgesetzt, und es werden nur zusätzliche Operationen des Denkens ausgeführt; die apriorische Synthese dagegen meint das Geschehen von Erfahrung als solches, und wenn dieses Erfahrungsgeschehen als solches als apriorische Synthese begriffen werden könnte, dann wäre es, indem und insofern es tatsächlich statthat, zugleich auch die Durchführung des unbedingten und unbezüglichen Wesens des Denkens als sein Sichbestätigen, und es wäre insofern in seinem Geschehen auch schon in der Möglichkeit seiner selbst und als die Möglichkeit seiner selbst offenbar. Von diesen so verstandenen apriorischen Synthesen wird nun in der Einleitung gesagt, daß sie die eigentliche Aufgabe der ›Kritik‹ darstellen, daß aber ihre Möglichkeit offenbar schwer einzusehen sei.[85]

Es geht also, von Hume her gesehen, darum, daß die *impression* nicht einfach als Faktum und als faktisch begriffen dasteht und so für das Erkennen gegeben ist, sondern daß die *impression* in sich selbst und als solche den Charakter einer apriorischen Struktur gewinne. Damit wären dann ebensowohl die *relations of ideas* als auch der Seinszusammenhang der Dinge der erscheinenden Welt in einem Erfahren begründet, in dem vor den *relations of ideas* und vor dem Seinszusammenhang der Dinge das Geschehen der *impressions* oder der erscheinenden Dinge als solches, ihr Sein als solches als Sichbestätigen des autonomen Wesens des Denkens selbst, als in sich apriorisches Bedeuten verstanden wäre. Das Sein der *impressions*, d. h. das Sein der erfahrenen Dinge, wäre als solches als rational einsichtiges Seinkönnen verstanden, es wäre als solches und als es selbst zugleich auch als die Bedingung seines eigenen Möglichseins verstanden. Was dazu erforderlich gewesen wäre, wäre also ein neues Wissen der *impressions* gewesen, in dem diese als solche zugleich rationale apriorische Erkenntnis gewesen wären. Wären die *impressions* als solche als in sich apriorisches Geschehen, als apriorisches Seinsgeschehen einsichtig gewesen, so hätten alsdann auch die *relations of ideas*, die als solche nicht auf das Sein gehen, in ihrem Möglichsein aus dem apriorischen Seinsgeschehen selbst als unbedingt gültig verstanden werden können, und der Seinszusammenhang der Dinge hätte nicht nur in einer faktischen Apriorität eingesehen werden können, sondern wäre als die Durchführung des Seinkönnens von Erfahrung selbst verstanden worden.

c) Die transzendentale Reflexion für sich selbst dogmatisch

Kant hat nun in der Durchführung seines Werkes der so verstandenen apriorischen Synthese, wo also nicht wie bei der aposteriorischen Synthese das abstrakte Begreifen und das faktische Gegebensein, das aus diesem Begreifen herausfällt, verknüpft werden sollen, sondern wo die Wahrnehmung als solche als Begreifen geschehen soll, wo das Statthaben von Erfahrung als solches Sichbestätigen des Denkens sein soll, keine Gestalt geben können. Sie ist als Aufgabe des Denkens gewußt, aber, was sich in der Durchführung des Begreifens machen läßt, ist nur, daß im Hinblick auf das Geschehen der Erfahrung als ihr eigenes Seinkönnen, auf das Statthaben ihres Geschehens in der Bedeutung, Bedingung der Möglichkeit ihrer selbst zu sein, die Durchführung des faktischen Begreifens ein Verstehen der *relations of ideas* und ein Verstehen des Seinszusammenhangs der Dinge auf das Verstehen der Erscheinung als Erscheinung hin beinhalte. Damit ist dann zugleich gegeben, daß Kant in bezug auf das Verständnis des Seinszusammenhangs der Dinge in dogmatischem Begreifen schon wieder hinter Hume zurückfallen muß, weil er, wenn er vom Seinszusammenhang der Dinge begrifflich Rechenschaft ablegen will, sich nur auf den äußeren Geschehenszusammenhang beziehen kann, wogegen Hume in sein Verständnis dieses Zusammenhangs unmittelbar eine tatsächliche Erfahrung einbringen konnte, in der das Außereinander und Nacheinander der Zustände in der Zeit zugleich in der Einheit eines Wissens zusammengeschlossen war und nur der Ausdruck dieses in sich einigen Wissens war. Was Kant Hume voraushat, ist nicht die Durchführung des Begreifens, sondern dies, daß das ganze Raisonnement aus dem Bewußtsein der Aufgabe der transzendentalen Reflexion geschieht, wonach das Geschehen der *impressions* nichts ist als das Geschehen des unbedingten und unbezüglichen Wesens des Denkens selbst auf die Weise eines als Erscheinen statthabenden Sichbestätigens.

Dies drückt sich dann als Programm und als Verkündigung in der ganzen Lehre der transzendentalen Ästhetik und der transzendentalen Analytik dadurch aus, daß nach Kant alle unsere sinnliche Erkenntnis und, was an Erkenntnissen damit zusammenhängt, als Fürsichsein der transzendentalen Einheit der Apperzeption geschieht. Insofern sich Kant immer auf die transzendentale Einheit der Apperzeption beziehen kann, insofern ist er — auf die Weise der Verkündigung — immer auch schon über Hume hinaus, der ans Faktum gebunden blieb; dieses Wissen um die transzendentale Einheit der Apperzeption macht es denn auch, daß das Wissen um den Seinszusammenhang der Dinge, das Kant nur von dem äußeren Geschehensablauf abnehmen kann und das er nur aus der Aufeinanderfolge der Zustände verstehen kann, doch — obwohl nicht auf die Weise des Begriffs — als ein in sich rationales Wissen erfahren ist, daß doch auch dieser Seinszusammenhang der Dinge nichts anderes bedeutet als die Durchführung des unbezüglichen und unbedingten und darin in sich schon vollendeten Geschehens der Erfahrung als Fürsichsein des Denkens auf die Weise seines Erscheinens. Das Begreifen durch die Kategorien rechtfertigt sich nicht von sich her, aber es ist gleichwohl der Vollzug der transzendentalen Einheit der Apperzeption und damit einer Bedeutung, die unbedingte und unbezügliche Seinsbedeutung ist.

Diese unbedingte Bedeutung der transzendentalen Einheit der Apperzeption wird nun aber in einer dogmatischen Reflexion durchgeführt. Es ist nicht nur so, daß Kant nicht dazu gelangt ist, das Sichdarstellen der philosophischen Reflexion durch das faktische Begreifen abzulegen, sondern die philosophische Reflexion, der es in seinem Philosophieren um sich selbst geht, die sich selbst als solche auf die Weise der Erfahrung erlangen, sich für sich selbst auf die Weise der Erfahrung bestätigen will, legt sich selbst als solche in das faktische Begreifen hinein, sie wird sich für sich selbst dogmatisch, geschieht darin, daß es ihr um sich selbst geht, wieder als bevormundetes Denken. Die Urteilslosigkeit und Urteilsunfähigkeit der aufgeklärten philosophischen Reflexion, von der wir gesprochen hatten, schlägt in ein dogmatisches Fürsichgeschehen der philosophischen Reflexion um. Die philosophische Reflexion geschieht jetzt für sich selbst als solche auf die Weise der behauptenden Aussage, das Geschehen des Erkennens glaubt sich selbst als solches durch behauptende Aussage, die seine Aussage von sich selbst sein soll, angeben zu können.

Das ist eine ganz andere Position als die, die die alte Metaphysik innegehabt hatte. In der Lehre vom „Cogito" oder von der Monade gibt sich das Geschehen des Erkennens nicht selbst als solches an, sondern, indem das Geschehen des Erkennens als ein unbezügliches Statthaben zugrundegelegt ist, da werden aus ihm heraus — von der Erfahrung her — Behauptungen über das Unbedingte aufgestellt, die doch immer nur den Charakter einer besonderen Operation des Denkens haben. So gerade verhält es sich in der ›Kritik der reinen Vernunft‹ nicht mehr. Hier will sich das Geschehen des Erkennens als solches, als das Geschehen, das es ist, auf die Weise der Behauptung über sich selbst und von sich selbst angeben. Damit ist aber eine Situation eingetreten, in der die philosophische Reflexion, insofern sie als Doktrin geschieht, Täuschung über sich selbst ist und sich selbst entfremdet ist. Dieses Geschehen der philosophischen Reflexion als Entfremdung von sich selbst stellt sich in der Doktrin der ›Kritik der reinen Vernunft‹ dadurch dar, daß diese Doktrin die Erkenntnis des Erkenntnisvermögens von sich selbst nicht als eine Erkenntnis, die von in sich bloß erscheinungshafter Natur sei, auffaßt, sondern sie vielmehr als schlechthin an sich geltende Erkenntnis vorträgt. Dem entspricht, daß sich die ›Kritik der reinen Vernunft‹ in ihrer zweiten Auflage als eine Revolution der Denkungsart versteht,[86] wogegen sich die philosophische Reflexion in dem Vorwort zur ersten Auflage, frei von ihrem Sichfestlegen in der Doktrin, unmittelbar als das ausspricht, was sie in der ›Kritik der reinen Vernunft‹ tatsächlich ist, nämlich als der Versuch der philosophischen Reflexion, sich aus der Verzweiflung an der Unzulänglichkeit des Begreifens zu ihr heraus doch Gestalt zu geben und die Erfahrung als den Ort ihres Geschehens als Erscheinen verstehen zu lassen. „Jetzt, nachdem alle Wege (wie man sich überredet) vergeblich versucht sind, herrscht Überdruß und gänzlicher *Indifferentismus*, die Mutter des Chaos und der Nacht, in Wissenschaften, aber doch zugleich der Ursprung, wenigstens das Vorspiel einer nahen Umschaffung und Aufklärung derselben ... Indessen ist diese Gleichgültigkeit, die sich mitten in dem Flor aller Wissenschaften ereignet und gerade diejenige trifft, auf deren Kenntnisse, wenn dergleichen zu haben wären, man unter allen am wenigsten Verzicht tun würde, doch ein Phänomen, das Aufmerksamkeit und Nachsinnen verdient. Sie ist offenbar die Wirkung nicht des Leichtsinns, sondern der gereiften *Urteilskraft* des Zeitalters, welches sich nicht länger durch Scheinwissen hinhalten läßt und eine Aufforderung an die Vernunft, das beschwerlichste aller ihrer Geschäfte, nämlich das der Selbsterkenntnis aufs neue zu übernehmen."[87]

Überdruß am behauptenden Denken und Verzweiflung an ihm führen in die Antinomik der reinen Vernunft, in der es sich ausdrückt, daß das Denken als freies und autonomes Urteilen, das es ist, sich sich selbst auf die Weise der Erfahrung vorstellig machen will. Der Vollzug dieser Aufgabe ist die eigentliche Leistung der ›Kritik der reinen Vernunft‹. Aber sie hat nicht geschehen können, ohne daß die philosophische Reflexion, indem sie sich in ihrer Autonomie durchführt, doch zugleich auch für sich selbst Doktrin wird und sich darin selbst als solche, als das autonome Urteilen, das sie ist, zu behauptendem Begreifen macht. Als behauptendes Begreifen aber geschieht die philosophische Reflexion selbst als solche als bevormundetes Denken, während in der Metaphysik nur ihre Operationen Durchführung und Ausdruck ihres Geschehens in Bevormundetsein waren. In dem transzendentalen Denken von der ›Kritik der reinen Vernunft‹ ab, geschieht die autonome Urteilskraft selbst, sofern sie sich auf die Weise der Doktrin angibt, als Urteilslosigkeit und Bevormundetsein. In der ›Kritik der reinen Vernunft‹ bleibt diese Urteilslosigkeit, die die philosophische Reflexion als Doktrin ist, immer dem Sichdurchsichbezeugen dieser Reflexion eingeordnet; in der dogmatischen Metaphysik, die auf die ›Kritik der reinen Vernunft‹ folgt, glaubt die aufgeklärte philosophische Reflexion, obwohl sie doch immer noch als solche gilt, sich sich selbst schlechthin durch ihr Sichmeinen als Doktrin angeben zu können, und nimmt so die unbedingte und unbezügliche Bedeutung des autonomen Geschehens des Denkens als Urteil als Behauptung, d. h. eben als die Urteilslosigkeit und Hilflosigkeit des Denkens schlechthin. Daß aber das Wesen von Urteilen als die unbedingte und unbezügliche Bedeutung schlechthin, die es ist, dergestalt als solches als Bevormundetsein geschieht, das sich auf die Weise der Behauptung ausdrückt, in der das philosophierende Bewußtsein sich selbst — sei es, daß es sich als Einzelner, sei es, daß es sich als Gesellschaft versteht — unbedingte Bedeutung zuspricht, das ist eine Schwäche des denkenden Selbstbewußtseins, die als sein Verblendetsein über sich selbst charakterisiert werden muß, ein Verblendetsein, in dem es sich, obwohl es als Schwäche in ihm beharrt, doch zugleich auch nicht nicht durchschauen kann.

Die dogmatische Metaphysik des 19. Jahrhundert, wie sie in dem Übergang durch die ›Kritik der reinen Vernunft‹ aus der aufgeklärten philosophischen Reflexion und aus dem aufgeklärten Selbstbewußtsein überhaupt hervorgeht, ist zugleich der Ausdruck und die Fortentwicklung des Geschehens dieses Denkens als autonomes Urteilen und seines Gebundenseins in die Urteilslosigkeit und Urteilsunfähigkeit. Es ist diese Fortentwicklung so, daß das autonome Urteilen sich in der Unbezüglichkeit und Unbedingtheit, die es ist, selbst als solches auf die Weise der Urteilslosigkeit und Hilflosigkeit im Denken meint. Dies aber ist die Arroganz schlechthin des denkenden Bewußtseins und sein Verblendetsein über sich selbst, in dem es sich, gerade indem es als Bevormundetsein und Schwäche geschieht, als Sein von unbedingter Bedeutung behauptet. In solcher Behauptung ist das denkende Selbstbewußtsein für sich selbst als Doktrin; die Doktrin aber kann das autonome Wesen des Urteilens nicht ganz in sich aufgehen lassen. So bleibt es diesem metaphysischen Denken, daß es sich in seiner Schwäche, in der es sich selbst als unbedingtes Sein darstellt, gleichwohl durchschaut und an sich selbst, sofern es sich in der Doktrin aussagt, nicht glauben kann. Die Aufklärung des Denkens können wir, wenn sie einmal stattgefunden hat, nicht mehr verlieren, aber wir können uns in ihr so meinen, daß sie gerade als das Verblendetsein und die Arroganz schlechthin des Selbstbewußtseins erscheint, die, sofern sie das Sichgehenlassen des Denkens schlechthin ist, das deswegen auch nicht Glaube an sich selbst und an seine eigenen Behauptungen über sich selbst sein kann, zugleich auch der Hang zur Destruktion des menschlichen Daseins in der Welt ist.

3. Die ›Kritik der reinen Vernunft‹ als transzendentales Bedeuten

a) In philosophischer Rücksicht

Doch kehren wir von dieser Abschweifung zu unserer engeren Betrachtung zurück, die der ›Kritik der reinen Vernunft‹ gewidmet war. Die philosophische Reflexion kann das Geschehen der *impressions* nicht als das in sich apriorische Wesen des Denkens hervorgehen lassen; sie muß sich vielmehr, um an den *impressions* das Apriori zum Ausdruck bringen zu können, des faktischen Begreifens bedienen, das seinerseits das Gegebensein der *impressions* als ein Faktum voraussetzt. So kommt es, daß das apriorische Wesen des Erkennens als ein Apriori erscheinen muß, das immer nur auf die vorausgesetzte Erfahrung bezogen sein kann und immer nur an der Erfahrung seine Anwendung haben kann. Es scheint also, als habe Kant in der ›Kritik der reinen Vernunft‹ die apriorische Erkenntnis gänzlich darauf beschränken wollen, daß sie nur an einem für sie Vorausgesetzten, das eben die Empfindung bzw. die ungeformte Erfahrung wäre, operieren kann, unmöglich aber sich unmittelbar als solche bezeugen und Seinseinsicht gewähren kann. In diesem Sinne wird gesagt, alle unsere apriorische Erkenntnis gilt nur von der Erfahrung; sie gilt nicht mehr, wo uns diese Erfahrung mangelt, und ein Fehlen von Erfahrung wird für solche Behauptungen und Setzungen des Denkens angenommen, die ein Sein, evtl. ein unbedingtes Sein, anzugeben beanspruchen, ohne sich dabei direkt als Bearbeitung von Empfindung darzustellen. In diesem Sinne wäre dann die ›Kritik der reinen Vernunft‹ Widerlegung und Aufhebung der Metaphysik; und in diesem Sinne hat Mendelssohn Kant den Alleszermalmer genannt.

Aber dieses Verständnis der ›Kritik der reinen Vernunft‹ geht eben von dem Scheitern ihres eigentlichen Anliegens aus, und legt die Lehre Kants durch dieses Scheitern fest. Und es verträgt sich mit dieser Auffassung, wonach die ›Kritik‹ alle Metaphysik ablehnt, eigentlich schlecht, daß Kant gerade auch in den ›Prolegomena‹, die so sehr den Eindruck machen, als gehe es ihm nur darum, im Gegensatz zu der in sich begründeten apriorischen Erkenntnis der Mathematik und der reinen Naturwissenschaft die Grundlosigkeit der vorgeblichen apriorischen Erkenntnis in der Metaphysik zu erweisen, als die eigentliche Frage der ›Kritik der reinen Vernunft‹ immer wieder vorträgt: Wie ist Metaphysik überhaupt möglich?[88] Es scheint merkwürdig zu sein, daß auf diese Frage dann nur die Antwort gegeben wird, Metaphysik ist nicht möglich. Und in der Tat zeigen die ›Fortschritte der Metaphysik seit Leibnizens und Wolffs Zeiten‹ auch deutlich, daß nach Kants eigenem Verständnis die ›Kritik der reinen Vernunft‹ auf eine neue Metaphysik hinführt, und zwar auf eine Metaphysik aus theoretischer Vernunft, nicht, wie man geneigt sein möchte nach dem üblichen Kantverständnis anzunehmen, aus praktischer Vernunft.

Wir können uns nun hier nicht auch noch mit den „Fortschritten" befassen, aber wir müssen doch noch einmal auf die Grundposition der ›Kritik der reinen Vernunft‹ zurückkommen. Darum geht es in diesem

Werke eigentlich, daß die *impressions* sich als solche in ihrem Geschehen, in ihrem Sein als in sich apriorisches Sichvollziehen des Denkens darstellen. Das unbedingte und unbezügliche Wesen des Denkens soll nicht auf die Weise irgendwelcher metaphysischer Aussagen und Setzungen von der Erfahrung abgesondert vorstellig gemacht werden, sondern die Erfahrung soll selbst als solche das Sichdurchführen des unbedingten Wesens des Denkens auf die Weise seines Geschehens als bloßes Erscheinen sein. Das Erfahren soll also selbst als das Geschehen der unbedingten Seinsbedeutung hervorgehen. Die Metaphysik als abgesonderte Wissenschaft kann es nicht geben, aber die Erfahrung soll in der philosophischen Reflexion selbst unmittelbar als ein Geschehen offenbar sein, das in sich und als solches die unbedingte Bedeutung enthält, die die Metaphysik zuvor als abgesonderte Wissenschaft in der Form von der Erfahrung abgesonderter Aussagen vorstellig zu machen versucht hat. Apriorische Synthesen, d. h. das Ineinsgehen von Empfindung und rationaler notwendiger und allgemeingültiger Einsicht, sollen möglich sein, sie sollen aber gerade nicht so geschehen, daß sich das in sich apriorische Geschehen des Denkens dabei auf die Empfindungen und die unbearbeitete Erfahrung als auf das ihm Vorausgesetzte bezieht: ein solcher Bezug ist vielmehr schon gar nicht mehr apriorische Synthese in ihrer eigentlichen Bedeutung, sondern nachträgliches Ansetzen des Denkens an einer Erfahrung, die als solche in Rohform schon fertig und vorausgesetzt ist. Die eigentliche Durchführung der apriorischen Synthese würde bedeuten, daß Erfahrung selbst als das geschieht, was Metaphysik — in dogmatischer Setzung — meinte, als das Geschehen des Denkens in seiner Autonomie und unbedingten Bedeutung als Sichbestätigen. Dieses Geschehen des Denkens als Sichbestätigen hätte dann gegenüber der dogmatischen Metaphysik den Vorteil, daß das Denken nicht mehr seine Schwäche als Gewißsein ausgibt, Bevormundetsein als Überzeugung vorträgt, sondern in der Tat als Geschehen von autonomen Urteilen bei sich wäre und wüßte, daß es, gerade wenn es sich als Innesein sich selbst erhält, sein Sichbestätigen nur auf die Weise seines Geschehens als bloßes Erscheinen zu sein vermag. Die philosophische Reflexion der ›Kritik der reinen Vernunft‹ ist nun — begleitet von der dogmatischen Doktrin — eben diese Neuaufnahme der Metaphysik, die man also als eine Metaphysik nicht in dogmatischer, sondern in transzendentaler Reflexion bezeichnen könnte.

Diese Metaphysik kann sich nun aber keinen eigenen Ausdruck geben. Sie liegt als Bedeutung in der transzendentalen Ästhetik und in der transzendentalen Analytik, aber die Darstellung dieser Bedeutung geschieht durch die dogmatische Doktrin, die gerade den Eindruck erwecken muß, daß alle unsere apriorische Erkenntnis apriorische Erkenntnis nur in bezug auf gegebene Erfahrung ist und daß sie dadurch als Geschehen unbedingter Bedeutung eingeschränkt und in gewisser Weise bedingte Erkenntnis ist. Das Geschehen der transzendentalen Ästhetik und der transzendentalen Analytik als sozusagen transzendentale Metaphysik findet seinen Ausdruck also gerade nicht durch die Bestimmungen, in denen diese Lehrstücke als Doktrin entwickelt werden, wohl aber liegt diese metaphysische Bedeutung darin, daß diese Bestimmungen trotz ihrer Unangemessenheit zum Geschehen des Denkens als der Ausdruck des Sichbestätigens des Denkens als Denken auf die Weise des bloßen Erscheinens genommen werden können. In diesem Sinne ist der oberste Grundsatz aller synthetischen Urteile, der sagt, „die Bedingungen der Möglichkeit der Erfahrung sind zugleich die Bedingungen der Möglichkeit der Gegenstände der Erfahrung"[89] das Zeugnis dafür, daß in diesen Lehrstücken in der Tat die transzendentale Metaphysik durchgeführt ist, für die das Geschehen der unbedingten Bedeutung, indem es auf die Weise der Erfahrung geschieht, nicht ein Geschehen von etwas Unbedingtem unter bestimmten Bedingungen ist, sondern das Geschehen der unbedingten Bedeutung als solcher, sofern sie auf die Weise bloßen Erscheinens ihr Sichverwirklichen als Sichbestätigen ist. Das apriorische Geschehen des Sichbestätigens des Denkens als Denken, das die Bedingung der Möglichkeit der Erfahrung ausmacht, findet eben nicht so statt, wie die abstrakten Begriffe stattfinden, die sich nur einer schon vorausgesetzten Erfahrung, einem schon vorausgesetzten Gegebensein hinzufügen, sondern dieses apriorische Geschehen, diese Bedingungen der Möglichkeit der Erfahrung gelten dadurch, daß sie selbst als solche als das Sein der Gegenstände der Erfahrung geschehen, sie sind als solche, als die apriorischen Strukturen, die sie sind, von der Art der *impressions*, machen das Geschehen der *impressions* in der Bedeutung des Seins, ihr Seinsgeschehen als solches aus. Daß die apriorischen Strukturen des Denkens als das Seinsgeschehen der *impressions* selbst statthaben, das eben bedeutet, daß das Geschehen des Denkens als Sichbestätigen auf die Weise bloßen Erscheinens statthat. Aber damit ist mehr gewonnen, als wenn die philosophische Reflexion versuchte, die unbedingte Bedeutung des Denkens dogmatisch-metaphysisch in abgesonderter Behauptung für sich hinzustellen und auszusagen. Wenn die apriorischen Strukturen des Denkens das Unbedingte nicht in abgesondertem Begreifen angeben und bedeuten sollen, dann bedeutet dies gerade nicht, daß wir anstatt eines Begreifens, das das Unbedingte als solches durch sich angeben könnte, nur ein Begreifen hätten, das lediglich für ein in sich bedingtes Sein konstitutiv ist, sondern es bedeutet, daß das unbedingte Geschehen des Denkens sich selbst als solches gegenwärtig ist, wogegen die metaphysischen Begriffe, die von sich behaupten, das Unbedingte also solches zu denken, die unbedingte apriorische Bedeutung gar nicht als solche angeben, sondern das Unbedingte nur nach Art des Vorausgesetzten, d. h. nach der Art dessen, was seinen Grund durch sich nicht angeben kann, nach Art des Bedingten denken können.

In diesem Sinne also gelangt Kant in der transzendentalen Analytik über die Lehre Humes hinaus, für den die unbedingte Bedeutung des Seins in der Erfahrung doch immer nur faktisch aufgefaßt werden konnte, sowohl im unmittelbaren Sichgeben der *impressions* als auch im Verstehen des Seinszusammenhangs durch das Gefühl der Gewohnheit. Aber die Einsicht des obersten Grundsatzes darein, daß die Bedingungen der Möglichkeit der Erfahrung zugleich die Bedingungen der Möglichkeit der Gegenstände der Erfahrung sind, kann in der transzendentalen Analytik eben nur so durchgeführt werden, daß nicht eigentlich das Geschehen der *impressions* selbst und als solcher als apriorische Einsicht, als Sichbestätigen des Denkens erreicht wird, sondern dieses in sich apriorische Geschehen der *impressions* vielmehr auf die Weise des Begreifens vom Vorausgesetzten her angegeben werden soll; das Sichverstehen des als autonomes Urteilen geschehenden Denkens soll auf die Weise des Beurteilens von Bestimmtem durchgeführt werden. Damit aber ist Kant in der Durchführung der transzendentalen Analytik wieder bei der Art zu denken angekommen, von der Hume gerade erkannt hatte, daß sie uns die unbedingte Bedeutung des Geschehens von Denken nicht angeben kann und gerade dann, wenn es dem Denken um diese unbezügliche und unbedingte Bedeutung geht, abgewiesen und überwunden werden muß.

Das alte metaphysische Denken hatte das Unbedingte durch die Setzungen des dogmatischen Begreifens deswegen doch mit einem gewissen Rechte angeben können, weil es ihm in seinem Verfahren als dogmatisches und unter der Bevormundung stehendes Denken doch um sich selbst in seiner unbedingten Bedeutung gegangen war. Die philosophische Reflexion der Aufklärung stellt es heraus, daß diese dogmatische Form seines Geschehens für das Denken immer Unzulänglichkeit vor sich selbst bedeuten muß, daß es sie aufgeben muß, wenn es als Gemäßsein, das als solches Sichgemäßsein ist, soll geschehen können. Hume gibt das metaphysische Begreifen, in dem es um das Unbedingte geht, auf und hält sich in der philosophischen Reflexion allein an die *impressions*, die so als der Ort des Geschehens der unbedingten Bedeutung hervorgehen, dabei aber faktisches Erfahren bleiben. Kant will durch die Antinomik der Vernunft über dieses faktische Geschehen der Erfahrung hinauskommen. Aber die Antinomik läßt nur das Ungenügen des Faktischen zum Geschehen des Denkens als Sichbestätigen einsehen, ohne doch eine neue Weise, in der Erfahrung und auf die Weise der Erfahrung zu erkennen und sie Begriff sein zu lassen, zu eröffnen. Es findet das Bewußtsein davon statt, daß das Geschehen der Erfahrung als solches reine apriorische Synthese sei, aber dieses Bewußtsein kann nicht in das tatsächliche Erfahren des Seienden in seinem Bestimmtsein umgesetzt werden. Die Weise, wie die philosophische Reflexion ihrem Wissen Gestalt geben muß, wird vielmehr wieder durch die alten Formen des Begreifens im Vorausgesetzten bestimmt. Dieses Verfahren unter den alten Formen des Begreifens gibt nun aber nicht mehr etwa metaphysische Einsichten her, diese Formen, zu begreifen, können durch sich das Unbedingte nicht mehr als solches erkennen lassen. Die Erkenntnis des Unbedingten, die jetzt nicht mehr in der Behauptung einer abgesondert für sich bestehenden absoluten Realität geschieht, sondern auf die Weise der Erfahrung selbst statthat, ist gerade nicht durch das Begreifen — d. h. in der transzendentalen Analytik durch die reinen Verstandesbegriffe und durch die Grundsätze — angegeben, sondern findet vielmehr durch den obersten Grundsatz aller synthetischen Urteile statt, der mit den bestimmten Kategorien und den bestimmten Grundsätzen gar nichts zu tun hat. Die einzelnen Kategorien und Grundsätze werden dem obersten Grundsatze aller synthetischen Urteile vielmehr aufgepfropft und können durch sich seine Bedeutung gerade nicht angeben. Im metaphysischen Denken konnte durch den Begriff der Substanz, durch den Satz vom Grunde usw. das Unbedingte als solches angegeben werden. In der Transzendentalphilosophie Kants kann durch diese Begriffe das Unbedingte überhaupt nicht mehr angegeben werden; die Weise aber, wie jetzt das Unbedingte angegeben wird, nämlich auf die Weise des Geschehens von Erfahrung, findet in der transzendentalen Analytik durch den obersten Grundsatz aller synthetischen Urteile ihren Ausdruck, der gerade kein bestimmter Grundsatz, keine Durchführung bestimmenden Begreifens ist.

b) In geschichtlicher und gesellschaftlicher Rücksicht

So hätten wir also — wenn wir undogmatisch dem Schema Fichtes folgen wollen — im Zeitalter der Metaphysik oder des als Bevormundetsein geschehenden Denkens, das sich in der Gesellschaft in gewisser Weise durch die Feudalherrschaft darstellen mag, einen Zugang des

Denkens zum Unbedingten, von dem das Denken deklariert, daß es durch ihn des Unbedingten gewiß sei, wenngleich es doch immer auch über sein eigenes Raisonnement hinaus war und in gewisser Weise von ihm losgelöst blieb: aber diese Freiheit vermochte sich selbst nicht raisonnierend zu gestalten. Mit der philosophischen Reflexion der Aufklärung, der die Auflösung der Autorität in der Gesellschaft entsprechen mag, wird das Lebensgeschehen der Menschen als solches der Ort der unbezüglichen, unbestimmten und in diesem Sinne unmittelbar öffentlichen Bedeutung des Unbedingten. Dieses Denken und diese Lebenshaltung sind bezeichnet durch das Bewußtsein von der Belanglosigkeit aller Behauptung, die auf das Unbedingte zu gehen beansprucht, und zugleich von der Nachsicht denen gegenüber, die sich von dem behauptenden Denken noch nicht freimachen konnten. Es ist dessen gewiß, daß solche Behauptungen, auch wenn sie mit der Anmaßung eines schlechthin gültigen Wissens vorgetragen werden, selbst schon dann, wenn sie vorgetragen werden, und für den, der sie vorträgt, keine wahre Überzeugungskraft haben können. Aber dieses reflektierende Denken und diese Lebenshaltung der Aufklärung sind in sich selbst labil, weil sie sich nur durch ein Begreifen der Erfahrung darstellen können, das dem Geschehen der Erfahrung als unbedingte Bedeutung nicht gerecht wird, sondern sie weiter nach Art des Vorausgesetzten aufnimmt. Die ›Kritik der reinen Vernunft‹ stellt in der philosophischen Lehre den ausgezeichneten Zustand dar, wo das Denken sich, indem es ihm um sein Geschehen als unbedingte Bedeutung geht, aus dieser Labilität heraus selbst dogmatisch zu formen versucht, indem es sich zugleich doch auch für sich selbst im reinen Sichbestätigen seines autonomen Geschehens auf die Weise der Erfahrung erhält. Für diese eigentümliche Position der ›Kritik der reinen Vernunft‹, d. h., genau gesprochen, der transzendentalen Ästhetik und der transzendentalen Analytik, scheint sich kein eigentliches gesellschaftliches Korrespondens zu finden, sie ist der reine und bloße Ausdruck einer Entwicklung der philosophischen Reflexion, die dadurch möglich geworden ist und dadurch gefordert ist, daß es dem Denken in der philosophischen Reflexion um sein Geschehen als Sichbestätigen durch ein Begreifen gehen muß, das diesem seinem Geschehen nicht angemessen ist.

Von dieser Lehre der transzendentalen Ästhetik und der transzendentalen Analytik an fallen die philosophische Reflexion und das tatsächlich gelebte Leben des Einzelnen wie der Gesellschaft in gewisser Weise auseinander. Wir können sagen, für das Zeitalter der Metaphysik, wo die Philosophie in gewisser Weise nur die Magd der Theologie ist,[90] korrespondiert die öffentliche Bewußtseinshaltung in gewisser Weise der Lehre der oberen Fakultäten. Für die Zeit der Aufklärung korrespondiert die öffentliche Bewußtseinshaltung in gewisser Weise der Lehre der unteren Fakultät. Aber mit dem Hinausgehen des Denkens über die Aufklärung hinaus, in der Philosophie mit der ›Kritik der reinen Vernunft‹ beginnend, tritt ein Zustand des philosophischen Raisonnements ein, in dem das Denken nicht mehr imstande ist, sich seine eigene Situation angemessen anzugeben, sondern in dogmatischer Selbstauslegung gleichsam hinter dem transzendentalen Sichverstehen, das es schon ist, zurückbleibt, zugleich aber die Unangemessenheit zu sich selbst, die es in seinem Begreifen ist, durch das dogmatische Behaupten für sich selbst unüberwindlich macht und sie sich — sich in ihr verherrlichend — verstellt. In der ›Kritik der reinen Vernunft‹ steht beides, das reine transzendentale Sichverstehen und die dogmatische Auslegung dieses Sichverstehens, nebeneinander und zusammen. Das macht die besondere Situation dieses Werkes aus. In dem obersten Grundsatze aller synthetischen Urteile, d. h. in der Lehre von dem Geschehen der unbedingten Bedeutung auf die Weise des Erscheinens, drückt sich die aufgeklärte philosophische Reflexion rein und als solche aus. Kant hat mit Recht angenommen, daß dieser Reflexion die öffentliche und allgemeine Bewußtseinshaltung entspricht, die sich nicht mehr an behauptete Autoritäten hält, aber unbedingte Bedeutung auf die Weise des tatsächlichen Lebensgeschehens der Einzelnen und der Gesellschaft erscheinend zur Durchführung bringen will. Die Lehre von den einzelnen Kategorien und Grundsätzen dagegen hat ein solches Korrespondens am öffentlichen Bewußtsein bereits nicht mehr. Das faktische Behaupten, das hier stattfindet, entspricht gerade nicht dem Bewußtsein davon, daß unbedingte Bedeutung in unserm Dasein eben nicht als solche, sondern nur auf die Weise bloßen Erscheinens geschieht. Diese Lehre von den Verstandesbegriffen und Grundsätzen ist innerhalb der transzendentalen Reflexion das Vorspiel jenes Sichverlierens und Sichverkehrens des transzendentalen Sichverstehens, das dann eintritt, wenn das Sichverstehen sich als solches dem faktischen Begreifen übergibt, selbst wenn es daran nicht glauben kann. Mit der auf Kant folgenden dialektisch-dogmatischen Metaphysik, wo nur die dogmatische Selbstauslegung des transzendentalen Sichverstehens übrigbleibt, tritt dann der Zustand ein, daß die philosophische Reflexion jenem Wissen um den bloßen Erscheinungscharakter unseres Lebens, Daseins und Denkens, der im öffentlichen Bewußtsein nicht mehr ausgetilgt werden kann, durch sein Verfahren in Behauptungen überhaupt nicht mehr gerecht zu werden vermag, indem sie dem Hang zur dogmatischen Verstellung ihrer selbst unterliegt, der in solchem

Selbstverständnis auch immer liegen muß und der Ausdruck seiner Schwäche ist. In diesem Sinne muß man wohl sagen, daß vom Beginn des 19. Jahrhunderts ab das öffentliche Bewußtsein, sowohl wie es sich als Bewußtsein der Einzelnen als auch wie es sich als das Sichverstehen der Menschen in der Gesellschaft darstellt, durch die Philosophie nicht mehr adäquat ausgedrückt ist, doch so, daß die inadäquate Doktrin dann durch sich doch zur geschichtlich bewegenden Kraft werden kann.

Kant hat, als Transzendentalphilosoph, in seiner Darstellung des ›Streites der Fakultäten‹ die Möglichkeit eröffnen wollen, das Denken der unteren Fakultät mit dem Denken der oberen Fakultäten so zusammenzubringen, daß die wissenschaftliche Haltung der unteren Fakultät sich durch die Lehre der oberen Fakultäten ausdrücken könne. Aber dazu wäre erforderlich gewesen, daß das transzendentale Sichverstehen sich durch ein Begreifen hätte ausdrücken können, das ihm wahrhaft angemessen gewesen wäre. Ein solches der transzendentalen Reflexion angemessenes Begreifen aber hat Kant selbst nicht gefunden; und so ist es ihm nicht möglich geworden, aus der Lehre der ›Kritik der reinen Vernunft‹ vom Geschehen der unbedingten Bedeutung unseres Wissens auf die Weise der bloßen Erscheinung heraus die Lehre von dem Geschehen des Unbedingten durch Kirche und Staat zu durchdringen und zu erneuern, sondern er mußte sich — was die Lehre der oberen Fakultäten angeht — mit rationaler Kritik der alten (metaphysischen) dogmatischen Behauptungen begnügen. Die auf Kant folgenden Philosophen meinten dann, indem sie sich weit über die Aufklärung zu erheben wähnten, daß die philosophischen Behauptungen selbst die Lehre der oberen Fakultäten sein könnten und sein müßten und daß die ganze Universität eigentlich nur das Sichselbstdurchführen der Philosophie sei. Das transzendentale Programm, das Kant aus der Lehre der ›Kritik der reinen Vernunft‹ heraus entworfen hatte, aber nicht hatte mit autonomem Begreifen erfüllen können, ist hier zur dogmatischen Vereinnahmung der Wissenschaften geworden; aber diese Vereinnahmung entspricht dem öffentlichen Bewußtsein weder in der Freiheit, die es als transzendentales Bewußtsein ist, noch auch nach der Versuchung, die in ihm liegt, sofern es sein unbedingtes Sichwissen in faktischem Begreifen ist.

IV. DIE SKEPTISCHE METHODE DES AUFGEKLÄRTEN PHILOSOPHISCHEN DENKENS

1. Die Dialektik der reinen Vernunft

a) Der Stillstand der Vernunft im Skeptizismus

Einzig in der ›Kritik der reinen Vernunft‹ also scheint es sich so zu verhalten, daß sich das transzendentale Verstehen einerseits rein als solches zum Ausdruck bringt und daß andererseits doch in dieses reine Sichverstehen, ohne daß es dadurch gehindert würde, sich als solches zu vollziehen, auch schon eine dogmatische Selbstauslegung eingebracht ist. Das schafft für die transzendentale Doktrin der Ästhetik und der Analytik die Situation, daß sie sich in ihren eigenen Aussagen nicht genügen kann, und dies führt dann zu jenem sonderbaren Aufbau der ›Kritik der reinen Vernuft‹, wo auf die transzendentale Ästhetik und die transzendentale Analytik noch die transzendentale Dialektik folgt. Die philosophische Reflexion, die sich in den Lehren der Ästhetik und der Analytik darstellt und dabei zur Einsicht in die apriorischen Synthesen gelangt, ist, so sagt es uns Kant auch selbst, als solche analytisch verfahrendes Denken. In der Dialektik dagegen verfährt die philosophische Reflexion nicht analytisch, sondern sie ist als solche selbst dialektisches Denken, und es ist dieses ihr Geschehen als dialektisches Denken, das sich hier selbst als solches zur Darstellung bringt. Nun ist, wie es sich uns aus dem Werk Kants eindeutig bezeugt und wie Kant selbst es uns ausdrücklich mitteilt, die Lehre der Ästhetik und Analytik ja gerade aus der Antinomik hervorgegangen, die insofern doch vor diesen Lehrstücken liegt. Aber, und hierüber geben uns die ›Fortschritte der Metaphysik seit Leibnizens und Wolffs Zeiten‹ näheren Aufschluß, das ist eben das Besondere der Antinomik, daß sie sowohl vor den Lehren der transzendentalen Ästhetik und der transzendentalen Analytik liegt, als sie auch erst auf diese Lehren folgt. In den ›Fortschritten‹ stellt Kant die Position des kritischen Denkens so dar, daß es als solches aus dem skeptischen Denken hervorgegangen sei, selbst aber den skeptischen Stillstand in sich selbst als seine zweite Stufe nach einer dogmatischen Ausarbeitung seiner selbst, mit der es beginnt, in sich enthalte. Der skeptische Stillstand des Denkens aber findet gerade in der Antinomik statt.[91] So entwickeln sich also die transzendentale Ästhetik und die transzendentale Analytik aus einem solchen Stillstand des Denkens in der Antinomik, und sie führen auch wieder in einen solchen Stillstand hinein. Sie müssen aber offenbar deswegen wieder in einen solchen skeptischen Stillstand hineinführen, weil das transzendentale Sichverstehen des Denkens, nachdem es vor der Ästhetik und vor der Analytik in der ersten Durchführung der Antinomik zu seinem Geschehen als Sichverstehen vor aller Faktizität gelangt war, gerade durch die Ausarbeitung der Doktrin doch wieder auf das Ungenügen seines Begreifens zurückgeworfen ist. Die philosophische Reflexion war vor der ›Kritik der reinen Vernunft‹ Stillstand im Skeptizismus aus der Unangemessenheit ihres Begreifenkönnens zu dem von ihr Gemeinten heraus. Daraus folgt dann die gereinigte transzendentale Reflexion, die durch die dogmatische Ausarbeitung der Doktrin der ›Kritik‹ Gestalt gewinnt. Und im Anschluß an diese Ausarbeitung ist die philosophische Reflexion abermals Stillstand im Skeptizismus, weil das dogmatische Begreifen der Doktrin dem nicht genügen kann, was sie eigentlich als transzendentale Reflexion meint. Nur durch den Skeptizismus der Vernunft hat es dazu kommen können, daß die Lehre vom Geschehen des Erkennens auf die Weise des bloßen Erscheinens ausdrücklich konzipiert werden konnte, aber diese Lehre geht selbst wieder zum Skeptizismus fort, gibt sich selbst wieder in den Skeptizismus hinein, weil die Vernunft ihr Wissen um sich selbst doch wieder nur so sein kann, daß sie darin für sich selbst schon wieder dogmatisches und bevormundetes Wissen geworden ist. Die Lehre der transzendentalen Ästhetik und der transzendentalen Analytik ruht also nicht in sich selbst, sondern sie trägt vielmehr den Skeptizismus in bezug auf sich selbst in sich selbst. Die dogmatische Lehre der ›Kritik‹, die auf die Weise des Behauptens verfährt, muß sich, eben weil sie tranzendentale Reflexion ist, selbst skeptisch verstehen und einschränken.

Daß sich so dem dogmatischen Teil der ›Kritik der reinen Vernunft‹ der skeptische Teil, der angibt, auf welche Weise das im ersten Teile entwickelte dogmatische Wissen sich selbst meinen muß, hinzufügt, das eben macht die Einmaligkeit der ›Kritik der reinen Vernunft‹ aus. Hätte die ›Kritik‹ sich mit der transzendentalen Ästhetik und der transzendentalen Analytik begnügt, so hätte sich hier die aufgeklärte philosophische Reflexion, obwohl es ihr doch gerade um ihr Geschehen als Gemäßsein ging, mit der dogmatischen Ausführung ihrer selbst zufrieden gegeben, sie hätte der Schwäche (die Selbstgefälligkeit bedeutet) nachgegeben, als die das Denken geschieht, wenn es bevormundetes Denken ist. Diesem Wohlgefallen an sich selbst hat die ›Kritik‹ nicht nachgegeben, sondern sie hat es dargestellt, daß das Geschehen der Vernunft als Sichbestätigen gerade auch Ausweglosigkeit bedeutet, d. h. es selbst gerade auch als dialektisches Sichverstehen ist. So haben wir in der ›Kritik der reinen Vernunft‹ in eins das Sichbestätigen der aufgeklärten philosophischen Reflexion und ihr Sichverhalten gegen die Versuchung, die ihr selbst daraus entspringt, daß sie ihr Geschehen als autonomes Urteilen doch nicht von ihrem Sichdurchführen auf die Weise der Urteilslosigkeit, des Nichturteilenkönnens loslösen und die Erfahrung nicht auf die Weise des Urteils erkennen kann. Das ganze Wesen des aufgeklärten Denkens und Selbstbewußtseins ist so in der ›Kritik der reinen Vernunft‹ in der Weise zusammengedrängt, daß sich die Vernunft dabei als aufgeklärte Vernunft erhält. In dem Denken nach Kant bringt das philosophische Denken seinen Skeptizismus in bezug auf sich selbst nicht mehr in seine Doktrin ein, sondern gibt sich selbst nur auf dogmatische Weise an. Das bedeutet aber, daß das philosophische Bewußtsein an seine eigene Doktrin im Grunde nicht glauben kann. Kant kann an die ›Kritik der reinen Vernunft‹ glauben und kann es für Pflicht halten, die ›Kritik der reinen Vernunft‹ zu haben, weil sich in dieser Lehre die transzendentale Reflexion gegen die Versuchung, die ihr aus dem dogmatischen Moment in ihr, das sie nicht leugnen kann, entspringt, erhält und sich selbst auch als Skeptizismus in sich selbst und in bezug auf ihre eigene dogmatische Gestalt durchführt. Auf diese Art und Weise kann sie sich auch zu ihrem dogmatischen Teil so verhalten, daß sie in ihm als Gemäßsein geschehen kann, und also auch in ihren dogmatischen Aussagen Glaube an sich selbst ist.

Hieraus kann man entnehmen, wie sehr man die transzendentale Dialektik verfehlt, wenn man glaubt, hier gehe es um nichts anderes als darum, die traditionelle Metaphysik zu widerlegen, hier stelle sich Kant als der Alleszermalmer dar. In Wirklichkeit geht es darum, die dogmatischen Lehren der transzendentalen Ästhetik und der transzendentalen Analytik skeptisch zu verstehen. Die Lehre von den reinen Verstandesbegriffen und den daraus folgenden reinen Grundsätzen, die Lehren etwa von der apriorischen Bedeutung der Substanz oder des Verhältnisses von Ursache und Wirkung, sind nicht einfach statisch so aufzufassen, wie sich dies in der transzendentalen Analytik darstellt, sondern sie sind von in sich selbst dialektischer Natur, und diese Dialektik gehört zum Wesen des Sichbestätigens des Denkens eben auch noch hinzu. In der Analytik stellt es sich so dar, als ob Substanz etwa oder Ursache und Wirkung die Erfahrungserkenntnis auf eindeutige Weise apriorisch konstituieren. Die Dialektik zeigt, daß diese Begriffe und Grundsätze in der Erfahrung gerade nicht mit diesem Charakter selbstverständlichen Behauptetseins apriorisch fungieren. Selbstverständlich erscheinen sie nur, solange wir uns bloß an das faktische Auffassen der Erfahrung halten; aber wenn wir uns mit ihrer Hilfe vom an sich apriorischen Wesen der Erfahrung Rechenschaft geben wollen, dann führen sie uns in ein auswegloses Hinausweisen über sich selbst. Dann zeigt es sich, daß der Begriff der Substanz oder der Begriff von dem Verhältnis von Ursache und Wirkung gerade nicht geeignet sind, die unbedingte Bedeutung, als die die Erfahrung geschieht, durch sich anzugeben, obwohl wir uns ihrer dogmatisch bedienen müssen, um diese apriorische Begeutung der Erfahrung überhaupt verstehen zu können. Wir müssen uns dieser Begriffe bedienen, sie geben uns die apriorische Bedeutung der Erfahrung an, aber sie geben sie uns nur faktisch an, sie geben uns die apriorische Bedeutung nicht eigentlich apriorisch an.

Diese reine Apriorität aber ist es, die diese Begriffe eigentlich meinen, und deswegen ist die Natur dieser Begriffe in sich selbst dialektisch. Jede faktische Erkenntnis, die durch sie geschieht, muß immer noch wieder — faktisch — auf die unbedingte Bedeutung hin überstiegen werden, und das Denken bewegt sich in diesem Begreifen in einem Fortgang, der nicht enden kann, als Verlangen, das auf das Unbedingte hingeht. Über diese Situation kann das Denken nicht hinaus, aber gerade nur auf diese Weise, daß es sich so in seinem auswegslosen Unbefriedigtsein übernimmt, kann es sich in seinem Geschehen als Sichbestätigen sich angemessen zum Ausdruck bringen. Das ist der berühmte regulative Gebrauch der Ideen, in dem Kant das eigentliche Ergebnis der Dialektik sieht, und der nichts anderes besagen will als dies: die transzendentale philosophische Reflexion ist sich nicht selbst dann schon gemäß, wenn sie die apriorische Konstitution der Erfahrung behauptet, sie ist es erst dann, wenn sie zugleich einsieht, daß diese apriorische Konstitution, gerade indem sie sich durch die Behauptung von Begriffen und Grundsätzen darstellt, dem reinen Wesen von Apriorität noch gar nicht entspricht, obwohl es dem Denken nur so um diese reine Apriorität gehen kann. Erfahrung ist gar nicht das selbstverständlich apriorisch konstituierte System, wie die Ästhetik und die Analytik es darstellen, sie ist vielmehr — nach dieser Doktrin — durch eine Apriorität konstituiert, die gar nicht zum wahren Verständnis des Apriori zulangt, aber über die wir doch nicht hinauskönnen. Die Erfahrung ist daher selbst gerade nicht als eine in sich gegründete apriorisch konstituierte Realität zu verstehen, sondern sie ist — so wie sie in dieser Doktrin verstanden ist — das Geschehen einer Apriorität, die, indem sie sich als solche weiß, sich doch über sich selbst nicht ausweisen kann und in einen faktischen Regressus, der nicht über sich hinausgelangen kann, eintreten muß, um so auf die Weise der Unzulänglichkeit, die ihr bleibt, doch ihr Geschehen als Gemäßsein zu verwirklichen. Substanz, Ursache und Wirkung usw. sind keine statischen Konstituentien der Erfahrung, sondern sie sind das statische und selbstverständliche — dogmatische — apriorische Scheinen in der Konstitution der Erfahrung, über das wir in unserm Begreifen nicht hinauskönnen, das aber, um sich sich selbst durch sich selbst als bloßes Scheinen enthüllen zu können, der unentwegten Aufhebung aller faktischen Setzung, die durch es geschieht, bedarf und sie vollzieht und sich so selbst als bloßes Scheinen dadurch angibt, daß es uns einsehen läßt: durch die Kategorien und Grundsätze können wir nie begreifen, was Erfahrung eigentlich bedeutet, obgleich es doch auch auf ihre Weise geschieht, daß Erfahrung als ein Geschehen von unbedingter Bedeutung gewußt ist. Der Dogmatismus ist als solcher Geschehen von Skeptizismus, beides in eins aber ist das Sichdurchführen der transzendentalen Reflexion als Angemessenheit.

b) Das wissenschaftliche und das metaphysisch versuchte Denken

An dieser Stelle zeigt es sich deutlich, wie weit für das Denken der Aufklärung die eigentlich philosophische Reflexion von dem unmittelbaren und damit in gewisser Weise in der Urteilslosigkeit einfach verharrenden Sichdarstellen dieser Denkhaltung entfernt ist. Man könnte Kants Lehre vom regulativen Gebrauch der Ideen mit einer bekannten Charakterisierung des aufgeklärten Denkens in Verbindung bringen, wonach es besser ist, ständig auf die Wahrheit hinzustreben, als selbstzufrieden sich schon in ihrem Besitze zu wähnen. Diese Denkhaltung ist dann als das sogenannte faustische Bewußtsein besonders gerühmt und besonders herausgestellt worden. Aber Kant will ja nicht eigentlich die dogmatische Selbstzufriedenheit und Selbsttäuschung ablehnen und an ihre Stelle nun das unendliche Streben nach der Wahrheit setzen, in seinen regulativen Ideen drückt sich vielmehr überhaupt nicht eigentlich ein Streben aus, sondern, wie er selbst es sagt, sie sind der Ausdruck des sich selbst recht und ganz verstehenden wissenschaftlichen Bewußtseins. Dieses wissenschaftliche Bewußtsein ist nicht ein dynamisch weiterstrebendes Bewußtsein, es ist vielmehr ein in sich beschlossenes und vollendetes Bewußtsein, und auch seine Aufgabe ist eine in ihrer Bedeutung in sich vollendete Aufgabe. Diese Vollendung in sich aber hat das wissenschaftliche Bewußtsein für sich selbst und für seine Aufgabe nur dadurch, daß es als dogmatisches Bewußtsein zugleich skeptisches Bewußtsein ist, daß es alle Einsicht, die es hat, als eine solche Einsicht versteht, die noch — in einem endlosen Fortgang — der faktischen Begründung bedarf. Dadurch nähern wir uns der Wahrheit nicht faktisch an, sondern dadurch vollziehen wir nur, was Wahrheit, in der Situation der Erkenntnis, in der wir stehen, bedeutet. Würden wir wissenschaftlich nicht nach den regulativen Ideen denken, dann würden wir der wissenschaftlichen Bewußtseinshaltung, d. h. unserm Verhältnis zur Wahrheit oder der Aufgabe der unteren Fakultät, nicht gemäß sein, wir würden uns in unserm Denken nicht so verhalten, wie diese in sich vollendete wissenschaftliche Bewußtseinshaltung es, um sich selbst gemäß sein zu können, verlangt. Dogmatismus und Skeptizismus gehen hier in eins, und deswegen verlangen sie den endlosen Progreß oder Regreß. Aber durch diesen Prozeß drückt sich aus, daß wir in der Wahrheit stehen und wie wir in der Wahrheit stehen. Er ist das erscheinende Sichgestalten eines Inneseins in der Wahrheit, das als solches in sich vollendet ist und durch die Weise, wie es sich erscheinend verwirklicht, als Sichverstehen des Bewußtseins nicht bedingt ist, sondern vielmehr an ihr nur sein Sichdarstellen findet.

Nach Kant zu sprechen sind wir also in der wissenschaftlichen Bewußtseinshaltung bei Gott und bei seiner Wahrheit, obzwar nur so, wie es uns als Wesen der erscheinenden Welt zukommt. Es wäre falsch zu sagen, daß das unendlich strebende Bewußtsein, von dem die populäre Aussage spricht, mit dieser Haltung des wissenschaftlichen Bewußtseins, wie Kant sie uns vorstellig macht, gar nichts zu tun hätte. Aber es verhält sich eben so — und dies beginnt eben mit dem aufgeklärten Bewußtsein und macht seinen Unterschied zu der Bewußtseinshaltung der metaphysischen Epoche aus —, daß sich in der populären Aussage das Sichverstehen des Selbstbewußtseins eine Selbstauslegung gibt, in der es sich selbst schon nicht mehr entspricht. Daß das Selbstbewußtsein sich in seiner Selbstauslegung schon nicht mehr entspricht, das zeigt sich äußerlich eben dadurch an, daß es in behauptender Weise über sich selbst Auskunft geben zu können glaubt. Das mochte im metaphysischen Zeitalter möglich gewesen sein, ist aber nicht mehr möglich, wenn das denkende Selbstbewußtsein darum weiß, daß es sich gar nicht als Faktum, sondern nur als erscheinendes Geschehen einer in sich unbedingten Bedeutung selbst zugegen ist. Das unendliche Streben kommt leicht heraus, wenn sich das sich selbst verstehende Selbstbewußtsein in dem Skeptizismus, der ihm anhängt, wieder auf die Weise einer dogmatischen Selbstbestätigung faßt, und — für seine Selbstauslegung — diesen

Skeptizismus als solchen gar nicht in sich wirksam werden läßt. Die philosophische Bewußtseinshaltung dagegen hält auch den Skeptizismus als solchen aus, sie läßt sich nicht in dem Sinne gehen, daß sie das Geschehen des Denkens als Sichbestätigen einfach auf die Weise seines Ungenügens aufnimmt und so zu einem Sichverstehen aus Schwäche gelangt, in dem das Ungenügen nicht wahrhaft als Ungenügen offenbar wird und das Sichbestätigen nicht wahrhaft als die Autonomie des Wissens geschehen kann, die es ist. Daraus ergibt es sich dann aber, daß das philosophische Bewußtsein an sich selbst glauben kann und in seinem Skeptizismus doch in der Wahrheit steht, wogegen die Selbstauslegung des populären Verstehens eine solche ist, die das Selbstbewußtsein in seinem Sichverstehen gerade nicht angibt und an die es selbst nicht glaubt. Freilich verhält es sich, wie gesagt, so, daß dieses Sicherhalten des philosophischen Bewußtseins gegen die Versuchung, die in ihm selber liegt, wohl nur in der ›Kritik der reinen Vernunft‹ selbst geschieht und die eigentümliche Größe dieses Werkes bzw. der Denkhaltung, die die kritische Philosophie bestimmt, ausmacht.

Es bleibt in diesem Zusammenhange vielleicht noch die Frage kurz zu beantworten, worauf es sich denn gründe, daß die transzendentale Dialektik gewöhnlich als die Widerlegung der *metaphysica specialis* durch Kant angesehen wird, dies auch ausdrücklich als Kants eigene Auffassung genommen wird, und so die Leistung der ›Kritik der reinen Vernunft‹ eben darein gesetzt wird, daß sie an die Stelle einer vorgeblichen Erkenntnis vom Unbedingten die Einsicht in die Beschränkung aller unserer Erkenntnis auf mögliche Erfahrung, für die sie dann allerdings konstitutiv sein könne, gesetzt habe. Kant selbst hat sich ohne Zweifel in der ›Kritik‹, viel weniger in den ›Fortschritten‹, auch als Überwinder der Metaphysik genommen. Aber diese Überwindung hatte Hume schon mindestens genau so gut geleistet; im Gegenteil will Kant ja eigentlich die alte dogmatische Metaphysik wenigstens in ihrer geheimen Bedeutung retten, wie es vor allem die Grundfrage der Prolegomena „Wie ist Metaphysik möglich?" zeigt. Was das Mißverständnis hier veranlaßt, ist, daß man davon ausgeht, als Grundthese Kants die Beschränkung unserer Erkenntnis auf mögliche Erfahrung anzusehen. Wenn es so wäre, dann wäre allerdings dadurch die Metaphysik schlechthin abgelehnt. Aber eine solche Position ist nicht die Position philosophischer und erst recht nicht aufgeklärter philosophischer Reflexion. Sondern hier geht es darum, daß das Denken das Unbedingte nicht auf die Weise des Vorausgesetzten, das ihm niemals entsprechen kann, behaupte, sondern sich selbst auf die Weise des Geschehens von Erfahrung in seiner unbedingten Bedeutung als solcher bestätige. Es geht darum, daß das Apriori als solches nicht auf die Weise der Behauptung (die letztlich von der faktischen Erfahrung ausgeht), sondern als das Erfahrungsgeschehen selbst unmittelbar offenbar sei. Darauf, daß die Erfahrung apriorisch konstituiert sei, kommt es an. Und insofern ist also die transzendentale Ästhetik und die transzendentale Analytik gerade die Aufbewahrung des Anliegens der Metaphysik, das in den metaphysischen Behauptungen sein Gewißsein über sich selbst nur vorgeben konnte. Die eigentliche Einsicht der Ästhetik und der Analytik ist, daß sie Einsicht über das apriorische Geschehen unseres Erkennens ist; damit begründet sie überhaupt erst die Metaphysik, indem sie allerdings zugleich ihre Setzungen und die Anmaßung, die als solche der Ausdruck des Bevormundetseins und der Täuschung über sich selbst des Denkens ist — in der es die schlechtere und unvollkommnere Aussage für die eigentlich genügende nehmen zu können meint —, verwirft. Die Thesen der Metaphysik brauchen hier gar nicht behandelt zu werden, und doch ist die Metaphysik begründet und die Anmaßung ihrer Aussagen verworfen. In der Dialektik dagegen verwirft das transzendentale Denken letztlich gar nicht mehr die alte, traditionelle Metaphysik, die mit der Ästhetik und Analytik eigentlich schon abgetan ist, sondern es setzt sich mit seinem eigenen Hang zur metaphysischen Behauptung auseinander.

In diesem Denken liegt selbst der Hang, die Kategorien und Grundsätze der Substanz, von Ursache und Wirkung usw. letztlich als Prinzipien zu nehmen, in denen sich das Denken in seiner Apriorität genügen könne und auf diese Weise im Ausgang von seinem Gebundensein in die Erfahrung schließlich doch zu einer behauptenden Aussage über das Unbedingte gelangen könne. Hier wird deswegen nicht eigentlich mehr die alte Metaphysik widerlegt, sondern der Hang des Denkens, das schon transzendentale Reflexion ist, im Ausgang von dem apriorischen Begreifen der Erfahrung doch noch zu einer behauptenden Metaphysik zu kommen. Was Kant hier über die rationale Psychologie, über die rationale Kosmologie und die rationale Theologie vorträgt, das ist gar nicht eine Auseinandersetzung mit der traditionellen Metaphysik, das ist eine Auseinandersetzung des transzendentalen Denkens mit sich selbst, sofern es unter der Versuchung steht, sich als behauptende Metaphysik zu gebärden. Dabei werden dann die Behauptungen der Seelenlehre, der Weltlehre und der Gotteslehre gerade nicht in der Weise gegeben, wie sie eigentlich für die alte Metaphysik stattgefunden haben, sondern sie werden so gegeben, wie es der dogmatischen Versuchung des Denkens entspricht, das transzendentales Sichverstehen in der Erfahrung ist. Die so verstandenen metaphysischen Behauptungen stellen sich nicht mehr als Behauptungen dar, die ein Unbedingtes abgesondert von der Erfahrung als für sich bestehend setzen sollen, sie sind vielmehr Behauptungen, wonach die Erfahrung selbst, die zunächst als Sichvollziehen eines in sich durchgängig bedingten Geschehens erscheint, in einem absoluten Sein vollendet werden könnte. Dies gilt nicht nur für die Frage nach der Welt, sondern auch für die Frage nach der Seele und nach Gott, die sich für dieses Durchführen der dogmatischen Versuchung des Denkens als Fragen nach der dogmatischen Fixierung der Bedeutung der Erfahrung selbst darstellen.

Für das alte metaphysische Denken ging es darum, das apriorische Geschehen des Denkens als solches durch den — ihm unangemessenen — Begriff auszudrücken, jetzt geht es darum, das apriorische Geschehen des Denkens, das seiner selbst auf die Weise der Erfahrung inne ist, als solches faktisch werden zu lassen, es als solches zum Festgestellten, zur behaupteten Erfahrung zu machen, m. a. W. es geht darum, die Autonomie des Denkens, die sich nach der alten Metaphysik durch den Begriff gerade als solche angeben sollte — wozu sich das Denken dann, indem es diese Autonomie meinte, als Medium des faktischen Begreifens bedienen mußte —, diese Autonomie jetzt selbst bloßes Faktum, bloßes begriffenes Vorausgesetztes werden zu lassen. In diesem Sinne hat das Ich der Metaphysik, von dem Kant handelt, um nichts mehr mit dem „Cogito" des Descartes zu tun, als der ontologische Gottesbeweis, den Kant widerlegt,[92] mit dem anselmischen oder cartesischen Beweise zu tun hat. Die Seele, auf die Kant sich bezieht, soll eine Seele sein, durch die das außereinander Befindliche doch schlechthin zu einer substantiellen Einheit zusammengenommen ist. Die Substanz, die sich in der Erfahrung gerade nicht als solche erreichen läßt, soll hier doch als behauptete sein. Der ontologische Gottesbeweis, auf den Kant alle anderen Gottesbeweise zurückführt, ist nicht etwa der alte metaphysische Beweis, nach dem das Begreifen durch sich selbst und auf seine Weise angeben soll, es gründe in dem Geschehen des Unbedingten schlechthin, sondern dieser ontologische Beweis ist ein Beweis, wonach das Begreifen von Gegebensein durch sich letztlich auch Begreifen des Unbedingten als solchen soll sein können, „daß ... unter der Bedingung, daß ich dieses Ding als gegeben (existierend) setze, auch sein Dasein notwendig (nach der Regel der Identität) gesetzt werde, und dieses Wesen daher selbst schlechterdings notwendig sei". Gegen diese vom dogmatischen Hange des transzendentalen Denkens erstellten Versuche,[93] das Unbedingte behauptend zu denken, richtet sich die transzendentale Dialektik, in der das reflektierende Selbstbewußtsein sich zu seinem Skeptizismus in bezug auf die ihm einwohnende dogmatische Versuchung, die es selbst nur in einer dogmatischen Form des Begreifens bekämpfen kann, bekennt.

Sicher hat Kant in der ›Kritik der reinen Vernunft‹ selbst dem auch nachgegeben, sich als Zermalmer der Metaphysik zu gefallen, aber die ›Fortschritte‹ zeigen es deutlich, daß dies gerade nicht die Aufgabe der Dialektik ist, sondern daß das transzendentale Denken hier im Kampfe gegen sein eigenes Versuchtsein steht. Und die ›Fortschritte‹ lassen dann aus dem Skeptizismus der Vernunft „der Metaphysik drittes Stadium" hervorgehen, den „praktisch-dogmatischen Überschritt zum Übersinnlichen", in dem nun theoretische Erkenntnis die Durchführung einer in sich praktischen unbedingten Bedeutung werden soll. Davon können wir hier nicht mehr handeln.[94]

Es ist offensichtlich, daß es Hegel angesichts dieser Situation leichtfallen mußte, die Metaphysik gegen den sie angeblich zermalmenden Kant in Schutz zu nehmen. Aber dieser Schutz, den Hegel der Metaphysik angedeihen läßt, ist keineswegs ein Unternehmen, das die alte Metaphysik wieder beleben und ihr Gerechtigkeit widerfahren lassen könnte. Die eigentliche Fortsetzung und Ausarbeitung der alten Metaphysik findet sich, wie gesagt, in der transzendentalen Ästhetik und Analytik. Alles Denken jedoch, das sich — angeblich verstehend und weiterführend — mit dem Begreifen des Unbedingten als Unbedingten befaßt, ist vielmehr von der philosophischen Reflexion der Aufklärung ab ein Sichbefassen mit sich des transzendentalen Denkens in seinem dogmatischen Hange, dem das Denken selbst nicht glauben kann. In solchem Sinne soll dann der an das Gegebene geknüpfte Begriff sich bei Hegel so lange selbst bearbeiten, bis er schließlich doch tüchtig sei, die Wahrheit des Seins durch sich anzugeben. In diesem Sinne hat Hegel Kant kritisiert. „Gerade jene Synthese des Begriffs und des Seins oder die Existenz zu begreifen, d. h. sie als Begriff zu setzen, dazu kommt Kant nicht. Existenz bleibt ihm ein schlechthin Anderes als ein Begriff."[94a] Diese Überwindung Kants ist aber nur ein Fortführen des dogmatischen Hanges der transzendentalen Vernunft, den Kant in der Dialektik angibt und sozusagen denunziert, indem er im dialektischen Denken die transzendentale philosophische Reflexion gerade skeptisch gegen diese Versuchung rettet. Wir können heute die metaphysischen Probleme für uns nicht mehr anders aufgreifen als gerade unter jenem dogmatischen Hang, den Kant in der ›Kritik der reinen Vernunft‹ auf seiner ersten Stufe dargestellt hat. Alle Bearbeitung dieses dogmatischen Hanges im Denken hebt ihn als solchen nicht eigentlich auf; und eine solche Bearbeitung und ein solches Ernstnehmen des Hanges läßt vor allem übersehen, daß es die eigentliche Aufgabe der philosophischen

Reflexion gerade wäre, sich im dialektischen Denken skeptisch gegen diesen Hang zu verhalten und auf diese Weise dem transzendentalen Sichverstehen, in dem unser Selbstbewußtsein steht, seine Autonomie zu erhalten. Es ist nicht die Doktrin, sondern die Kritik, um die es geht. An die Doktrin können wir — nach der philosophischen Reflexion der Aufklärung — nicht mehr glauben; die Kritik aber läßt sich vielleicht selbst als Kritik auch dann noch erhalten, wenn unser Denken auf eine dogmatische Darstellungsform nicht verzichten kann.

Wir haben nun hier im Zusammenhang mit der Erörterung der transzendentalen Dialektik von einem Skeptizismus des transzendentalen Denkens sprechen müssen, der nach Kant das zweite Stadium dieses Denkens ausmacht. Es ist dies ein Skeptizismus, der sich gegen die dogmatische Versuchung, die im transzendentalen Denken selbst noch liegt, richtet. Er betrifft nicht das transzendentale Sichverstehen des Selbstbewußtseins als solches. Ebenso ist auch der Skeptizismus, der die transzendentale Ästhetik und die transzendentale Analytik eigentlich erst hervorgehen läßt, nicht ein Skeptizismus, der die philosophische Reflexion als solche betrifft, sondern ein Skeptizismus, der sich aus der Autonomie des Denkens heraus gegen die Unangemessenheit des Begreifens richtet. Diese Formen eines der philosophischen Reflexion immanenten Skeptizismus, der allerdings nicht das Wesen der aufgeklärten philosophischen Reflexion als solches betrifft, werden erst im kantischen Denken möglich, dem es darum geht, in der transzendentalen Reflexion auch noch das faktische Begreifen zu überwinden. Die philosophische Reflexion der Aufklärung ist als solche gerade nicht durch den Skeptizismus bezeichnet, weder bei Hume noch bei Kant. Wenn Kant und nach ihm Hegel glauben, bei Hume Skeptizismus ausmachen zu können, so liegt dies daran, daß sie seine Lehre, wozu der Zustand, in dem er das Begreifen stehen ließ, den Anlaß gab, in einer rationaldogmatischen Auslegung aufnahmen. Die Revolution der Denkungsart, die mit der aufgeklärten philosophischen Reflexion (nicht mit der ›Kritik der reinen Vernunft‹ als einem in der weiteren Ausführung dieser Art Reflexion stehenden philosophischen Werke) vollzogen ist, enthält als solche gerade gar nichts von Skeptizismus, wie denn auch Berkeley sowohl als Hume, die Hegel vornehmlich für den Skeptizismus anführt, das skeptische Denken rigoros abgelehnt und ihre philosophische Arbeit als Überwindung des Skeptizismus dargestellt haben. Der Skeptizismus gehört dem dogmatischen Denken zu, das in sich aufgeklärte Denken meint gerade das Geschehen des Denkens als Sichbestätigen und als Gemäßsein.

2. Die Besinnung der aufgeklärten philosophischen Reflexion auf sich: das Gespräch

> Was ist herrlicher als Gold? fragte der König. — Das Licht, antwortete die Schlange. — Was ist erquicklicher als Licht? fragte jener. — Das Gespräch, antwortete diese. (Goethe, Das Märchen)

a) Die Dialektik von Wissen und Behaupten, von „Daß" und „Was"

In dieser Rücksicht wird es nützlich sein, nun unabhängig von der Version, die wir in der transzendentalen Dialektik finden, noch darzustellen, welches denn die eigentliche Stellungnahme der aufgeklärten philosophischen Reflexion, d. h. des transzendentalen Sichverstehens des denkenden Selbstbewußtseins, zu der Problematik der alten Metaphysik ist. Die transzendentale Ästhetik und die transzendentale Analytik, sagten wir, sind in gewisser Weise die echte Fortentwicklung dieser Problematik, aber sie sind diese Fortführung doch nur in ihrem ersten Teile, nämlich in der Zuwendung zur Erfahrung. Hier aber nehmen sie sich dadurch, daß sie die Apriorität der Erfahrung in Kategorien und Grundsätzen sogleich dogmatisch festlegen, die Möglichkeit, die metaphysischen Probleme frei auf die Weise der Erfahrung auszutragen. Die Erfahrung ist als solche in sich beschlossen und deswegen nicht mehr imstande, von sich her die ganze Problematik des Sichbezeugens des Unbedingten zu eröffnen. Dies konnte aber, in der Bindung an das faktische Begreifen, sehr wohl in der Philosophie Humes möglich sein, wo es die transzendentale Reflexion noch nicht damit zu tun hat, daß sie sich selbst als solche auf die Weise ihres Begreifens verstehe. In den ›Dialogen über natürliche Religion‹ hat Hume davon gehandelt, auf welche Weise und in welchem Maße denn das aufgeklärte philosophische Bewußtsein dessen gewiß sein könne, was die traditionelle Metaphysik unter dem Namen Gottes als das unbedingte Sein hatte begreifen wollen.[95] Die Metaphysik hat freilich Begriffe aufgestellt und Namen auf diese Begriffe bezogen, in denen das Denken sich selbst nicht eigentlich entsprochen hat. Aber es liegt diesem allem doch ein Anliegen des vernünftigen Selbstbewußtseins zugrunde, und auf dieses Anliegen können wir zurückgehen, wenn wir uns, auch ohne einen deutlichen Begriff feststellen zu können, auf die Gotteslehre der alten Metaphysik beziehen.

In seinen ›Dialogues concerning natural religion‹ läßt Hume drei gebildete Männer sich miteinander unterreden. Er sagt dazu in einer Vorbemerkung, daß er die Form der Unterredung als eine Stilform gewählt habe, vermittelst deren sich die Problematik, die er zu behandeln vorhabe, besonders eindringlich darstellen lasse.[96] So dürfen wir diese Unterredung als ein Gespräch der philosophierenden Seele mit sich selbst verstehen, in dem diese der verschiedenen Standpunkte bedarf, um sich über das, was sie bedenkt, sich selbst deutlich machen zu können, sich dieses Anliegen eigentlich faßlich machen zu können.

Das Fragen nach Gott verlangt offenbar eine Haltung der denkenden Seele, in der diese für sich selbst den Charakter der Unterredung annimmt. Das Denken geschieht hier nicht in der Form einer Doktrin, die einfach erstellt wird, es geschieht nicht auf die Weise eines durch ein einzelnes Individuum vorgebrachten und in sich beschlossenen Behauptens. Indem das reflektierende Selbstbewußtsein so im Bedenken der Gottesfrage für sich selbst auf die Weise der Unterredung geschieht, da ist es eben damit Offenheit für das autonome und öffentliche Geschehen von Urteilen und imstande, das Wissen um das Unbedingte von sich her und aus sich selbst sprechen zu lassen. Dieses Offensein für das Anliegen, das mit der Frage nach Gott schon in der menschlichen Vernunft statthat, wird in dem Dialog dadurch ausgedrückt, daß die drei Männer, die sich da unterreden, darüber einig sind, daß das Unbedingte als solches geschieht, daß wir dafür den Namen Gott als für etwas in Wahrheit Gewußtes setzen, daß damit aber noch nicht angegeben sei, was denn dieses Wissen eigentlich bedeute, und daß man zu solchem Wissen offenbar eben nicht auf die Weise bloßen Behauptens, sondern nur durch dieses freie und öffentliche Urteilen, wie es in der Unterredung statthat, kommen könne.

Wir wissen das „Daß" Gottes, wir sind aber nicht ohne weiteres imstande, uns einsichtig zu machen, was dieses „Daß" denn eigentlich bedeute. Daß wir das „Daß" Gottes wissen, bedeutet nicht, daß er uns — bestimmungslos — gegeben sei, daß wir ihn wenigstens als reines und bloßes Faktum hätten, wie Kant dies wohl in der transzendentalen Analytik einmal vom „Ich denke" hat behaupten wollen. Das „Daß" im Sinne des Gegebenseins und des Faktums haben wir vielmehr einzig an den *impressions*, die sich als solche dann immer auch schon in ihrem Bestimmtsein darstellen. Diese *impressions* aber sind, obwohl sich das apriorische Geschehen des Denkens durch sie darstellt, in sich beschlossen und weisen in ihrem Dasein nur sich selbst aus. Der natürlichen Religion geht es gerade darum, über diesen Begriff vom Dasein, den Kant dann in der transzendentalen Dialektik für die Frage nach der Existenz Gottes wieder einführt, hinauszukommen. Eben weil die *impressions* in sich beschlossen sind und immer nur sich selbst bezeugen, sind sie nicht imstande, das Fürsichsein des Denkens in seiner unbedingten Bedeutung durch sich ganz auszumessen und anzugeben, sondern das freie und öffentliche Wesen von Urteilen geschieht immer auch noch als das Statthaben des unbedingten Bedeutens selbst: der Mensch ist Sichverstehen nicht nur in den Bestimmungen der *impressions*, sondern auch darin, daß seine Vernunft als solche das Geschehen freien und öffentlichen Urteilens ist, und insofern es ihm in solchem Sichverstehen um die Bedeutung dieses Sichverstehens geht, ist er von der Gottesfrage als einem ursprünglichen Anliegen der Vernunft betroffen.

Auch hier zeigt sich wieder, was Kant im ›Streit der Fakultäten‹ erörtert hat: die Lehre der unteren Fakultät allein — in ihrer direkten Bedeutung, wie sie auf die Naturwissenschaften und die Geschichtswissenschaften geht, genommen — tut es nicht; zum Sichverstehen des Menschen gehört auch die Lehre der oberen Fakultäten, und hier hängt offenbar das Gottesverständnis unmittelbar mit dem Sichverstehen des Menschen in der Gesellschaft, in der es ja um das wechselseitige Sichverstehen der Menschen als Menschen geht, zusammen: aber nicht einfach so, wie man es im populären Denken gerade auch in der Zeit der Aufklärung hat herausstellen wollen, daß die Regierung sich der Religion zu ihren Zwecken klüglich bedient, sondern so, daß Regierung und Gottesglaube in einem wechselseitigen Verhältnis zueinander nur so statthaben können, wie es dem Sichselbstverstehen des Menschen im Geschehen seiner Vernunft als freies und öffentliches Urteilen entspricht. Und da ist es dann allerdings für die Philosophie der Aufklärung so, daß Gottesfrage wie Regierung nur aus der freien und öffentlichen — urteilenden — Unterredung ihre wahre Bedeutung bekommen können, und nur so bekommen können, daß dabei gerade keine Doktrin und kein Behaupten möglich ist, sondern wir uns dessen bewußt sind, daß das Sichbezeugen des Unbedingten in unserm Dasein immer nur auf die Weise seines bloßen Erscheinens — d. h. in einer Art von Gewißheit, die den Charakter des Behauptens gerade nicht haben kann (der nur dem bevormundeten Denken zugehört), sondern nur in der Weise eines Lebensvollzuges, der in der Bescheidung geschieht, angemessen erfahren, bestimmt und gelebt werden kann — gewußt werden kann.

In der Frage nach Gott geht es darum, daß das vernünftige Selbstbewußtsein schlechthin verstehe; d. h. es selbst so sei, daß es verstehe, was es selbst eigentlich bedeutet. Hier kommt die Philosophie der Aufklärung mit dem Anliegen der traditionellen Metaphysik ganz überein, wenn Descartes etwa in der dritten Meditation durch das Wissen um Gott dazu gelangt, das „Ich denke", das er zunächst nur als notwendiges Faktum gesetzt hatte, in sich selbst zu verstehen. Aber die philosophische Reflexion der Aufklärung findet solche Gewißheit eben nicht mehr durch begriffliche Setzung, sondern in dem Wissen darum, daß das freie und öffentliche Geschehen von Urteilen nur in der Bindung an die *impressions* und durch sie statthaben kann. Das Wissen um Gott läßt sich nicht in einer sogenannten Abstraktion von dem Geschehen unseres Wissens als Wissen von dieser Welt loslösen und für sich setzen. Unser Begriff von Gott kann nicht der Begriff von einem für sich bestehenden Existierenden sein, von dem wir dann sagen könnten, wir wüßten es nur in seinem „Daß", könnten aber sein „Was" nicht erkennen. Das Wissen von Gott geschieht vielmehr nur, wenn unser Wissen auch schon Wissen in den *impressions* ist; indem unser Wissen als Wissen in den *impressions* stattfindet, da ist es zugleich auch Sichverstehen als freies und öffentliches Urteilen, und es kann ihm in solchem Sichverstehen selbst um die unbedingte Bedeutung solchen Sichverstehenkönnens gehen.

Wir können also zur Gottesfrage nicht ohne die *impressions* kommen, aber die Problematik der natürlichen Religion, wie Hume sie uns vorstellig macht, ist doch eine ganz andere als etwa die des Pantheismus, der sich freilich einer nichtphilosophischen Reflexion im aufgeklärten Denken leicht nahelegt. Für den Pantheismus ist die gegebene und begriffene Welt der Ausgangspunkt, von dem aus und durch den der Begriff der schaffenden Natur bzw. der Begriff Gottes erlangt wird. Solches Denken bleibt dogmatisch auf das Gegebensein bezogen und versteht von ihm her die unbedingte Bedeutung. So verhält es sich für Hume gerade nicht: daß das Wissen um Gott durch das Wissen der Welt geschieht, das bedeutet hier nicht, daß Gott durch die Welt und von der Welt her angegeben werden könne, sondern es bedeutet, daß wir dessen innesein müssen, daß uns das Wissen um Gott gerade nur in einem faktischen Erkennen aufgeht, das in sich selbst beschlossen ist und nur sich selbst in seinem Bestimmtsein bezeugt, daß wir Gott also gerade nur auf die Weise eines Wissens haben, das sich durch sich gerade nicht als Wissen um Gott angibt. Das ist es, was Kant dann wieder dadurch so stark eingeprägt hat, daß er sagt, alles unser Erkennen geschehe nur als ein Erkennen in bloßer Erscheinung. Obwohl sie das Sichdarstellen des unbedingten Wesens des Wissens ist, bezeugt die erscheinende Welt in ihrem Bestimmtsein doch nur sich selbst und sonst nichts; deswegen eben haben wir das Wissen um das „Was" Gottes nicht unmittelbar und erfahren uns auf ein faktisches Erkennen zurückgeworfen, das nicht mehr bezeugt als eben sich selbst.

Daß in dieser Situation des in der Welt erkennenden vernünftigen Selbstbewußtseins die Gottesfrage überhaupt stattfindet, das kann also nicht vom Gegebensein der *impressions* her verstanden werden, es kann nur daraus verstanden werden, daß das erkennende Selbstbewußtsein, indem es in den *impressions* erkennt, an sich selbst doch das freie und öffentliche Wesen des Urteilens ist, daß die erkennende Seele in ihrer eigenen Natur das freie und wechselseitige Sicheröffnen ist, als das sie sich sogar in ihrer Einsamkeit verstehen kann, daß sie, wie Hegel es dann weiter entwickelt hat, Gemeinde der vernünftigen Wesen ist. Das vernünftige Selbstbewußtsein hat in bezug auf die Frage nach dem Unbedingten die Natur des Gesprächs. Das Wesen des freien und autonomen Urteilens könnte sich nicht als solches ausdrücken, wenn das Wissen um das Unbedingte einfach auf die Weise der Kontemplation geschehen würde, als ein Sichhingeben an die Bedeutung des Unbedingten, so wie uns auch Descartes noch die Haltung der Seele, die sich zum Gottesbeweis erheben will, geschildert hat oder wie — in früherer Zeit — der hl. Anselm den ontologischen Gottesbeweis unmittelbar mit dem Gebet verbunden hat. Für die aufgeklärte philosophische Reflexion ist es nicht die Kontemplation, sondern das Geschehen des Denkens als Urteilen, durch das allein sich das Wissen um Gott auf angemessene Weise eröffnen kann. Durch die *impressions* hindurch muß die Urteilskraft für sich selbst als Urteilskraft geschehen und dadurch der Erkenntnis der Welt eine Bedeutung geben, in der diese Erkenntnis durch sich — erscheinend — angeben kann, was das Geschehen des Unbedingten eigentlich meine und bedeute. Die *impressions*, die immer nur sich selbst bezeugen können und in sich selbst in ihrem Gegebensein beschlossen sind, sollen so gerade auf der Weise solchen Beschlossenseins in sich auch noch eine Bedeutung tragen, in der das unbedingte Geschehen des Urteilens sich selbst als solches meint und sich selbst ein „Was" seiner Bedeutung gibt.

Es soll sich von den *impressions*, von der erscheinenden Welt her eröffnen, was das unbedingte Geschehen des Urteilens an sich selbst bedeute, was es bedeute, daß die Welt nicht einfach als etwas Gegebenes da ist, sondern an sich selbst das Geschehen des unbedingten Wesens des Denkens ist. Die erkenntnistheoretische Reflexion zeigt, daß die gegebene Welt das Geschehen der unbedingten Bedeutung des Wissens ist; die religionsphilosophische Reflexion soll zeigen, was dieses Sichvollziehen der unbedingten Bedeutung auf die Weise der erscheinenden Welt in sich selbst eigentlich meine, sie soll daher auch zeigen, was das Dasein der Welt selbst letztlich meine und bedeute. Solche Einsicht aber kann eben nur im Durchgang durch das Beschlossensein der *impressions* in sich selbst erlangt werden, d. h. sie kann eben doch nur gewonnen werden, indem Feststellungen getroffen werden, indem Behauptungen, die sich an das Gegebene halten, ausgesprochen werden; es ist gerade nicht möglich, dieses Feststellen und Behaupten einfach zu überfliegen. Aber dieses Feststellen und Behaupten soll und darf eben keinen metaphysischen Charakter gewinnen, es darf von vornherein immer nur der Ausdruck und das Sichdurchführen des Geschehens von Urteilen sein, es darf an sich selbst nur als der Vollzug eines Gesprächs, das sich selbst als Durchführung des freien Urteilens weiß, verstanden sein.

b) Das wechselseitige Sicheinschränken der Behauptungen

Wenn aber die *impressions*, wenn die erscheinende Welt so an sich selbst die Bedeutung des Gesprächs, des Sichdurchführens von Urteilen haben soll, dann wird diese Bedeutung nur dann ganz hervorgehen, wenn das Urteilen sich in solchem Gespräch in allen Momenten austräge, die darin enthalten sind, daß hier das unbedingte Wesen des Denkens sich selbst auf die Weise der in sich beschlossenen *impressions* meint. Das macht das Künstliche des Dialoges aus, daß im Gespräch gerade nur die verschiedenen Momente vorgetragen, vertreten und verteidigt werden, die sich für diese Situation, daß das unbedingte Wesen von Denken und Urteilen sich selbst als solches auf die Weise des in sich beschlossenen Gegebenseins der *impressions* meinen solle, wesentlich ergeben. Dabei zeigt sich, wie es dann später in der dialektischen Metaphysik für das Sichverstehen des Menschen auch wieder in gewandelter Bedeutung charakteristisch sein wird, daß für die volle Ausgestaltung des Gesprächs der Seele, in dem es um das Sichselbstverstehen des Wissens in seiner unbedingten Bedeutung geht, drei Positionen des Denkens eingenommen werden müssen. Es ist also, um dies zu wiederholen, dafür, daß die Gottesfrage überhaupt in angemessener Weise gestellt werden kann, entscheidend, daß die erkennende Seele in die Haltung des Gesprächs (nicht der Kontemplation) eintrete; aber in dieser Haltung des Gesprächs kann es nun zur in sich abgerundeten und ganz in ihrem möglichen Umfang ausgemessenen und damit auch sich selbst erst recht entsprechenden Einsicht nur kommen, wenn in ihm — eben immer in der Grundeinstellung des Miteinandersprechens — auch alle Momente berücksichtigt werden, die sich für das denkende Selbstbewußtsein in dieser Situation ergeben.

Die drei Momente, die nur in der Haltung des Gesprächs in ihrer eigentlichen Bedeutung hervortreten und nur in dieser Haltung angemessen entwickelt werden können, ergeben sich daraus, daß die unbedingte Bedeutung des Wissens, um sich in ihrem „Was" bestimmen zu können, auf das Beschlossensein in sich des Erscheinenden verwiesen ist. Das bedeutet zum ersten, daß in diesem Gespräch die Welt als der Ort des Sichoffenbarens des Unbedingten anerkannt sein muß und die Welt von sich her dem Wissen des Unbedingten die Möglichkeit geben muß, sich in der Bedeutung seines „Was" zu bestimmen. In dieser Einstellung, die das erste Moment in dem Sichdurchführen des denkenden und frei urteilenden Selbstbewußtseins als Gespräch über die Natur Gottes darstellt, würde sich die Welt dem Denken also als der Ort darstellen, der uns über das „Was" des Seins Gottes belehren kann. Gegen dieses erste Moment im Gespräch stellt sich als zweites ebenso wesentliches Moment dies, daß sich uns die erscheinende Welt immer nur so gibt, daß sie dabei in ihrem Bestimmtsein in sich beschlossen ist und nichts anderes bezeugt als eben sich selbst in ihrem Vorhandensein und Bestimmtsein. Hier hätten wir nach der positiven Anerkennung der Bedeutung der Welt für unser Verstehen dessen, was Gott eigentlich sei, das skeptische Moment, das die erkennende Seele in dem Gespräch über die Natur Gottes auch immer schon eben deswegen sein muß, weil die Welt, wie sehr auch behauptet werde, sie bezeuge uns das „Was" Gottes, doch direkt niemals etwas anderes geben kann als sich selbst in ihrem Bestimmtsein. Diese beiden Positionen haben gemeinsam, daß sie, um eine Bestimmung der Natur Gottes finden zu können, ihren Ausgang von der erscheinenden Welt und deren Beschlossensein in sich selbst nehmen. Es bleibt als drittes wesentliches Moment für das Bedenken der Natur Gottes im Gespräch noch übrig, daß die erscheinende Welt dadurch, daß sie so nur auf sich selbst bezogen ist, die Natur Gottes, indem sie sie durch sich angibt, doch nur auf negative Weise angibt, nämlich durch sich Gott so anzeigt, daß sie anzeigt, Gott könne durch die Welt, die immer nichts gebe als sich selbst, gerade nicht in seiner Göttlichkeit verstanden werden. Diese drei Positionen stecken zusammen den ganzen Umfang ab, in dem die Seele, die die Frage nach Gott in der Haltung des Gesprächs angeht, einer Beantwortung dieser Frage Gestalt zu geben versuchen kann. Dabei sind also die einzelnen Positionen nicht als dogmatische Behauptungen zu verstehen, sondern als Feststellungen, die die Seele, der es auf die Weise des Gesprächs um Gott geht, aufnehmen muß, um die Bedeutung dessen, worum es ihr geht, bestimmen zu können.

Wir sehen, daß in diesem Gespräch und damit in der Haltung des Denkens im Gespräch dergestalt ein dogmatisches, ein skeptisches und schließlich — wenn wir so sagen dürfen — ein negativ dogmatisches Moment auftreten. Analog hat Kant in den ›Fortschritten der Metaphysik seit Leibnizens und Wolffs Zeiten‹ das Fragen seiner eigenen kritischen Philosophie nach der Metaphysik in drei Momenten bestimmt.[97] Das erste Moment der Metaphysik ist das dogmatische Moment, das sich für Kant in der transzendentalen Ästhetik und der transzendentalen Analytik darstellt. Es folgt dann der skeptische Stillstand der Vernunft, der in den Antinomien seinen Ausdruck findet. Schließlich folgt ein abermals dogmatisches Moment, das den Überstieg über die theoretische Reflexion, wie sie in den beiden voraufgehenden Momenten vorstellig gemacht wurde, anzeigt. Dieses dritte Moment ist bei Kant im Unterschied zu der Darstellung Humes auch in bezug auf unsere Welterkenntnis in gewisser Weise positiv charakterisiert. Für Hume steckt in dem faktischen Bezogensein der *impressions*, d. h. der erscheinenden Welt bloß auf sich selbst auch ein Beschränktsein unseres Erkennens, das es gerade als verfehlt erscheinen läßt, sich von ihm aus zu einem positiven Gottesverständnis zu erheben, uns vielmehr Gott, indem es uns das Wissen um ihn durch sich gibt, gerade als das der Welt gegenüber schlechthin Andere wissen läßt. Für Kant dagegen ist das faktische Geschehen des Gegebenseins der Welt immer schon ausdrücklich als das Geschehen der unbedingten Bedeutung des Wissens auf die Weise des Erscheinens offenbar, und so fällt hier die schlechthin negative Weise, auf die die Welt nach Hume im dritten Moment durch sich Gotteserkenntnis gibt, hinweg. Interessant ist aber auch, daß sowohl für Hume als auch für Kant ein skeptisches Moment in die transzendentalphilosophische Besinnung auf die Gottesfrage gehört. Dieses skeptische Moment können wir deswegen nicht vermeiden, weil das Gegebensein der Welt, es mag in noch so angemessener Weise durch die transzendentale Reflexion als das Sichdurchführen der unbedingten Bedeutung des Wissens und des Urteilens erschlossen sein, doch direkt immer nur sich selbst in seinem Bestimmtsein angibt.

Dieser Skeptizismus betrifft nicht die philosophische Reflexion des aufgeklärten Denkens als solche; dagegen haben sich ja Hume und Kant gleichermaßen ausdrücklich verwahrt, wenn auch der letztere dabei fälschlich annahm, Hume sei doch ein Skeptiker gewesen. Die Haltung der aufgeklärten philosophischen Reflexion ist als solche eben dadurch bestimmt, daß das denkende Selbstbewußtsein für sich selbst als freies und öffentliches Urteilen und als Gespräch geschieht. In dieser Haltung ist das denkende Selbstbewußtsein darüber erhoben, daß es vom Bestimmtsein des Gegebenen her in seiner Bedeutung festgelegt werden könnte; es geschieht vielmehr auf die Weise der bestimmten Erkenntnis als das unbezügliche und bestimmungslose Bedeuten, das als solches durch die Modifikationen des Begreifens im Bestimmten gar nicht betroffen werden kann, sondern an diesen Modifikationen nur die Durchführung seiner selbst hat, deren es bedarf, um der Bedeutung, die es vor aller Bestimmung immer schon ist, ihre erscheinende Gestaltung zu geben. In diesem Sinne gehört dann in die Durchführung des Wissens, das die Seele, die in das Gespräch über die Natur Gottes eingetreten ist, für sich selbst ist, der Skeptizismus in dem Sinne hinein, daß wir uns auch in dieser Haltung ständig gegen die Versuchung erhalten müssen, das Gegebensein der Welt als ein solches zu nehmen, das durch sich, durch sein Sichdarstellen und Sichbezeugen die Natur Gottes auf selbstverständliche Weise angeben könnte. Das ist die Versuchung zum Dogmatismus des Denkens, dem das Denken eben aus der Natur des Gegebenseins des Erscheinenden heraus nie entgehen kann. Daher gehört der Skeptizismus in die transzendentalphilosophische Reflexion; aber er gehört zu ihr nicht als ein das Denken in dieser Reflexion bestimmendes Merkmal, sondern als ein Moment im Sichdurchführen dieses Denkens, sofern es sich selbst durch das Erscheinende Gestalt und Begriff zu geben sucht. Die dialektische Metaphysik, die aus der philosophischen Reflexion der Aufklärung folgt, ist dieser die Versuchung zur Behauptung einschränkenden und zurückweisenden Bedeutung des skeptischen Momentes innerhalb der transzendentalen Reflexion nicht mehr gerecht geworden, sondern hat dieses Moment selbst wieder dogmatisch genommen, und so die unbedingte Bedeutung des Wissens in das skeptische Negieren selbst verlegt und dieses dadurch als ein positives Moment des Geistes bestimmt.

Was aber dann das dritte Moment angeht, dem sich im Bedenken der Natur Gottes weder die dogmatische noch die skeptische Tendenz verschließen können, dieses dritte Moment, das bei Hume nur negativ, bei Kant aber auch positiv für das Bestimmen der Natur Gottes charakterisiert ist, so wird es in der dialektischen Metaphysik zur Einkehr des Geistes in sich selbst, die (weil es hier darum geht, daß das Denken in allem Versuch, auf die Weise der erscheinenden Welt seine unbedingte Bedeutung zu gestalten, doch immer sein Insichsein ist, das durch das Beschlossensein in sich des Erscheinenden nicht direkt bezeichnet werden kann) als das die beiden anderen Momente in sich zusammenschließende höhere und sie vollendende Dritte betrachtet wird, das, weil es doch wieder faktisch angegeben werden muß, unmittelbar wieder das Erste, die positive Behauptung, wird. Bei Hume kommt der Vertreter dieses dritten Momentes schlecht weg, weil in dem Herauskehren der bloß negativen Bedeutung des Erscheinenden für die Bestimmung der Natur Gottes, das preisgegeben wird, was den eigentlichen Gewinn der philosophischen Reflexion der Aufklärung ausmacht, nämlich, daß die gegebene Welt gerade als solche der Ort des Sichbestätigens des Denkens für sich selbst in seinem Geschehen als unbedingte Bedeutung sei. Gleichwohl gehört dieses Moment in das Sichverstehen des denkenden Selbstbewußtseins, das in der Haltung des Gesprächs nach der Natur Gottes fragt, hinein; daß die *impressions* als das Sichdurchführen der unbedingten Bedeutung des Wissens verstanden sind, das beschließt für die Frage nach der Bedeutung dieses unbedingten Geschehens, d. h. für die Frage nach der Natur Gottes, gerade ein, daß die *impressions* von sich her auch ausdrücklich einsehen lassen, daß sie durch sich diese Bedeutung nicht angeben können. Dieses negative Moment macht ein wesentliches Ingredienz der Bescheidung aus, in der die transzendentalphilosophische Reflexion sich selbst versteht. In dem Dialog Humes kommt freilich damit, daß dieses negative Moment — wie es sich aus der Bindung der Reflexion an das faktische Auffassen des Gegebenen erklärt — den Zug einer dogmatischen Verneinung der positiven Erkenntnis Gottes durch die Erkenntnis der Welt bekommt, eine gewisse Aversion gegen solche Verneinung zum Ausdruck, die in der philosophischen Reflexion der Aufklärung — und als ihr eingeordnet und aus ihr nicht hinausweisbar — der positiven Einsicht, in die diese Reflexion für sich selbst ihre eigentliche Bedeutung legt, so nachdrücklich zu widersprechen scheint.

So haben wir an den ›Dialogen über natürliche Religion‹ das eigentliche Dokument dafür, was Gotteserkenntnis für das aufgeklärte philosophische Denken bedeutet. Dieses Denken kann nicht mehr wie das metaphysische Denken ein Fragen nach der Existenz Gottes sein, es kann in keiner Weise mehr einen theoretischen Gottesbeweis in sich enthalten. Denn die Frage nach der Existenz kann sich für dieses Denken nur in bezug auf die *impressions* und im Zusammenhang mit den *impressions* stellen. Die Frage nach Gott ist nicht ein Fragen nach Existenz, sondern die Frage nach dem Verstehen der unbedingten Bedeutung, die sich auf die Weise unseres Erkennens einer gegebenen Welt von daseienden Dingen stellt. Die Existenz der Dinge und das Begreifen dieser Existenz der Dinge ist die Art und Weise, durch die wir uns auf Gott besinnen müssen, aber wir meinen dabei die unbedingte Bedeutung des Geschehens unseres Denkens, die sich auf die Weise der Existenz der Dinge selbst nur erscheinend angibt. Daß wir uns aber vor die Frage nach Gott bringen und auch wissen, um was es in dieser Frage geht, selbst wenn wir zunächst nicht wissen, wie wir das, um was es uns geht, angeben sollen, das geschieht, indem das reflektierende philosophische Bewußtsein sich von aller Zuwendung zum Behaupten über das Unbedingte abwendet und für sich selbst in die Haltung des

Gesprächs oder des freien und öffentlichen Urteilens, das sich einer öffentlichen Prüfung der Überlegungen stellt, eintritt. In dieser Haltung geschieht ein Sichverstehen des denkenden Bewußtseins, von dem man sagen kann, es sei darin Gottes gewiß, auch wenn es noch nicht angeben kann, was das denn eigentlich bedeute, dessen es da gewiß ist. Durch diese Haltung des reflektierenden philosophischen Bewußtseins selbst, in die das philosophische Denken nur eintreten, die es aber nicht durch Bestimmungen angeben kann, ist also der alte metaphysische Gottesbeweis abgelöst; hier geschieht Gottesgewißheit so, daß sie darum weiß, daß ihr durch ein vom Vorausgesetzten ausgehendes bestimmendes Begreifen gerade nicht entsprochen werden könnte. Diese philosophische Gottesgewißheit steht daher in gar keinem direkten Verhältnis zur metaphysischen Gotteslehre, sie widerlegt diese auch nicht etwa direkt, sondern ist eben der Ausdruck dafür, daß an die Stelle einer philosophischen Reflexion, die aus dem bevormundeten Denken geschieht, das Sichverstehen des Denkens in seinem Geschehen als unbedingte und unbezügliche Bedeutung getreten ist.

Die Gottesgewißheit ist nicht mehr eine Gewißheit, die wir auf die Weise eines Beweises vom Dasein Gottes hätten, sondern eine Gewißheit, in der wir, wenn die Seele sich selbst in der Haltung des Gesprächs zu verstehen sucht, aus unserm Verstehen der Existenz der Dinge dieser Welt heraus stehen. Wir wissen aber damit, daß wir in einer solchen Haltung stehen, noch nicht, was diese Gewißheit eigentlich bedeute, wir verstehen die Bedeutung des unbedingten Geschehens noch nicht als solche. Wir können sie uns nur im diskursiven Raisonnement von dem gegebenen Erscheinenden her eröffnen, und als dieses Raisonnement eben geschieht das Gespräch, wird die geistige Haltung des offenen und freien Urteilens durchgeführt. Dieses Gespräch kann nur durch Behauptungen und Feststellungen geführt werden, aber das Sicherhalten der reflektierenden Vernunft im Gespräch verlangt, daß keine dieser Behauptungen für sich gelte, sondern daß jede in ihrem Anspruch auch schon eingeschränkt sei; dies geschieht durch die Gegenbehauptung, die, indem sie vorgebracht wird, auch schon wieder der Einschränkung des in ihr liegenden Anspruchs bedarf, der wieder nur behauptend entsprochen werden kann. So findet die Reflexion im Fragen nach der Natur Gottes in einem Zustande statt, in dem sie ständig genötigt ist, sich selbst durch Aussagen Bestimmung zu geben, aber ihre Aussagen niemals aufstellen kann, ohne durch eine Gegenaussage bemerklich zu machen, daß keine Behauptung durch sich dem von ihr Gemeinten genügen kann. Aussage sowohl als auch Gegenaussage sind beide ungenügend; es ist das Ungenügen der Aussage, das die Gegenaussage verlangt, aber diese Entgegnung, die nicht vermieden werden kann, enthält auch — auch gerade insofern sie entgegnet — etwas Ungenügendes und tut mehr und anderes, als die bloße Einschränkung eigentlich meinte, und wir erhalten uns in einem Zustand des ständigen Sichbemühens (nicht des Strebens) der Reflexion, in dem doch Eindeutigkeit des Wissens niemals hervorgehen kann. Wir wissen darum und fahren doch fort, uns über die Natur Gottes zur Einsicht zu bringen.

c) *Das Ganze des Denkens als Basis des gesellschaftlichen Selbstbewußtseins*

Durch unsere behauptenden Aussagen, durch das diskursive Raisonnement kann es uns nicht gelingen, der Bedeutung des Unbedingten so inne zu werden, daß unser Begreifen ihm angemessen sein könnte. Weder das dogmatische, noch das skeptische, noch das, wenn wir so sagen wollen, pietistische Raisonnement können im reflektierenden Selbstbewußtsein so vorgebracht werden, daß sie — auch nur im Entstehen volle Überzeugungskraft für die Reflexion hätten, sondern schon im Entstehen rufen sie ihre Einschränkung herbei, die sich doch, sofern sie sich behauptend gibt, auch schon mehr anmaßt, als für die Einschränkung eigentlich erfordert wäre. Man kann sagen, daß das reflektierende Selbstbewußtsein, das diese Haltung des Gesprächs einnimmt, in sich alle die besonderen Überzeugungen zusammendrängt, die in einer einseitigen Rechthaberei, der das reflektierende Selbstbewußtsein sich in Wahrheit gar nicht unterwerfen kann, einzelne Individuen oder Überzeugungsgemeinschaften in der Gesellschaft einnehmen und als Dogma vertreten können. Sie würden sich als Klassen der Gesellschaft darstellen und ihre Haltung zu Regierung und Kirche sowie auch die Stellung, die sie sich im öffentlichen Leben geben können, wären dadurch bestimmt. So hätten wir auch in dem Gespräch, wie Hume es uns vorstellt, in Cleanthes, der das dogmatische Denken vertritt, einen Repräsentanten der konservativen, gehobenen Klasse; wir hätten in Philo den intellektualistischen Vertreter des Fortschritts, der in den gegebenen Zuständen die Inkarnation des Unbedingten nicht erblicken kann; wir hätten schließlich in Demea den Enterbten, der alles desavouiert und negiert, was an weltlicher Institution gegeben sein kann, weil es aus Prinzip dem Unbedingten nicht genügen kann. Diesem ihrem geistigen Habitus entsprechend hat Hume die drei Gesprächsteilnehmer wohl auch in einer gewissen Abstufung ihrer gesellschaftlichen Position vorgestellt. Aber in Wahrheit kann das denkende

Selbstbewußtsein nicht durch irgendwelche Klassenzugehörigkeit angegeben werden, mag der Mensch auch in der Gesellschaft durch eine solche Position mehr oder weniger bestimmt sein. Jeder Mensch nimmt in seinem Denken und Selbstbewußtsein die besonderen Ausprägungen der Reflexion in sich zusammen; er kann im bevormundeten Denken das Miteinander der verschiedenen Weisen zu raisonnieren, in denen sich sein Sichverstehen in bezug auf das Unbedingte ausdrückt, verstellen, aber er kann dieses Geschehen seines Denkens nicht als solches austilgen. Die aufgeklärte philosophische Reflexion aber ist dadurch ausgezeichnet, daß sie, um dieses Zusammengehören der drei Weisen zu denken — die alle darauf hintendieren, das Sichverstehen des Menschen in seinem Verhältnis zum Unbedingten auf ein besonderes Klassenbewußtsein festzulegen, d. h. auf eine besondere Weise festzulegen, unter der sich das reflektierende Selbstbewußtsein als solches behauptend ausdrücken könnte —, ausdrücklich weiß, daß sie weiß, daß menschliches Selbstbewußtsein als solches durch diese dreifache Ausprägung des Raisonnements in bezug auf das Unbedingte bezeichnet ist und daß es ihr darum geht, diese drei Tendenzen in der Einheit einer Haltung des denkenden Selbstbewußtseins, die durch das Gespräch angegeben ist, so zusammenzunehmen, wie es dem Wesen des Selbstbewußtseins selbst entspricht: so nämlich, daß sie, sich wechselseitig einschränkend, das Ganze des Bemühens bezeichnen, in dem das denkende Selbstbewußtsein versucht, sich sein Verhältnis zum Unbedingten und die Gegenwart des Unbedingten in ihm in ihrer Bedeutung vorstellig und einsichtig zu machen.

Das Raisonnement des Cleanthes,[98] nach dem wir uns vom Verständnis unserer Welt aus zum Verständnis der Natur Gottes erheben können, geht davon aus, daß die Welt der Ort für die Durchführung unseres vernünftigen Wollens und Handelns ist. Vernunft vermag sich in der Welt zu bestätigen und zu bewähren, und von der Art und Weise her, wie unsere Vernunft der Materie dieser Welt Gestalt gibt, können wir Anzeige haben auf das Wesen der göttlichen Vernunft. So garantiert es dem Menschen sein eigenes vernünftiges Tun, daß er sich aus Gott verstehen und sich aus ihm in seinem Dasein bestätigt erfahren kann. Dies ist die noble Gesinnung des Cleanthes, in der sich zugleich das Beharren des Menschen bei sich selbst und bei seinen Aufgaben in der Welt und in der Gesellschaft ausdrückt. Es ist ohne Zweifel dies Moment in unserm Selbstverständnis, durch das wir in unserm Leben Halt finden und durch das uns die Religion den Sinn unseres Daseins garantiert. Diese Garantie für unser eigenes Dasein gehört mit zum Verständnis der Natur Gottes, und solches Verständnis Gottes, das uns in der Bedeutung unseres Daseins sichert, geht eben gerade aus unserem vernünftigen Tätigsein in der Welt hervor. In diesem Sinne wird die Position des Cleanthes denn auch am Ende des Dialogs von dem stillen Zuhörer des ganzen Gesprächs gerühmt.[99]

Es ist nun aber eben nicht so, daß wir uns in unserm auf das Unbedingte bezogenen Selbstverständnis an dieses Moment der noblen Gesinnung und des Sichbestätigtwissens allein halten könnten, denn selbst wenn es uns gelänge, uns unsere Lebenseinstellung aus solchem Sichbestätigtwissen aus Gott zu bestimmen, so bleiben im Selbstverständnis die beiden anderen Momente doch auch wirksam. Der Skeptizismus setzt sich dem dogmatischen Raisonnement auf die Weise des ausdrücklichen Raisonnierens selber entgegen, er setzt — in uns selbst — unserem Theismus, in dem wir uns auf die Weise unseres in seiner Bedeutung bestätigten Daseins aus Gott erfahren, raisonnierend die Unsicherheit einer Existenzerfahrung entgegen, die sich rational nicht in Gott und damit nicht in sich bestätigt finden kann. Dieser Skeptizismus in uns stimmt das noble Verständnis, in dem wir uns selbst erkennen, und die Bestätigung unser selbst, die wir davon erfahren, sehr herab. Er setzt an die Stelle des konservativen Lebensverständnisses eine Haltung der Kritik an uns selbst, die uns zwar nicht vom Handeln in der Welt abhalten soll, uns aber daran hindert, uns in unserm Handeln jemals selbst zu genügen. Auch dieser Skeptizismus kann zur Lebenshaltung gemacht werden, und die Menschen, die ihn zur Lebenshaltung wählen, werden meist eine andere Stellung in der Gesellschaft haben als die, die der noblen Gesinnung des Cleanthes anhängen. Aber auch für diesen Skeptizismus gilt, daß er das Selbstverständnis des vernünftigen Selbstbewußtseins nicht durch sich allein charakterisieren kann, auch er stellt immer nur ein Moment dieses Selbstverständnisses dar. Durch den Skeptizismus wird der dogmatische Theismus in uns nicht aufgehoben, sondern er erhält sich, gerade indem wir das skeptische Argumentieren gegen ihn vorbringen. Was wir aber so erkennen, ist, daß wir dem Geschehen unseres Denkens und Selbstverständnisses als autonomes Urteilen immer nur behauptend Ausdruck verleihen können, zugleich aber solchem Behaupten sowohl die Versuchung, nur in einer Richtung des Begreifens zu verfahren, als auch den Anspruch nehmen müssen, sich so zu verstehen, als könne es durch sich das durch es Gemeinte in einer diesem Gemeinten ganz angemessenen Weise angeben.

Diesen beiden raisonnierenden Verstehenshaltungen fügt sich schließlich diejenige hinzu, die alles weltliche Raisonnieren für eitel hält und es unter der Bedeutung nimmt, daß es gerade nichts angeben kann als seine Weltlichkeit. Auch dieses Moment im Sichverstehen des Selbstbewußtseins erscheint im Dialog in der Gestalt des Demea zu einer Lebenshaltung stilisiert.[100] Hier geschieht nicht nur die Absage an das direkte Sichbestätigen des menschlichen Daseins auf die Weise seines vernünftigen Innestehens in der Welt, hier geschieht die Absage an die Vernunft überhaupt, die gänzlich durch bloße Weltlichkeit charakterisiert sei. Für Philo kann sich die Vernunft nicht auf die Weise der Welt bestätigen, sie gilt aber doch selbst als solche; so leitet ihn der Skeptizismus gerade zur Offenbarung hin, durch die Gott sich aus sich selbst für uns und in uns bestätigt und uns damit auch unser Bestätigtsein in unserm Dasein in der Welt gewinnen läßt. Für Demea scheint die Welt nicht einmal tauglich zu sein, Ort göttlicher Offenbarung sein zu können. Es ist freilich interessant zu sehen, daß Demea, der die Vernunft so abwertet, doch dem alten metaphysischen Gottesbeweis anhängt und also auch raisonniert. Aber dieser Gottesbeweis hat hier nicht die Bedeutung, die er in der alten Metaphysik hatte. Er richtet sich nicht gegen die Haltung des Selbstverständnisses, die sich in der Position des Demea ausdrückt und die ja ein Moment nicht der metaphysischen, sondern der aufgeklärten philosophischen Reflexion ausmacht. Hier haben wir nicht eigentlich den alten kosmologischen Gottesbeweis, der vom Begründeten zum Grunde führt, sondern hier zeigt uns das Raisonnement die Welt als das ausweglos Grundlose, das des ganz Anderen als seines Grundes bedarf. Dieses Moment einer — sozusagen — pietistischen Devotion lehnen die beiden anderen Unterredner ab und empfinden es als der positiven Auffassung, die sie — in verschiedener Weise — von dem vernünftigen Raisonnement in bezug auf unsere Einsicht in die Natur Gottes haben, zuwider. Hume läßt Cleanthes und Philo den Schluß des Gespräches allein bestreiten und drückt dadurch aus, daß die positive Einschätzung unserer Vernunft für unsere natürliche Religion maßgeblich sein solle. Aber das hindert nicht, daß das Sichverstehen der erkennenden Seele im Gespräch auch durch das dritte Moment charakterisiert ist und daß das Bekenntnis zur Vernunft, das Cleanthes und Philo am Schluß vorbringen, nicht einfach so an sich selbst gilt, sondern darin gehalten ist, daß in unserm Selbstverständnis immer auch das Unvermögen der raisonnierenden Vernunft vor der Frage nach Gott offenbar ist und die Art und Weise, wie wir uns durch unser behauptendes Denken, das doch auch gilt, verstehen können, durch sich mitbestimmt. Ebenso aber wie die Absage an die bestimmende Vernunft die Bedeutung einschränkt, in der wir von der bestimmenden Vernunft Gebrauch machen können, ebenso schränkt dieser Gebrauch die Bedeutung jener Absage ein. Alle unsere Stellungnahme, sie sei positiv oder negativ, gilt in der Frage nach Gott und nach unserm Unsverstehen in Gott und aus Gott nicht an sich, ist nicht Gewißheit an sich, sondern gilt bloß als Sichanzeigen und als Erscheinen.

Es ist vielleicht nützlich, hier noch einmal kurz darauf hinzuweisen, daß die Fortentwicklung, die die aufgeklärte philosophische Reflexion dann in der nachkantischen Metaphysik findet, ihren Impuls gerade aus dem dritten Moment im Sichverstehen des Selbstbewußtseins in seinem Gottesverhältnis erhält. So hat uns Fichte die dritte Epoche der Geschichte der Menschheit,[101] aus der dann die Wissenschaftslehre hervorgehen soll, als die Epoche des zugleich dogmatischen und skeptischen wissenschaftlichen und egoistischen Bewußtseins vorgestellt, das, aus dem Aufstand der Massen gegen die Feudalherren entsprungen, sich den Anschein geben wollte, als sei in ihm das Wesen der Menschheit schlechthin ausgedrückt. Die Überwindung dieser dritten Epoche, die durch Fichtes eigene Philosophie geschieht, kommt dann nicht eigentlich durch eine tätige Weiterentwicklung der Geschichte zustande, sondern durch eine Einkehr des Selbstbewußtsein in sich aus der verderblichen Anmaßung heraus, die es in dieser wissenschaftlichen und egoistischen Haltung seines Selbstverständnisses ist. Alles Raisonnieren, wie es in der dritten Epoche gilt, es sei dogmatisch oder skeptisch, soll aufgehoben werden, weil das das wahre Wesen der Vernunft, das durch dieses wissenschaftliche und egoistische Raisonnieren verraten ist, aus dem Grunde unserer Existenz heraus — gleichsam als absoluter Wille — verlangt. Die Einkehr der Vernunft in sich selbst verlangt eine Herbeikunft des Reiches Gottes, das das Reich der Welt und seine Verderbnis aufhebt und alles wissenschaftliche und egoistische Raisonnieren, das in dieser Verderbnis wahre Erkenntnis heißt, austilgen wird. In diesem Sinne ist für Fichte die Überwindung der dritten Epoche in die Vernunftwissenschaft hinein schon nicht mehr eigentlich ein geschichtliches Fortgehen, sondern Hinaufheben der Menschen in einen Zustand der Verklärung, der über aller zeitlichen Bestimmung gilt. Zu dieser Verklärung führt gerade nicht das aktive Fortarbeiten im Sinne der Werte des Zeitalters, sondern vielmehr nur das totale Bewußtsein von seinem völligen Verderbtsein.[102] Der Kampf um das letzte Zeitalter ist ein charismatischer Kampf, der sich nicht darauf richtet, die Verderbnis durch bessere und menschenwürdigere Verhältnisse zu ersetzen, sondern die bisherige Geschichte ganz aufzuheben und auszutilgen und an ihre Stelle das Reich des Heils zu setzen. Dieses Reich des Endes aber kann durch Bestimmungen der raisonnierenden Vernunft nicht eigentlich mehr angegeben werden. Es ist ein Reich der Vernunft oder des Wissens, wie es über aller Bestimmung ist und nur durch ein unmittelbares Sichverstehen der Gemeinde der Heiligen in ihm begriffen werden kann.

e neue und letzte Welt kann nicht mehr durch raisonnierendes Be-
mmen angegeben werden. Für Fichte soll wieder alles so werden, wie
am Anfang — vor aller Entwicklung der raisonnierenden Vernunft —
ır. Für Hegel soll die Geschichte aufbewahrt sein, aber in einem
issen, das durch keine seiner Bestimmungen anzugeben ist. Hegel
gt am Schluß der ›Phänomenologie des Geistes‹: „In seinem Insich-
hen ist er in der Nacht seines Selbstbewußtseins versunken, sein ver-
ıwundenes Dasein aber ist in ihr aufbewahrt; und dies aufgehobene
asein — das vorige, aber aus dem Wissen neugeborene — ist das neue
asein, eine neue Welt und Geistesgestalt."[103]

SCHLUSS: AUTONOMIE UND ANFÄLLIGSEIN DES AUFGEKLÄRTEN PHILOSOPHISCHEN DENKENS

So können uns Humes ›Dialogues concerning natural religion‹ so etwas wie den Ausgangspunkt für die ganze Fortentwicklung der philosophischen Reflexion geben. Die Metaphysik hatte die Frage nach dem Unbedingten und nach der Bedeutung des Unbedingten noch bis ins 18. Jahrhundert hinein in der sogenannten *metaphysica specialis*, zuoberst aber in deren Gotteslehre zu beantworten versucht. Die philosophische Reflexion der Aufklärung hat es erkannt, daß die Frage nach dem Unbedingten auf angemessene Weise nicht durch ein Denken beantwortet werden kann, das in abgesondertem Begreifen Behauptungen über das Unbedingte aufstellt. Solche Behauptungen entspringen vielmehr einem bevormundeten Denken, das, ohne sich in seinem Anliegen selbst recht verstehen zu können, auf die Weise des Vorausgesetzten begreifen will, in welchem Begreifen das Geschehen des Unbedingten gerade nicht als solches einsichtig sein kann. Der philosophischen Reflexion der Aufklärung dagegen ist das Denken mit seinem auf das Unbedingte gehenden Anliegen auf die Weise unseres tatsächlichen Erkennens, auf die Weise unserer Erfahrung sein Sichbestätigen in der unbedingten Bedeutung, die in ihm liegt. Damit wird die Problematik, die die Metaphysik in ihren abgesondert auf das Unbedingte gehenden Lehrstücken behandelte, unmittelbar in das Geschehen des vernünftigen Selbstbewußtseins auf die Weise der Erfahrung eingebracht. Aber das unmittelbare Auffassen der Erfahrung in der philosophischen Reflexion ist doch noch nicht geeignet, der ganzen Problematik der Metaphysik, vor allem ihrer Lehre vom „Ich denke" und ihrer Gotteslehre, gerecht zu werden und diese Problematik auszumessen; es findet auf dieser Stufe vielmehr erst ein Bewußtwerden des philosophischen Denkens über seine eigene Situation dergestalt statt, daß es ihm gar nicht erlaubt ist, der Bedeutung des Unbedingten behauptend nachzugehen. Die Metaphysik konnte meinen, sie könne sich mit ihren Raisonnements direkt auf das Unbedingte richten, denn sie glaubte, die Realität des Unbedingten unmittelbar auf die Weise eines Vorausgesetzten begreifen zu können. Die philosophische Reflexion der Aufklärung erkennt, daß das Begreifen im Vorausgesetzten gerade nicht angemessenes Begreifen des Unbedingten sein kann; sie gelangt dazu, das in die Erfahrung gebundene Denken sein Sichdurchführen in seiner unbedingten Bedeutung eben auf die Weise der Erfahrung sein zu lassen. Damit versteht sich das Denken in seiner Autonomie und ist über die Position der Metaphysik hinausgelangt. Das bedeutet aber, daß es nun seine Unvollkommenheit, von der es in der Metaphysik gerade in Selbstverständlichkeit ausging und sich von ihr aus verstand, in sein Wissen um sich selbst hineingenommen hat und sich in seiner unbedingten Bedeutung für sich selbst gerade auf die Weise seiner Unvollkommenheit vollzieht. Und dieses Wissen des Denkens um sein Geschehen auf die Weise eines Erkennens, das immer nur Erkennen in bloßer Erscheinung ist, macht nun den Anfang der Erkenntnis des Unbedingten aus. Diesen Vorhof zur Betrachtung der eigentlich metaphysischen Fragen hatte die alte Metaphysik nicht nötig, weil das Denken in ihr — ihrer Täuschung über ihre eigene Position wegen — die Besinnung auf sich selbst und sein Geschehen in Unvollkommenheit in die metaphysische Problematik nicht einzubringen brauchte. Bei Hume aber und bei Kant ist es offenbar, wenn Metaphysik überhaupt behandelt werden soll, dann muß diese Besinnung der Erkenntnis auf sich selbst der Anfang eines solchen Unternehmens sein. Die Frage der ›Prolegomena‹ ist: „Wie ist Metaphysik überhaupt möglich?" Aber die Erörterung dieser Frage muß mit der Beantwortung zweier Fragen beginnen, die sich noch gar nicht direkt auf die Gegenstände der Metaphysik beziehen, nämlich: „Wie ist reine Mathematik möglich?"[104] und „Wie ist reine Naturwissenschaft möglich?"[105] Nur aus dieser Besinnung der Erkenntnis auf ihre eigne Situation können dann — in gewandelter Weise — die Fragen nach den Gegenständen der alten Metaphysik gestellt werden.

Bei Hume findet die Begrenzung, in die das Denken in seinem Geschehen als Sichbestätigen auf die Weise der Erfahrung gestellt ist, darin ihren Ausdruck, daß es sich selbst immer nur auf die Weise der *impressions* in ihrem Gegebensein und in ihrem Beschlossensein in sich selbst als Denken fassen und verstehen kann. Wenn solches Denken nun zu den Gegenständen der alten Metaphysik so aufsteigen will, daß es sie auf angemessene Weise denkt, dann kann es dies nur so tun, daß es es selbst als Sichbesinnen darauf ist, daß es in dieser Situation, in diesem seinem Gebundensein in die Erfahrung, doch autonomes Geschehen von Verstehen und Urteilen ist. Diese Haltung verlangt ein Sicherhalten des Denkens in seinem Geschehen als Seinerselbstinnesein. Und diese Haltung ist in Humes Dialog dadurch ausgedrückt, daß er die sich auf Gott besinnende Seele als eine Seele darstellt, die nicht einfach etwas über Gott behauptet, sondern für sich selbst den Charakter des Gespräches hat. Das Gespräch kann sich zwar nur durch Behauptungen vollziehen, aber sie gelten in dieser Haltung der Seele eben nicht als Behauptungen, sondern als Weisen, in denen das Gespräch als Gespräch geschieht. Diese Haltung der Seele, dieses ihr Geschehen als Gespräch ist es, das als solches recht eigentlich die Einkehr des Denkens in die alten metaphysischen Fragen möglich macht. An die Stelle der in Behauptungen verfahrenden metaphysischen Doktrin ist das Sicherhalten der denkenden Seele in ihrem Geschehen als Sichverstehen selbst getreten. Die Behauptungen, die vorgebracht werden, haben Bedeutung nur als Ausdruck dieses Sichverstehens und gelten gerade nicht als Doktrin. Was so durch die Gotteslehre geschieht, ist also nicht ein Befinden über das Dasein Gottes und über seine Eigenschaften, sondern das Sichverstehen des Menschen in der Bedeutung, die sein Sichverstehen an sich selbst hat und die ihm als Geschehen eines Sichverstehens aus Gott hervorgeht. Über einen abgesondert existierenden Gott wird gar nichts gesagt. Die transzendentalphilosophische Reflexion erkennt solche Aussagen vielmehr als Aussagen, die aus einem Sichverkennen des Denkens in seiner eigenen Bedeutung und damit in einem Verkennen des Göttlichen selbst entspringen. Gott verstehen bedeutet, daß dem denkenden Selbstbewußtsein aufgeht, was sein Sichverstehen seiner Wahrheit nach bedeutet.

Damit geht dann auch hervor, was Kant im ›Streit der Fakultäten‹ so deutlich gezeigt hat: die metaphysischen Probleme und ihre Auflösungen hatten seit je nicht den faktischen Charakter, in dem sie sich unmittelbar darzustellen scheinen, sondern sie haben immer schon — bloß war dies in der Problematik selbst nicht direkt angegeben — das Sichverstehen des Menschen zum Ausdruck gebracht, wie es ein ursprünglich öffentliches Ereignis ist und das Leben der Menschen in ihrem gesellschaftlichen Miteinandersein bestimmt. Deswegen kann Kant sagen, daß die wissenschaftliche Lehre, wie sie in den oberen Fakultäten geschieht, immer auch der Ausdruck des Wesens von Regierung ist, des Regierens und des Regiertseins. Metaphysik bereitet die dogmatischen Lehren der oberen Fakultäten vor und gehört in gewisser Weise den oberen Fakultäten schon zu. Mit der philosophischen Reflexion der Aufklärung tritt das Denken aus seiner selbstverschuldeten Unmündigkeit heraus, damit tritt zugleich auch die Metaphysik und tritt auch die Regierung im Geschehen des denkenden Selbstbewußtseins aus der Bevormundung heraus. Es ist nicht damit gesagt, daß von nun ab die Metaphysik oder die Transzendentalphilosophie nicht mehr der Ausdruck und die Durchführung des Wesens von Regierung wäre — dabei muß es bleiben, solange Menschen ihr Sichverstehen auf die Weise ihres gesellschaftlichen Miteinanderseins haben. Aber sowohl Metaphysik als

Schluß: Autonomie und Anfälligsein 139

auch Regierung sollen nun nicht mehr die Durchführung eines Geschehens des menschlichen Selbstbewußtseins sein, in dem dieses sich auf die Weise eines bevormundeten Denkens versteht. Das laute Betonen dessen, daß alles wissenschaftliche Denken nichts anderes sei als die Darstellung der gesellschaftlichen Verhältnisse in der Sphäre des Raisonnements, ist eine Ausgestaltung und Fortführung dieses von der philosophischen Reflexion der Aufklärung erworbenen und in Selbstverständlichkeit vorgetragenen Wissens, aber eine solche Ausgestaltung und Fortführung, in der dieses Wissen wieder dogmatisch gewendet ist und am bestimmenden und faktischen Begreifen und Behaupten klebt.

Der Charakter des Gesprächs, des Gesprächs unter Menschen, die, weil sie Menschen sind, einander auch befreundet sind, dieser Charakter ist dem philosophischen Denken nach der Aufklärung wieder verlorengegangen. Er ist verlorengegangen, weil im Denken der Aufklärung selbst das autonome Sichverstehen des Denkens, sein Sichverstehen als freies und öffentliches Urteilen doch an ein faktisches Begreifen gebunden geblieben ist. Dieses Denken konnte in seinem Begreifen seiner eigenen unbedingten Bedeutung nicht entsprechen. Damit aber liegt im philosophischen Denken der Aufklärung selbst schon die Versuchung zum dogmatischen Denken, zu einem dogmatischen Denken nun aber, in dem das Sichverstehen des vernünftigen Selbstbewußtseins sich selbst als solches dogmatisch nimmt. Damit wird der Dogmatismus der alten Metaphysik weit überschritten. Denn der Dogmatismus der Metaphysik war eben doch nur ein Dogmatismus des bevormundeten Geschehens des Begreifens, der das Geschehen des Sichverstehens des Denkens als Denken doch auch unbehelligt ließ. Die dogmatische Verkehrung der aufgeklärten philosophischen Reflexion dagegen bedeutet, daß das Denken, gerade insofern es sich selbst in seiner unbedingten Bedeutung versteht, für sich selbst als Bevormundetsein geschehen will, sein Fürsichsein als freies und autonomes Urteilen und damit auch sein Sichwissen in Gott auf die Weise eines unbedingt geltenden Behauptens sein will.

Kant hat in der ›Kritik der reinen Vernunft‹ das aufgeklärte philosophische Denken noch gegen diese Versuchung erhalten. Die ›Kritik der reinen Vernunft‹ nimmt sich selbst noch als Ausdruck und Durchführung eines in sich öffentlichen Denkens. Kant sagt in der Vorrede zur ersten Auflage: „Unser Zeitalter ist das eigentliche Zeitalter der *Kritik*, der sich alles unterwerfen muß. *Religion*, durch ihre *Heiligkeit*, und *Gesetzgebung* durch ihre *Majestät*, wollen sich gemeiniglich derselben entziehen. Aber alsdenn erregen sie gerechten Verdacht wider sich, und können auf unverstellte Achtung nicht Anspruch machen, die die Vernunft nur demjenigen bewilligt, was ihre freie und öffentliche Prüfung hat aushalten können."[106]

Aber die ›Kritik der reinen Vernunft‹, durch die das faktische Begreifen dem transzendentalphilosophischen Sichverstehen des Selbstbewußtseins ganz angeeignet wird, ist zugleich der Punkt des höchsten Anfälligseins der aufgeklärten philosophischen Reflexion für eine dogmatische Verkehrung ihrer selbst; ein Anfälligsein, dem das philosophische Denken und oft auch die Haltung des vernünftigen Denkens überhaupt alsbald erlegen ist.

ANMERKUNGEN

Bearbeitet von RUDOLF MALTER

¹ Vgl. vor allem die in unserem Literaturverzeichnis aufgeführten Arbeiten von Brinton, Cay v. Brockdorf, Cassirer, Crocker, Dilthey, Ermatinger, Ewald, Funke, Gusdorf, Hazard, Hinske, Krauss, Schalk, Schneiders, Schöffler, Stuke, Tonelli, Wolff, um nur einige wenige Autoren zu nennen. Zur aktuellen Diskussion zu Begriff und Wesen der Aufklärung vgl. u. a. Dominique Bourel: Bulletin de l'Aufklärung, in: Archives de Philosophie 39, 1977, 309—315; zur ständigen Information vgl. die seit 1974 in Wolfenbüttel und Bremen erscheinenden ›Wolfenbütteler Studien zur Aufklärung‹ und die seit 1972 in Berlin erscheinenden ›Mendelssohn-Studien‹. Vgl. auch die von Th. Bestermann hrsg. ›Studies on Voltaire and the 18th Century‹ (Genf).

² Zur allgemeinen Lebenseinstellung der Aufklärungszeit vgl. die brillanten für einen breiteren Leserkreis geschriebenen Darstellungen von Paul Hazard: La crise de la conscience européenne (1680 bis 1715). Paris 1935 (dt. Ausg. 1939 u. ö.), von Egon Friedell: Kulturgeschichte der Neuzeit. München 1928 (3. Buch gesondert erschienen als dtv-Band: Aufklärung und Revolution, München 1961) und Will Durant: The Story of Civilization. (dt.: Kulturgeschichte der Menschheit. Lausanne o. J., Bde. 20—32).

³ Aus der völlig unüberschaubar gewordenen Rousseau-Literatur vgl. Iring Fetscher: Rousseaus politische Philosophie. Zur Geschichte des demokratischen Freiheitsbegriffs, 3. überarbeitete Auflage. Frankfurt 1975, 82, 254 ff.; Ernst Cassirer: Das Problem Jean-Jacques Rousseau. 1932. Nachdr. Darmstadt 1970, 38 ff.; Joseph Moreau: Jean-Jacques Rousseau. Paris 1973, vor allem die Kap. IV—VII. — Speziell zum geistesgeschichtlichen Zusammenhang Rousseaus mit der französischen Aufklärungsbewegung vgl. René Hubert: Rousseau et L'Encyclopédie. Paris 1928; viele Hinweise auf Rousseaus Beziehungen zur Aufklärung enthält das Buch von Maximilian Forschner: Rousseau. Freiburg 1977 (dort auch gute Literaturangaben).

⁴ Vgl. vor allem Voltaires ›Dictionnaire philosophique‹ mit seinen fast alle Bereiche des Lebens und der Kultur betreffenden Artikeln.

⁵ Georg Wilhelm Friedrich Hegel: Sämtliche Werke. Jubiläumsausgabe in 20 Bänden. Neu hrsg. v. Hermann Glockner. Bd. 19: Vorlesungen über die Geschichte der Philosophie. 3. Band, 485 (im folgenden zitiert als Hegel, SW).

⁶ Hegel, SW 19, 497.

⁷ Vgl. Hegel SW 19, 485 ff. und 533 f.

⁸ Vgl. SW 19, 482; speziell zu Hume vgl. ebd. 493—500. Hegel charakterisiert die Humesche Position in folgender Weise: „Hume vollendete den

Lockeanismus, indem er konsequent darauf aufmerksam gemacht hat, daß wenn man sich auf diesen Standpunkt hält, die Erfahrung zwar die Grundlage ist von dem, was man weiß, die Wahrnehmung selbst Alles enthält, was geschieht, daß aber in der Erfahrung nicht enthalten sind, uns nicht gegeben würden die Bestimmungen von Allgemeinheit und Notwendigkeit. In der Kausalität setzt Hume das Vernünftige, dieser Zusammenhang ist lediglich auch nur aus der Erfahrung; er gilt nur, insofern als solcher Zusammenhang in der Erfahrung vorkommt — in der Erfahrung sehen wir nicht Notwendigkeit. 'Unsere Überzeugung von einer Tatsache beruht auf Empfindung, Gedächtnis und den Schlüssen aus dem Kausal-Zusammenhang, d. h. dem Verhältnis von Ursach und Wirkung. Die Kenntnis dieser Kausal-Verbindung entsteht nicht aus Schlüssen a priori, sondern lediglich aus Erfahrung; und wir schließen, indem wir ähnliche Folgen von ähnlichen Ursachen erwarten, aus dem Prinzip der *Gewohnheit* der Verknüpfung verschiedener Erscheinungen oder Association der Vorstellungen. Es gibt daher keine Erkenntnis außer der Erfahrung, keine Metaphysik'!

Der einfache Gedanke ist eigentlich dieser, daß nach Locke die Erfahrung die Quelle der Wahrnehmung ist: aus dieser erhalten wir den Begriff von Ursache und Wirkung, notwendigem Zusammenhang. Allein die Erfahrung als sinnliche Wahrnehmung enthält keine *Notwendigkeit*, keinen Kausal-Zusammenhang. Die Notwendigkeit ist besonders enthalten in der Beziehung von Ursach und Wirkung. Aber in dem, was wir so bestimmen, ist dasjenige, was wir eigentlich wahrnehmen, nur, daß jetzt etwas geschieht und dann etwas darauf folgt. Die unmittelbare Wahrnehmung bezieht sich nur auf einen Inhalt in der Succession der Zeit von Zuständen oder Dingen, die nebeneinander und nacheinander, aber nicht auf das, was wir Ursach und Wirkung heißen, nicht auf diesen Zusammenhang; in der Succession ist kein Kausal-Zusammenhang, und so auch keine Notwendigkeit. Wo wir sagen, der Druck des Wassers ist die Ursache des Umsturzes dieses Hauses, so ist das keine reine Erfahrung. Wir haben da nur das Wasser gesehen hierher drücken oder sich bewegen und dann das Haus umfallen u.s.f. Die Notwendigkeit ist also nicht durch die Erfahrung berechtigt, sondern wir tragen sie in die Erfahrung hinein; sie ist zufällig von uns gemacht, nur subjektiv. Diese Art von Allgemeinheit, die wir mit der Notwendigkeit verbinden, ist dann Gewohnheit. Weil wir die Folge oft sahen, so sind wir gewohnt, den Zusammenhang als einen notwendigen anzusehen; die Notwendigkeit ist also zufällige Ideen-Association, die Gewohnheit ist.

Ebenso ist es in Ansehung des *Allgemeinen*. Was wir wahrnehmen, sind einzelne Erscheinungen, Empfindungen: Wahrnehmungen, daß dies jetzt so, dann anders ist. Es kann auch sein, daß wir dieselbe Bestimmung öfter, vielfach wahrnehmen. Aber dies ist immer noch weit von der Allgemeinheit entfernt; sie ist eine solche Bestimmung, die uns nicht durch die Erfahrung gegeben ist. — Man kann sagen, daß dies eine ganz richtige Bemerkung ist, wenn man unter Erfahrung die äußerliche Erfahrung versteht. Daß etwas existiert, empfindet die Erfahrung; aber so ist das Allgemeine noch nicht in derselben. — In der Tat das sinnliche Sein als solches ist eben dasjenige, was gleichgültig, nicht different auf Anderes gesetzt ist; aber das sinnliche Sein ist zugleich Allgemeines an sich, oder die Indifferenz seiner Bestimmtheit ist nicht seine einzige Bestimmtheit." (495—497)

9 Vgl. Hegel, SW 19, 454 ff.

10 Vgl. Hegel, SW 19, 497: „... das sinnliche Sein ist zugleich Allgemeines an sich ..." und S. 500: „Es tritt so überhaupt alles in der Form eines unvernünftigen, ungedachten Seins auf; das an sich Wahre und Rechte ist nicht im Gedanken, sondern in Form eines Triebes, einer Neigung. Hume hat das Lockesche Prinzip der Erfahrung angenommen, aber konsequenter verfolgt; Hume hat die Objektivität, das Anundfürsichsein der Gedankenbestimmungen aufgehoben."

11 Hegel, SW 19, 485.

12 Vgl. Hegel, SW 19, 485 ff.

13 Vgl. Lutz Geldsetzer: Die Philosophie der Philosophiegeschichte im 19. Jahrhundert. Zur Wissenschaftstheorie der Philosophiegeschichtsschreibung und -betrachtung. Meisenheim 1968, 47 ff., 81 ff.

14 Vgl. Hegel, SW 19, 554: „Die kantische Philosophie ist theoretisch die methodisch gemachte Aufklärung, nämlich, daß nichts Wahres, sondern nur die Erscheinung gewußt werden könne. Sie führt das Wissen in das Bewußtsein hinein, aber hält es auf diesem Standpunkte als subjektives und endliches Erkennen fest. Und wenn sie schon den Begriff und die unendliche Idee berührt, seine formellen Bestimmungen ausspricht und zur konkreten Forderung derselben kommt: so verwirft sie dieselbe wieder als das Wahre, macht sie zu einem bloß Subjektiven, weil sie einmal das endliche Erkennen als den fixen, letzten Standpunkt angenommen hat. Diese Philosophie hat der Verstandesmetaphysik, als einem objektiven Dogmatismus, ein Ende gemacht, in der Tat aber dieselbe nur in einen subjektiven Dogmatismus, d. i. in ein Bewußtsein, in welchem dieselben endlichen Verstandesbestimmungen bestehen, übersetzt, und die Frage nach dem, was an und für sich wahr ist, aufgegeben."

15 Vgl. Hegel, SW 8, 99 ff. (Erste Stellung des Gedankens zur Objektivität).

16 Kant: Kritik der reinen Vernunft (im folgenden abgekürzt KrV; die beiden Auflagen werden wie üblich als A und B zitiert), B 1.

17 Vgl. Hegel, SW 19, 487 ff. (Idealismus und Skeptizismus).

18 Zum Übergang von der Aufklärungs- zur Transzendentalphilosophie vgl. Hegel, SW 19, 532—534.

19 Zur Geschichtskonzeption Kants vgl. u. a. Fritz Medicus: Kants Philosophie der Geschichte. Berlin 1902; Wilhelm Dörpinghaus: Der Begriff der Gesellschaft bei Kant. Eine Untersuchung über das Verhältnis von Rechts- und Geschichtsphilosophie zur Ethik. Diss. Köln 1959; Georges Vlachos: La pensée politique de Kant. Métaphysique de l'ordre et dialectique du progrès. Paris 1962; Klaus Weyand: Kants Geschichtsphilosophie. Köln 1963; Carl A. Raschke: Moral Action, God and History in the Thought of Immanuel Kant. Tallahasse (Fla) 1975; Horst Renz: Geschichtsgedanke und Christus-

frage. Zur Christusanschauung und deren Fortbildung durch Hegel im Hinblick auf die allgemeine Funktion neuzeitlicher Theologie, Göttingen 1977.

[20] Zu Hegels Prinzip der Philosophiegeschichtsschreibung vgl. SW 17, 35 ff. Zur Sache vgl. Geldsetzer 47 ff. 119 ff. 145 ff.

[21] Dafür ist typisch, daß Kant das Problem der Geschichte nur in kleineren, für ein weiteres Publikum gedachten Schriften expliziert hat. Vgl. Immanuel Kant's gesammelte Schriften. Akademieausgabe (abgekürzt im folgenden: Ak.), 7, 15 ff. 107 ff.

[22] Vgl. Hegel, SW 2, 618 ff.

[23] Kant, Ak. 8, 35.

[24] Kant, Ak. 8, 35.

[25] Ursache dafür, daß der Mensch zu einem solchen Sichentschließen nicht kommt, sind Faulheit und Feigheit. Vgl. Ak. 8, 35 „Faulheit und Feigheit sind die Ursachen, warum ein so großer Teil der Menschen, nachdem sie die Natur längst von fremder Leitung frei gesprochen (naturaliter maiorennes), dennoch gerne zeitlebens unmündig bleiben; und warum es Anderen so leicht wird, sich zu deren Vormündern aufzuwerfen. Es ist so bequem, unmündig zu sein. Habe ich ein Buch, das für mich Verstand hat, einen Seelsorger, der für mich Gewissen hat, einen Arzt, der für mich die Diät beurteilt, u.s.w., so brauche ich mich ja nicht selbst zu bemühen. Ich habe nicht nötig zu denken, wenn ich nur bezahlen kann; andere werden das verdrießliche Geschäft schon für mich übernehmen. Daß der bei weitem größte Teil der Menschen (darunter das ganze schöne Geschlecht) den Schritt zur Mündigkeit, außer dem daß er beschwerlich ist, auch für sehr gefährlich halte: dafür sorgen schon jene Vormünder, die die Oberaufsicht über sie gütigst auf sich genommen haben. Nachdem sie ihr Hausvieh zuerst dumm gemacht haben und sorgfältig verhüteten, daß diese ruhigen Geschöpfe ja keinen Schritt außer dem Gängelwagen, darin sie sie einsperrten, wagen durften, so zeigen sie ihnen nachher die Gefahr, die ihnen droht, wenn sie es versuchen allein zu gehen."

[26] Vgl. den ›Streit der Fakultäten‹, Ak. 7, 18 ff.

[27] Vgl. zur marxistisch-leninistischen Klassenbetrachtung bei der Interpretation der Philosophie Kants die beiden wichtigsten zum Kantjubiläum 1974 erschienenen Sammelbände: 1) Zum Kantverständnis unserer Zeit. Beiträge marxistisch-leninistischer Kantforschung. Hrsg. v. Hermann Ley, Peter Ruben, Gottfried Stiehler. Berlin 1975; 2) Revolution der Denkart oder Denkart der Revolution. Beiträge zur Philosophie Immanuel Kants. Hrsg. v. M. Buhr und T. I. Oiserman. Berlin 1976. Zu diesem Gesamtkomplex vgl. die kritische Übersicht bei R. Malter: Immanuel Kant — „Vorläufer des Marxismus-Leninismus". Überblick über die Kantrezeption der DDR im Kantjubiläumsjahr 1974, in: Deutschland-Archiv 11, 1978, 1081—1098.

[28] Vgl. u. a. Kant, Ak. 8, 23 (Sechster Satz der ›Idee zu einer Geschichte in weltbürgerlicher Absicht‹) und 8, 109 ff. (›Mutmaßlicher Anfang der Menschheitsgeschichte‹).

[29] Zur Bedeutung der Öffentlichkeit in Kants Geschichts-, Staats- und

Rechtsdenken vgl. vor allem die Ausführungen in der Schrift ›Zum ewigen Frieden‹, Ak. 381 ff.

30 Vgl. u. a. Kant, Ak. 8, 370 ff.

31 Vgl. zur Unterscheidung „öffentlicher" — „privater" Vernunftgebrauch bei Kant u. a. Gisbert Beyerhaus: Kants 'Programm' der Aufklärung aus dem Jahre 1784, in: Kant-Studien 26, 1921, 1—16; Eberhard Günter Schulz: Kant und die Berliner Aufklärung, in: Akten des 4. Internationalen Kant-Kongresses Mainz, 6.—10. April 1974, Teil II, 1: Sektionen. Hrsg. v. Gerhard Funke. Berlin—New York 1974, (abgekürzt in folgenden: Akten) 60—80; Norbert Hinske: Was ist Aufklärung? Beiträge aus der Berlinischen Monatsschrift. In Zusammenarbeit mit Michael Albrecht ausgewählt, eingeleitet und mit Anmerkungen versehen von Norbert Hinske. 2., um ein Nachwort vermehrte Auflage. Darmstadt 1977, XLVII ff. 539 ff. (hier auch Auseinandersetzung mit der bisherigen Forschung); vgl. zum Umkreis dieser Thematik auch: Günter Bien: Räsonierfreiheit und Gehorsamspflicht. Die Universität und der Prozeß der Aufklärung in Kants staatsrechtlichen Schriften, in: Akten II, 2, 617—632.

32 Kant, Ak. 8, 37.

33 Aufschlußreich für Kants eigene Beurteilung des Doktrin-Charakters der KrV ist die Transzendentale Methodenlehre. Zur Doktrin vgl. auch Ak. 24, I.

34 Vgl. Kant, Akt. 7, 31 f. — Vgl. Bien (s. Anm. 31).

35 Vgl. Kant, Ak. 8, 40.

36 Vgl. den in Anm. 31 zit. Aufsatz von G. Bien und einen weiteren Beitrag dieses Autors: Kants Theorie der Universität und ihr geschichtlicher Ort, in: Historische Zeitschrift 219, 1974, 551—577.

37 Vgl. Kant, Ak., 7, 18 ff. 27 ff.

38 Vgl. Kant, Ak. 7, 21 ff.

39 Vgl. Kant, Ak. 7, 29—36.

40 Vgl. KrV B XVI f.

41 Vgl. KrV B 316 ff. bes. 321 f. 330.

42 Vgl. Hegel, SW 2, 158 ff.

43 Vgl. David Hume: An Enquiry Concerning the Principles of Morals, in: The Philosophical Works. Ed. by Thomas Hill Green and Thomas Hodge Grose. Vol. 4 (Reprint of the New Edition London 1882) London 1964, Vol. IV, 280 f.: Jean Jacques Rousseau: Émile, in: Oeuvres complètes (Éditions Gallimard) Paris 1969, livre IV, bes. S. 605; Immanuel Kant: Kritik der praktischen Vernunft, in: Ak. 5, 117; vgl. auch Kants Ausführungen über die Zufriedenheit in der ›Metaphysik der Sitten‹, Ak. 6, 377 f.

44 Vgl. u. a. Kant, Ak. 4, 260/61.

45 Vgl. David Hume: An Enquiry Concerning Human Understanding, in: The Philosophical Works. Ed. by Thomas Hill Green and Thomas Hodge Grose. Vol. 4 (Reprint of the New Edition London 1882) London 1964, Vol. 4, 122 ff. (abgekürzt: PhW); die hier in Frage kommende Passage ist die Section XII (On the Academical or Sceptical Philosophy).

46 Vgl. KrV B 5. 19. 127. 773 f. 778. 792—797; Ak. 4 (Prolegomena) 257—262. 270. 272. 277. 310. 312 f. 351. 356. 358—360.

47 Vgl. das Schlußkapitel von Hume's Enquiry, PhW 4, 122 ff.

48 Vgl. Kant, Ak. 8, 373 (Anm.).

49 Vgl. Karl Marx—Friedrich Engels: Werke. Hrsg. vom Institut für Marxismus-Leninismus beim ZK der SED. Berlin. Band 3, 1969, 26 ff.

50 Hegel, SW 7, 35.

51 Vgl. Kant, Ak. 7, 85 ff.

52 Hume, PhW 4, 264.

53 Kant, Ak. 7, 85.

54 Vgl. zu Kants Stellung zur Frz. Rev.: u. a. Sidney Axinn: Kant. Authority, and the French Revolution, in: Journal of the History of Ideas 32, 1971, 423—432; L. W. Beck: Kant and the Right of Revolution, in: Journal of the History of Ideas 32, 1971, 411—422; Kurt Borries: Kant als Politiker. Zur Staats- und Gesellschaftslehre des Kritizismus. Leipzig 1928 (Nachdr. Aalen 1973), 169 ff.; Peter Burg: Kant und die Französische Revolution. Berlin 1974; Peter Burg: Kants Deutung der Französischen Revolution im ›Streit der Fakultäten‹, in: Akten II. 2, 656 ff.; Martin Puder: Kant und die Französische Revolution, in: Neue Deutsche Hefte 20, 1973, 10—46; P. Schrecker: Kant et la Révolution Française, in: Revue Philosophique de la France et de l'Étranger 128, 1939, 394—425.

55 Vgl. KrV B 172.

56 Vgl. die Textsammlung G. Funkes (Die Aufklärung. In ausgewählten Texten dargestellt und eingeleitet von Gerhard Funke. Stuttgart 1963), 236 ff.; vgl. auch Funkes eigene Darstellung in der Einleitung zu dieser Sammlung 17 ff. — Eine recht interessante Notiz zum Toleranzbegriff findet sich in Herders Kant-Nachschriften (Immanuel Kant. Aus den Vorlesungen der Jahre 1762 bis 1764. Auf Grund der Nachschriften Johann Gottfried Herders. Hrsg. v. Hans Dietrich Irmscher. Köln 1964, 162 ff.).

Allgemein zum Toleranzbegriff der Aufklärungszeit vgl. J. Feiner: Gewissensfreiheit und Duldung in der Aufklärungszeit. 1914.

57 Vgl. Hume, PhW 4, 13 ff.

58 Vgl. ebd. 13 ff.

59 Zur Lehre Locke's vom universalen Ursprung unserer Vorstellungen in der Sinnlichkeit vgl. Book II, Ch. 1 (Of Ideas in general, and their original) in ›An Essay Concerning Human Understanding‹.

60 Vgl. KrV B 5, 788; Ak. 4, 257. 272. 310. Vgl. die Stelle Ak. 4, 257 ff. als Beispiel für Kants Interpretation und Beurteilung des Humeschen Kausalitätszweifels: „Hume ging hauptsächlich von einem einzigen, aber wichtigen Begriffe der Metaphysik, nämlich dem der Verknüpfung der Ursache und Wirkung, (mithin auch dessen Folgebegriffe der Kraft und Handlung etc.) aus und forderte die Vernunft, die da vorgibt, ihn in ihrem Schoße erzeugt zu haben, auf, ihm Rede und Antwort zu geben, mit welchem Rechte sie sich denkt: daß etwas so beschaffen sein könne, daß, wenn es gesetzt ist, dadurch auch etwas anderes notwendig gesetzt werden müsse; denn das sagt der Begriff der Ursache. Er bewies unwidersprechlich: daß es der Vernunft gänzlich unmöglich sei, a priori und aus Begriffen eine solche Verbindung zu denken, denn diese enthält Notwendigkeit; es ist aber gar nicht abzusehen, wie darum, weil Etwas ist, etwas anderes notwendigerweise auch sein müsse, und wie sich also der Begriff von einer solchen Verknüpfung a priori einführen lasse. Hieraus schloß er, daß die Vernunft sich mit diesem Begriffe ganz und gar betrüge, daß sie ihn fälschlich für ihr eigen Kind halte, da er doch nichts anders als ein Bastard der Einbildungskraft sei, die durch Erfahrung beschwängert, gewisse Vorstellungen unter das Gesetz der Association gebracht hat und eine daraus entspringende subjektive Notwendigkeit, d. i. Gewohnheit, für eine objektive, aus Einsicht, unterschiebt. Hieraus schloß er: die Vernunft habe gar kein Vermögen, solche Verknüpfungen auch selbst nur im Allgemeinen zu denken, weil ihre Begriffe alsdann bloße Erdichtungen sein würden; und alle ihre vorgeblich a priori bestehende Erkenntnisse wären nichts als falsch gestempelte gemeine Erfahrungen, welches eben so viel sagt, als: es gebe überall keine Metaphysik und könne auch keine geben.

So übereilt und unrichtig auch seine Folgerung war, so war sie doch wenigstens auf Untersuchung gegründet; und diese Untersuchung war es wohl wert, daß sich die guten Köpfe seiner Zeit vereinigt hätten, die Aufgabe in dem Sinne, wie er sie vortrug, wo möglich glücklicher aufzulösen, woraus denn bald eine gänzliche Reform der Wissenschaft hätte entspringen müssen.

Allein das der Metaphysik von je her ungünstige Schicksal wollte, daß er von keinem verstanden wurde. Man kann es, ohne eine gewisse Pein zu empfinden, nicht ansehen, wie so ganz und gar seine Gegner *Reid, Oswald, Beattie* und zuletzt noch *Priestley* den Punkt seiner Aufgabe verfehlten und, indem sie immer das als zugestanden annahmen, was er eben bezweifelte, dagegen aber mit Heftigkeit und mehrenteils mit großer Unbescheidenheit dasjenige bewiesen, was ihm niemals zu bezweifeln in den Sinn gekommen war, seinen Wink zur Verbesserung so verkannten, daß alles in dem alten Zustande blieb, als ob nichts geschehen wäre. Es war nicht die Frage, ob der Begriff der Ursache richtig, brauchbar und in Ansehung der ganzen Naturerkenntnis unentbehrlich sei, denn dieses hatte *Hume* niemals in Zweifel gezogen; sondern ob er durch Vernunft a priori, gedacht werde und auf solche Weise eine von aller Erfahrung unabhängige innere Wahrheit und daher auch wohl weiter ausgedehnte Brauchbarkeit habe, die nicht bloß auf Gegenstände der Erfahrung eingeschränkt sei: hierüber erwartete *Hume* Eröffnung. Es war ja nur die Rede von dem Ursprunge dieses Begriffs, nicht von der Unentbehrlichkeit desselben im Gebrauche: wäre jener nur ausgemittelt, so würde es sich wegen der Bedingungen seines Gebrauches und des Umfangs, in welchem er gültig sein kann, schon von selbst gegeben haben." (257—259)

[61] Vgl. Introduction §§ 6—25 in Berkeley's ›A Treatise concerning the Principles of Human Knowledge‹.

[62] Vgl. Kant, Ak. 8, 417: „Vermittelst der Vernunft ist der Seele des Menschen ein *Geist* (Mens, νους) beigegeben, damit er nicht ein bloß dem Mecha-

chanismus der *Natur* und ihren technisch-praktischen, sondern auch ein der Spontaneität der *Freiheit* und ihren moralisch-praktischen Gesetzen angemessenes Leben führe. Dieses Lebensprinzip gründet sich nicht auf Begriffen des *Sinnlichen*, welche insgesamt zuvörderst (vor allem praktischen Vernunftgebrauch) *Wissenschaft*, d. i. theoretisches Erkenntnis, voraussetzen, sondern es geht zunächst und unmittelbar von einer Idee des *Übersinnlichen* aus, nämlich der *Freiheit*, und vom moralischen kategorischen Imperativ, welcher diese uns allererst kund macht; und begründet so eine Philosophie, deren Lehre nicht etwa (wie Mathematik) ein gutes Instrument (Werkzeug zu beliebigen Zwecken), mithin bloßes Mittel, sondern die sich zum Grundsatze zu machen *an sich selbst Pflicht ist.*"

63 Vgl. Hume, PhW 4, 28 ff. (Section IV, p. 2).

64 Vgl. Joachim Kopper: Zu Kants Lehre von der Objektivität der Erkenntnisurteile, in: Akten I, 97—112.

65 Vgl. Hume PhW 4, 13 ff.

66 Vgl. Section VII des Enquiry (PhW 4, 50 ff.).

67 Vgl. KrV B 46 ff. (§§ 4—8).

68 Vgl. Schopenhauers Kantkritik (s. Anm. 82).

69 Vgl. Hume PhW 4, 50.

70 Vgl. Hegel, SW 19, 551 ff.; die durch Kant gesetzte Zäsur wird bei Hegel unmittelbar mit der Aufklärung in Verbindung gebracht. Vgl. 556 f.: „Indem Kant so das Erkennen der Betrachtung unterwirft, so ist dies ein großer, wichtiger Schritt. Diese Kritik des Erkennens betrifft also das empirische Erkennen Locke's, das vorgibt, es gründe sich auf Erfahrung, und die mehr metaphysische Art des wolf'schen und deutschen Philosophierens überhaupt, welches die Wendung genommen hatte, nach der mehr empirischen Manier zu verfahren, die geschildert ist. — Im Praktischen herrschte damals die sogenannte Glückseligkeitslehre, die Moral war auf Triebe gegründet; der Begriff des Menschen und die Art, wie er diesen Begriff realisieren soll, ist aufgefaßt als Glückseligkeit, seine Triebe zu befriedigen. Kant hat richtig gezeigt, daß dies eine Heteronomie, nicht Autonomie der Vernunft sei, eine Bestimmung durch Natur, somit ohne Freiheit. Aber weil das kantische Vernunftprinzip freilich normal, und sie von der Vernunft aus nicht weiter konnten, und doch die Moral einen Inhalt erhalten sollte, so ist Fries und Andere wieder Glückseligkeitslehrer, hüten sich freilich, es so zu heißen. — Wir sehen einerseits gesunden Menschenverstand, Erfahrung, Tatsachen des Bewußtseins. Andererseits ist aber auch noch wolfisches Metaphysicieren im Schwange gewesen, wie z. B. bei Mendelssohn. Dies Metaphysicieren hat sich unterschieden gehalten von dem bloß empirischen Verfahren; aber seine Haupttätigkeit hat darin bestanden, den Gedankenbestimmungen, wie z. B. Möglichkeit, Wirklichkeit, Gott u.s.f. Verstandesbestimmungen zum Grunde zu legen, und damit zu raisonnieren. Gegen Beides ist zunächst kantische Philosophie gerichtet. (Hume geht gegen die Allgemeinheit und Notwendigkeit jener Bestimmungen: Jacobi gegen die Endlichkeit derselben: Kant gegen die Objektivität derselben, obzwar sie objektiv sind im Sinne des Allgemeingültigen und Not-

Anmerkungen 149

wendigen.) Der Hauptsatz derselben ist der einfache, der schon angeführt ist. Erschwert wird ihr Studium durch die Breite, Weitläufigkeit und eigentümliche Terminologie, in der sie vorgestellt ist. Indessen hat die Breite auch einen Vorteil; dasselbe wird oft wiederholt, so daß man die Hauptsätze behält und nicht leicht aus dem Auge verlieren kann."

71 Vgl. Kant, Ak. 19, 551 ff.
72 Vgl. das Schlußkapitel der Schrift (Ak. 2, 368 ff.).
73 Vgl. für das Folgende: Fichtes Werke hrsg. Immanuel Hermann Fichte. Bd. 7: Zur Politik, Moral und Philosophie der Geschichte. Nachdruck Berlin 1971, S. 1 ff.: Die Grundzüge des gegenwärtigen Zeitalters. Dargestellt von Johann Gottlieb Fichte, in Vorlesungen, gehalten zu Berlin, im Jahre 1804 bis 1805. — Auch die weiteren Werke Fichtes werden nach der Ausgabe I. H. Fichtes zitiert (abgekürzt: Fichte, Werke).

74 Vgl. Fichte, Werke 7, 11 f., wo es zur Epocheneinteilung heißt: „Es gibt fünf Grundepochen des Erdenlebens; deren jede, da sie doch immer von Individuen ausgehen, aber, um Epoche im Leben der Gattung zu sein, allmählich alle ergreifen und durchdringen muß, eine geraume Zeit dauern, und so das Ganze zu sich scheinbar durchkreuzenden und zum Teil nebeneinander fortlaufenden Zeitaltern ausdehnen wird. 1) Die Epoche der unbedingten Herrschaft der Vernunft durch den Instinkt: *Der Stand der Unschuld des Menschengeschlechts*. 2) Die Epoche, da der Vernunftinstinkt in eine äußerlich zwingende Autorität verwandelt ist: das Zeitalter positiver Lehr- und Lebenssysteme, die nirgends zurückgehen bis auf die letzten Gründe, und deswegen nicht zu überzeugen vermögen, dagegen aber zu zwingen begehren, und blinden Glauben und unbedingten Gehorsam fordern: *der Stand der anhebenden Sünde*. 3) Die Epoche der Befreiung, unmittelbar von der gebietenden Autorität, mittelbar von der Botmäßigkeit des Vernunftinstinkts und der Vernunft überhaupt in jeglicher Gestalt: das Zeitalter der absoluten Gleichgültigkeit gegen alle Wahrheit, und der völligen Ungebundenheit ohne einigen Leitfaden: *der Stand der vollendeten Sündhaftigkeit*. 4) Die Epoche der Vernunftwissenschaft: das Zeitalter, wo die Wahrheit als das Höchste anerkannt, und am höchsten geliebt wird: *der Stand der anhebenden Rechtfertigung*. 5) Die Epoche der Vernunftkunst: das Zeitalter, da die Menschheit mit sicherer und unfehlbarer Hand sich selber zum getroffenen Abdrucke der Vernunft aufbauet: *der Stand der vollendeten Rechtfertigung und Heiligung*. — Der gesamte Weg aber, den zufolge dieser Aufzählung die Menschheit hienieden macht, ist nichts anderes, als ein Zurückgehen zu dem Punkte, auf welchem sie gleich anfangs stand, und beabsichtigt nichts, als die Rückkehr zu seinem Ursprunge. Nur soll die Menschheit diesen Weg auf ihren eigenen Füßen gehen; mit eigener Kraft soll sie sich wieder zu dem machen, was sie ohne alles ihr Zutun gewesen; und *darum* mußte sie aufhören es zu sein. Könnte sie nicht selber sich machen zu sich selber, so wäre sie eben kein lebendiges Leben; und es wäre sodann überhaupt kein Leben wirklich geworden, sondern alles in totem, unbeweglichem und starrem Sein verharret. — Im Paradiese, — daß ich eines bekannten Bildes mich bediene — im Paradiese des

Rechttuns und Rechtseins ohne Wissen, Mühe und Kunst, erwacht die Menschheit zum Leben. Kaum hat sie Mut gewonnen, eigenes Leben zu wagen, so kommt der Engel mit dem feurigen Schwerte des Zwanges zum Rechtsein, und treibt sie aus dem Sitze ihrer Unschuld und ihres Friedens. Unstät und flüchtig durchirrt sie nun die leere Wüste, kaum sich getrauend, den Fuß irgendwo festzusetzen, in Angst, daß jeder Boden unter ihrem Fußtritte versinke. Kühner geworden durch die Not, baut sie sich endlich dürftig an, und reutet im Schweiße ihres Angesichts die Dornen und Disteln der Verwilderung aus dem Boden, um die geliebte Frucht des Erkenntnisses zu erziehen. Vom Genusse derselben werden ihr die Augen aufgetan und die Hände stark, und sie erbauet sich selber ihr Paradies nach dem Vorbilde des verlorenen; der Baum des Lebens erwächst ihr, sie streckt aus ihre Hand nach der Frucht und ißt, und lebet in Ewigkeit."

75 Vgl. Fichte, Werke 7, 12. — Zum Verhältnis des 3. zum 4. Zeitalter vgl. 21 f.
76 Vgl. Fichte, Werke 1, 91 ff.
77 Vgl. Fichte, Werke 5, 179 f.
78 Zur Problematik der reinen Zeitlichkeit vgl. vor allem die Untersuchung Ingeborg Heidemanns: Spontaneität und Zeitlichkeit. Ein Problem der Kritik der reinen Vernunft. Köln 1959.
79 Vgl. Hume PhW 4, 62—65. — Zur Gewohnheitsproblematik vgl. die Monographie von Gerhard Funke: Gewohnheit. Bonn 1961.
80 Vgl. KrV B 176 ff.
81 Vgl. Kant, Ak. 7, 142 161. 182. 230 f.
82 Vgl. Arthur Schopenhauer: Sämtliche Werke. Nach der ersten von Julius Frauenstädt besorgten Gesamtausgabe, neu bearbeitet und hrsg. v. Arthur Hübscher. Anastatischer Nachdr. der 2. Aufl. Die Welt als Wille und Vorstellung 1. Bd. Anhang: Kritik der Kantischen Philosophie, 518 ff.
83 Vgl. KrV B 183.
84 Vgl. Fichte, Werke 7, 16 ff.
85 Vgl. KrV B 19 ff.
86 Vgl KrV B XI ff.
87 KrV A X.
88 Vgl. Kant, Ak. 4, 327 ff.
89 Vgl. KrV B 197.
90 Vgl. Kant, Ak. 7, 28 und 36 ff.
91 Vgl. Kant, Ak. 20, 286 ff. 326 ff.
92 Vgl. KrV B 620 ff.
93 KrV B 622.
94 Vgl. Kant, Ak. 20, 293 ff.
94a SW 19, 584.
95 Vgl. Hume, PhW 2, 375 ff.
96 Vgl. PhW 2, 377—379: "It has been remarked, my Hermippus, that, though the ancient philosophers conveyed most of their instruction in the form of dialogue, this method of composition has been little practised in later ages, and has seldom succeeded in the hands of those, who have attempted it.

Accurate and regular argument, indeed, such as is now excepted of philosophical enquirers, naturally throws a man into the methodical and didactic manner; where he can immediately, without preparation, explain the point, at which he aims; and thence proceed, without interruption, to deduce the proofs, on which it is established. To deliver a System in conversation scarcely appears natural; and while the dialogue-writer desires, by departing from the direct style of composition, to give a freer air to his performance, and avoid the appearance of *Author* and *Reader*, he is apt to run into a worse inconvenience, and convey the image of *Pedagogue* and *Pupil*. Or if he carries on the dispute in the natural spirit of good company, by throwing in a variety of topics, and preserving a proper balance among the speakers; he often loses so much time in preparations and transitions, that the reader will scarcely think himself compensated, by all the graces of dialogue, for the order, brevity, and precision, which are sacrificed to them.

There are some subjects, however, to which dialogue-writing is peculiarly adapted, and where it is still preferable to the direct and simple method of composition.

Any point of doctrine, which is so *obvious*, that it scarely admits of dispute, but at the same time so *important*, that it cannot be too often inculcated, seems to require some such method of handling it; where the novelty of the manner may compensate the triteness of the subject, where the vivacity of conversation may enforce the precept, and where the variety of lights, presented by various personages and characters, may appear neither tedious nor redundant.

Any question of philosophy, on the other hand, which is so *obscure* and *uncertain*, that human reason can reach no fixed determination with regard to it; if it should be treated at all; seems to lead us naturally into the style of dialogue and conversation. Reasonable men may be allowed to differ, where no one can reasonably be positive: Opposite sentiments, even without any decision, afford an agreeable amusement: and if the subject be curious and interesting, the book carries us, in a manner, into company; and unites the two greatest and purest pleasures of human life, study and society.

Happily, these circumstances are all to be found in the subject of natural Religion. What truth so obvious, so certain, as the being of a God, which the most ignorant ages have acknowledged, for which the most refined geniuses have ambitiously striven to produce new proofs and arguments? What truth so important as this, which is the ground of all our hopes, the surest foundation of morality, the firmest support of society, and the only principle, which ought never to be a moment absent from our thoughts and meditations? But in treating of this obvious and important truth; what obscure questions occur, concerning the nature of that divine being; his attributes, his decrees, his plan of providence? These have been always subjected to the disputations of men: Concerning these, human reason has not reached any certain determination: But these are topics so interesting, that we cannot restrain our restless enquiry with regard to them; though nothing but doubt, uncertainty and contradiction, have, as yet, been the result of our most accurate researches.

This I had lately occasion to observe, while I passed, as usual, part of the summer season with Cleanthes, and was present at those conversations of his with Philo and Demea, of which I gave you lately some imperfect account. Your curiosity, you then told me, was so excited, that I must of necessity enter into a more exact detail of their reasonings, and display those various systems, which they advanced with regard to so delicate a subject as that of Natural Religion. The remarkable contrast in their characters still farther raised your expectations; while you opposed the accurate philosophical turn of Cleanthes to the careless scepticism of Philo, or compared either of their dispositions with the rigid inflexible orthodoxy of Demea. My youth rendered me a mere auditor of their disputes; and that curiosity, natural to the early season of life, has so deeply imprinted in my memory the whole chain and connection of their arguments, that, I hope, I shall not omit or confound any considerable part of them in the recital."

[97] Vgl. Kant, Ak. 20, 281 ff.

[98] Vgl. Hume, PhW 2, 400 ff.

[99] Vgl. Hume, PhW 2, 467 f.: "If the whole of Natural Theology, as some people seem to maintain, resolves itself into one simple, though some what ambiguous, at least undefined proposition, *That the cause or causes of order in the universe probably bear some remote analogy to human intelligence:* If this proposition be not capable of extension, variation, or more particular explication: If it affords no inference that affects human life, or can be the source of any action or forbearance: And if the analogy, imperfect as it is, can be carried no farther than to the human intelligence; and cannot be transferred, with any appearance of probability, to the qualities of the mind: If this really be the case, what can the most inquisitive, contemplative, and religious man do more than give a plain, philosophical assent to the proposition, as often as it occurs; and believe that the arguments, on which it is established, exceed the objections, which lie against it? Some astonishment indeed will naturally arise from the greatness of the object: Some melancholy from its obscurity: Some contempt of human reason, that it can give no solution more satisfactory with regard to so extraordinary and magnificent a question. But believe me, Cleanthes, the most natural sentiment which a well-disposed mind will feel on this occasion, is a longing desire and expectation, that heaven would be pleased to dissipate, at least alleviate this profound ignorance, by affording some particular revelation to mankind, and making discoveries of the nature, attributes, and operations of the divine object of our faith. A person, seasoned with a just sense of the imperfections of natural reason, will fly to revealed truth with the greatest avidity: While the haughty Dogmatist, persuaded, that he can erect a complete system of Theology by the mere help of philosophy, disdains any farther aid, and rejects this adventitious instructor. To be a philosophical Sceptic is, in a man of letters, the first and most essential step towards being a sound, believing Christian; a

proposition, which I would willingly recommend to the attention of Pamphilus: And I hope Cleanthes will forgive me for interposing so far in the education and instruction of his pupil.

Cleanthes and Philo pursued not this conversation much farther; and as nothing ever made greater impression on me, than all the reasonings of that day; so I confess, that, upon a serious review of the whole, I cannot but think, that Philo's principles are more probable than Demea's; but that those of Cleanthes approach still nearer to the truth."

100 Vgl. Hume, PhW 2, 438 ff.
101 Vgl. Fichte, Werke 7, 16 ff.
102 Vgl. Fichte, Werke 7, 11 f.
103 Vgl. Hegel, SW 2, 619.
104 Vgl. Kant, Ak. 4, 280 ff.
105 Vgl. Kant, Ak. 4, 294 ff.
106 KrV A XII.

AUSWAHLBIBLIOGRAPHIE

Zusammengestellt von RUDOLF MALTER

Aus der völlig unüberschaubar gewordenen Literatur zur Aufklärung wurden die folgenden Titel zum Zwecke einer Erstinformation ausgewählt. Sammelbände sind jeweils unter dem Herausgeber genannt.

Anchor, R.: The Enlightenment Tradition. New York 1967.
Anz, W.—Greiner, M.—Maurer, W.: Aufklärung, in: Die Religion in Geschichte und Gegenwart. Bd. 1. Tübingen 1957, 703—730.
Baeumler, A.: Kants Kritik der Urteilskraft. Ihre Geschichte und Systematik. 1. Band. Halle 1923 (2. durchgesehene Auflage Tübingen 1967 — mit einem Nachwort zum Neudruck — unter dem Titel: Das Irrationalitätsproblem in der Ästhetik und Logik des 18. Jahrhunderts bis zur Kritik der Urteilskraft; reprografischer Nachdruck dieser Auflage Darmstadt 1975).
Bahr, E. (Hrsg.): Kant, Erhard, Hamann, Herder, Lessing, Mendelssohn, Riem, Schiller, Wieland: Was ist Aufklärung? Thesen und Definitionen. Stuttgart 1974.
Beardsley, M. C. (Ed.): The European Philosophers from Descartes to Nietzsche. New York 1960.
Beck, L. W.: Early German Philosophy. Kant and His Predecessors. Cambridge/Mass. 1969.
Becker, C. L.: The Heavenly City of the Eighteenth-Century Philosophy. New Haven 1932 (^{4}1942) (dt.: Der Gottesstaat der Philosophen des 18. Jahrhunderts. Würzburg 1946).
Beyerhaus, G.: Kants „Programm" der Aufklärung aus dem Jahre 1784, in: Kant-Studien 26, 1921, 1—16.
Böhm, B.: Sokrates im 18. Jahrhundert. Studien zum Werdegang des modernen Persönlichkeitsbewußtseins. 2. Aufl. Neumünster 1966 (^{1}1929).
Bourel, D.: Bulletin de l'Aufklärung, in: Archives de Philosophie 39, 1977, 309—315.
Bredvold, L. C.: The Brave New World of Enlightenment. Ann Arbor 1961, ^{2}1962.
Bréhier, E.: Histoire de la philosophie. Tome II: La philosophie moderne. Fasc. 2: Le XVIIIe siècle Paris 1941.
Brinton, C.: Enlightenment, in: The Encyclopedia of Philosophy. Vol. 2, New York—London 1967 (Repr. 1972), 519—525.
Brinton, C. (Ed.): The Age of Reason Reader. New York 1956.

Brockdorf, C. von: Die deutsche Aufklärungsphilosophie. München 1926 (Repr. Nendeln 1973).
Brockdorf, C. von: Die englische Aufklärungsphilosophie. München 1924 (Repr. Nendeln 1973).
Brüggemann, F.: Aus der Frühzeit der deutschen Aufklärung. Leipzig 1928.
Bruford, W. H.: Germany in the Eighteenth Century: The Social Background of the Literary Revival. Cambridge 1935.
Brunschvicg, L.: Le progrès de la conscience dans la philosophie occidentale. T. 1. Paris 1927 (^{2}1953).
Cassirer, E.: Das Erkenntnisproblem in der Philosophie und in der Wissenschaft der neueren Zeit. Bd. 2. Berlin 1907 (^{2}1911) (Ndr. der 3. Aufl. 1922, Darmstadt 1974).
Cassirer, E.: Die Philosophie der Aufklärung. Tübingen ^{2}1932.
Castex, P.-G.—Surer, P.: Manuel des études littéraires françaises XVIII siècle. Paris 1949.
Châtelet, F. (Ed.): Histoire de la philosophie. Idées, Doctrines. Sous la direction de François Châtelet. T. 4: Les Lumières (le XVIIIe siècle). Paris 1972.
Chevalier, J.: Histoire de la pensée. T. III: La pensée moderne de Descartes à Kant. Paris 1961.
Copleston, F.: A History of Philosophy. Vol. VI: Wolff to Kant. London 1960 (^{3}1964).
Cottier, A.: Der Gottesbeweis in der Geschichte der modernen Aufklärungsphilosophie. Descartes—Spinoza—Leibniz—Wolff—Kant. Diss. Freiburg/Schweiz 1940.
Crocker, L. G.: An Age of Crisis. Man and World in Eighteenth Century French Thought. Baltimore 1959.
Daumas, M.: Les instruments scientifiques aux 17e et 18e siècles. Paris 1953.
Dessoir, M.: Geschichte der neueren deutschen Psychologie. Zweite, völlig umgearbeitete Auflage. Berlin 1902 (Repr. Amsterdam 1964) (^{1}1894).
Deussen, P.: Allgemeine Geschichte der Philosophie mit besonderer Berücksichtigung der Religionen. 2. Bd. 3. Abt.: Die neuere Philosophie von Descartes bis Schopenhauer. Leipzig 1917.
Dilthey, W.: Studien zur Geschichte des deutschen Geistes. Gesammelte Schriften 3. Bd. Stuttgart—Göttingen 1969 (4., unveränderte Aufl.).
Dinkler, R.: Das Zeitalter der Aufklärung. Leipzig—Berlin 1918.
Encyclopédie de la Pléiade: Histoire de la philosophie II: De la Renaissance à la révolution Kantienne. Volume publié sous la direction d'Yvon Belaval. Paris 1973.
Erdmann, J. E.: Versuch einer wissenschaftlichen Darstellung der neuern Philosophie. Faksimile-Neudruck in sieben Bänden. Mit einer Einführung in Johann Eduard Erdmanns Leben und Werke von Hermann Glockner. Stuttgart 1932.
Ermatinger, E.: Deutsche Kultur im Zeitalter der Aufklärung. Potsdam 1935.

Ewald, O.: Die französische Aufklärung. München 1924 (Repr. Nendeln 1973).

Fabre, J.: Lumières et romantisme. Énergie et nostalgie de Rousseau à Mickiewicz. Paris 1963.

Freyer, J.: Geschichte der Geschichte der Philosophie im 18. Jahrhundert. Leipzig 1911.

Friedell, E.: Kulturgeschichte der Neuzeit. München 1928 (3. Buch: Aufklärung und Revolution. München 1961).

Funke, G. (Hrsg.): Die Aufklärung. In ausgewählten Texten dargestellt und eingeleitet von Gerhard Funke. Stuttgart 1963.

Funke, G.: Das sokratische Jahrhundert, in: Die Aufklärung (Einleitung), 1—92.

Gay, P.: The Enlightenment. An Interpretation. 2 Vols. New York 1967/1969.

Ghio, M.: L'idea di progresso nell'illuminismo francese e tedesco. Turin 1962.

Groethuysen, B.: Die Entstehung der bürgerlichen Welt- und Lebensanschauung in Frankreich. 2 Bde., Halle 1927/1930.

Groethuysen, B.: Philosophie de la révolution française. Paris 1956 (dt.: Philosophie der Französischen Revolution. Mit einem Nachwort von Eberhard Schmitt. Übersetzt von Manfred Müller und G. H. Müller. Darmstadt und Neuwied; Frankfurt—Berlin—Wien 1975).

Gulyga, A. W.: Der deutsche Materialismus am Ausgang des 18. Jahrhunderts. Berlin 1966 (Orig.-Ausg. Moskau 1962. Übersetzt von I. Bauer und G. Korf).

Gusdorf, G.: Les sciences humaines et la pensée occidentale. T. IV: Les principes de la pensée au siècle des lumières: Paris 1971; T. V: Dieu, la nature, l'homme au siècle des lumières. Paris 1972; T. VI: L'avènement des sciences humaines au siècle des lumières. Paris 1973; T. VII: Naissance de la conscience romantique au siècle des lumières. Paris 1976.

Haacke, U. (Hrsg.): Die Aufklärung im deutschen Schrifttum. Bielefeld und Leipzig 1931.

Haaß, R.: Die geistige Haltung der katholischen Universitäten Deutschlands im 18. Jahrhundert. Ein Beitrag zur Geschichte der Aufklärung. Freiburg 1952.

Hall, A. R.: The Scientific Revolution 1500—1800: The Formation of the Modern Scientific Attitude. London ²1962.

Hampe, J. Ch.: Ehre und Elend der Aufklärung gestern wie heute. Ein engagierter Vergleich. München 1971.

Hazard, P.: La crise de la conscience européenne (1680—1715). Paris 1935 (dt.: Die Herrschaft der Vernunft. Das europäische Denken im 18. Jahrhundert. Übers. v. H. Wegener u. K. Linnebach. Hamburg 1949).

Heimpel-Michel, E.: Die Aufklärung. Eine historisch-systematische Untersuchung. Langensalza 1928.

Hettner, H.: Geschichte der deutschen Literatur im achtzehnten Jahrhundert. 3 Bde. Braunschweig ⁶1913.

Hinske, N. (Hrsg.): Was ist Aufklärung? Beiträge aus der Berlinischen Monatsschrift. Berlin 1783 bis 1786. In Zusammenarbeit mit M. Albrecht ausgewählt, eingeleitet und mit Anmerkungen versehen von N. Hinske. 2., um ein Nachwort vermehrte Aufl. Darmstadt 1977 (¹1973).

Hinske, N.: Aufklärung über Aufklärung. Zu Werner Schneiders' Buch ›Die wahre Aufklärung‹, in: Studia Leibnitiana VIII, 1976, 120—127.

Hirsch, E.: Geschichte der neuern evangelischen Theologie im Zusammenhang mit den allgemeinen Bewegungen des europäischen Denkens. 5 Bände, Gütersloh 1949 ff. (⁴1968).

Horkheimer, M., und Adorno, T. W.: Dialektik der Aufklärung. Philosophische Fragmente. New York 1944; Frankfurt 1969.

Horkheimer, M.: Kants Philosophie und die Aufklärung, in: Horkheimer: Um die Freiheit. Frankfurt 1962, 27—42.

Kantzenbach, F. W.: Protestantisches Christentum im Zeitalter der Aufklärung. Gütersloh 1965.

Krauss, W. (Hrsg.): Die französische Aufklärung im Spiegel der deutschen Literatur des 18. Jahrhunderts. Hrsg. u. eingeleitet von W. Krauss. Berlin 1963.

Krauss, W.—Mayer, H. (Hrsg.): Grundpositionen der französischen Aufklärung. Berlin 1955.

Krauss, W.: Studien zur deutschen und französischen Aufklärung. Berlin 1963.

Krauss, W.: Perspektiven und Probleme. Zur französischen und deutschen Aufklärung und andere Aufsätze. Neuwied—Berlin 1965.

Krauss, W.: Zur Anthropologie des 18. Jahrhunderts. Die Frühgeschichte der Menschheit im Blickpunkt der Aufklärung. Hrsg. v. Hans Kortum u. Christa Gohrisch. Berlin 1978, Hamburg 1970.

Krieger, L.: The German Idea of Freedom. Chicago—London 1957.

Lamanna, E. P.: Storia della filosofia. Da Cartesio a Kant. Firenze 1967.

Leiste, L.: Der Humanitätsgedanke in der Philosophie der deutschen Aufklärung. Halle 1932.

Lévy-Bruhl, L.: L'Allemagne depuis Leibniz. Essai sur le développement de la conscience nationale en Allemagne 1700—1848. Paris 1890.

Ley, H.: Geschichte der Aufklärung und des Atheismus. Bd. 1, Berlin 1966; Bd. 2/1, 1970; Bd. 2/2, 1971; Bd. 3/1, 1978.

Lichtenberger, F.: Histoire des idées religieuses en Allemagne depuis le milieu du XVIIIᵉ siècle jusqu'à nos jours. 3 vol., Paris 1887.

Lötzsch, F.: Zur Genealogie der Frage „Was ist Aufklärung?": Mendelssohn, Kant und die Neologie, in: Theokratia. Jahrbuch des Institutum Delitzschianum. Festgabe für K. H. Rengstorf zum 70. Geburtstag. Bd. 2, 1970, 307—322.

Magnino, B.: Illuminismo e cristianesimo. 3 Bde. Brescia 1960.

Manuel, F. E.: The Age of Reason. Ithaca/N. Y. 1951 (⁷1962).

Marck, S.: Das Jahrhundert der Aufklärung. Vom englischen Empirismus bis Kant. Leipzig 1923.

McGiffert, A. C.: Protestant Thought before Kant. London 1911.

Merkle, S.: Die kirchliche Aufklärung im katholischen Deutschland. Berlin 1910.

Merker, N.: L'illuminismo tedesco. Età di Lessing. Bari 1968.
Moravia, S.: La scienza dell'huomo nel settecento. Bari 1970 (dt.: Beobachtende Vernunft. Philosophie und Anthropologie in der Aufklärung. Aus dem Italienischen von E. Piras. Hamburg 1973).
Nivelle, A.: Kunst- und Dichtungstheorien zwischen Aufklärung und Klassik. Berlin 1960 (²1971).
Petersen, P.: Geschichte der aristotelischen Philosophie im protestantischen Deutschland. Leipzig 1921.
Philipp, W.: Das Werden der Aufklärung in theologiegeschichtlicher Sicht. Göttingen 1957.
Philipp, W. (Hrsg.): Das Zeitalter der Aufklärung. Bremen 1963.
Puetz, Peter: Die deutsche Aufklärung. Darmstadt 1978.
Reichmann, E.: Die Herrschaft der Zahl. Quantitatives Denken in der deutschen Aufklärung. Stuttgart 1968.
Rivaud, A.: Histoire de la philosophie. Tome IV: Philosophie française et philosophie anglaise de 1700 à 1830. Paris 1962; Tome V: La philosophie allemande de 1700 à 1850. Première partie: De l'Aufklärung à Schelling. Paris 1968.
Rossi, P. (Hrsg.): Gli illuministi francese. Torino 1973.
Sampson, R. V.: Progress in the Age of Reason. Melbourne, London, Toronto. 1956.
Schalk, F.: Studien zur französischen Aufklärung. München 1964 (2. verbesserte und vermehrte Auflage Frankfurt 1977).
Schneiders, W.: Die wahre Aufklärung. Zum Selbstverständnis der deutschen Aufklärung. Freiburg—München 1974.
Schneiders, W.: Leibniz—Thomasius—Wolff. Die Anfänge der Aufklärung in Deutschland, in: Akten des II. Internationalen Leibniz-Kongresses Hannover, 17.—22. Juli 1972. Bd. 1. Wiesbaden 1973, 105—121.
Schöffler, H.: Deutscher Geist im 18. Jahrhundert. Essays zur Geistes- und Religionsgeschichte. Hrsg. v. Götz von Selle. 2. Aufl. Göttingen 1967.
Schöffler, H.: Deutsches Geistesleben zwischen Reformation und Aufklärung. Frankfurt 1956.
Schröder, W. (Hrsg. u. a.): Französische Aufklärung. Leipzig 1974.
Schulz, U.: Die Berlinische Monatsschrift (1783—1796). Eine Bibliographie. Mit einer Einleitung von G. Schulz. Hildesheim 1969.
Sckommodau, H.: Thematik des Paradoxes in der Aufklärung, in: Sitzungsberichte der Wissenschaftlichen Gesellschaft an der Johann Wolfgang Goethe-Universität Frankfurt. Bd. 19, 1971, Nr. 2. Wiesbaden 1972, 55—101.
Sommer, R.: Grundzüge einer Geschichte der deutschen Psychologie und Ästhetik von Wolff—Baumgarten bis Kant—Schiller. Würzburg 1892 (Nachdr. Amsterdam 1966).
Steiner, M.: Die Welt der Aufklärung. Nachgelassene Schriften. Hrsg. u. eingel. v. Kurt Hiller. Berlin 1912.
Stolleis, M.: Staatsraison, Recht und Moral in philosophischen Texten des späten 18. Jahrhunderts. Meisenheim 1972.

Streisand, J.: Geschichtliches Denken von der deutschen Frühaufklärung bis zur Klassik. Berlin 1964.

Stuke, H.: Aufklärung, in: Geschichtliche Grundbegriffe. Historisches Lexikon zur politisch-sozialen Sprache in Deutschland. Hrsg. v. O. Brunner, W. Conze, R. Koselleck. Bd. 1 (A—D). Stuttgart 1972, 243—342.

Tonelli, G.: La philosophie allemande de Leibniz à Kant, in: Histoire de la philosophie II. Paris (Pléiade) 1973, 728—785.

Tonelli, G.: „Lumières", „Aufklärung": A Note on Semantics, in: International Studies in Philosophy (Studi Internazionali di Filosofia) 6, 1974, 166—169.

Torrey, N. L. (Ed.): The Philosophers of the Enlightenment and Modern Democracy. New York 1961.

Transactions of the 1st International Congress on the Enlightenment: The 18th Century Philosophers. New York 1956.

Ueberweg, F.: Grundriß der Geschichte der Philosophie. 3. Teil: Die Philosophie der Neuzeit bis zum Ende des XVIII. Jahrhunderts. Zwölfte, mit einem Philosophen- u. Literatoren-Register versehene Auflage. Völlig neubearbeitet von Max Frischeisen-Köhler u. Willy Moog. Berlin 1924, 348 ff.

Valjavec, F.: Geschichte der abendländischen Aufklärung. Wien—München 1961.

Venturi, F.: Saggi sull'Europa illuminista. Torino 1954.

Vernière, P.: L'idée d'humanité au 18e siècle, in: Studium Generale 15, 1962, 171—179.

Vorländer, K.: Philosophie der Neuzeit. Die Aufklärung. Geschichte der Philosophie V. Bearbeitet von Hinrich Knittermeyer. Mit Quellentexten und bibliographischen Ergänzungen versehen von Eckhard Keßler. Reinbek 1967.

White, R. J.: The Anti-Philosophers. A Study of the Philosophers in Eighteenth-Century France. London 1970.

Windelband, W.: Lehrbuch der Geschichte der Philosophie. Mit einem Schlußkapitel: Die Philosophie im 20. Jahrhundert und einer Übersicht über den Stand der philosophiegeschichtlichen Forschung, hrsg. v. H. Heimsoeth. 15., durchgesehene und ergänzte Auflage. Tübingen 1957.

Wolf, A.: A History of Science, Technology and Philosophy in the 18th Century. 2 vols. London 1938 (^{2}1952).

Wolfenbütteler Studien zur Aufklärung. Im Auftrag der Lessing-Akademie hrsg. v. G. Schulz. Wolfenbüttel u. Bremen 1974 ff.

Wolff, H. M.: Die Weltanschauung der deutschen Aufklärung in geschichtlicher Entwicklung. Bern 1949 (^{2}1963).

Wundt, M.: Die deutsche Schulphilosophie im Zeitalter der Aufklärung. Tübingen 1945 (Nachdr. Hildesheim 1964).

Yates, F. A.: The Rosicrucian Enlightenment. London—Boston 1972 (Dt.: Aufklärung im Zeichen des Rosenkreuzes, übers. v. E. Zahn. Stuttgart 1975).

Zeller, E.: Geschichte der Philosophie in Deutschland seit Leibniz. München 1873.

LITERATURNACHTRAG
(1995)

Altmann, A.: Von der mittelalterlichen zur modernen Aufklärung. Studien zur jüdischen Geistesgeschichte. Tübingen 1986.
Bahner, Werner: Aufklärung als europäisches Phänomen. Überblick und Einzeldarstellungen. Leipzig 1985.
Brown, S. C. (ed.): Philosophers of the Enlightenment. Brighton 1979.
Bubner, Rüdiger: Geschichte der Philosophie in Text und Darstellung. 8 Bde., Stuttgart 1980-1984; davon: Bd. 4: Empirismus, Bd. 5: Rationalismus, Bd. 6: Deutscher Idealismus.
Ciafardone, Raffaele: Die Philosophie der deutschen Aufklärung. Stuttgart 1990.
Coreth, Emerich, u. Schöndorf, Harald: Philosophie des 17. und 18. Jahrhunderts. Stuttgart 1990.
Cristaudo, Wayne: The Metaphysics of Science and Freedom from Descartes to Kant to Hegel (Aveburys Series in Philosophy: General Editor David Lamb). Aldershot, Hants 1991.
Encyclopédie philosophique universelle. Publié sous la direction d'André Jacob. Vol. III, T. 1, S. 909-1568: L'Age Classique/1599-1789. Paris 1992.
Ferrari, Jean: Les sources françaises de la Philosophie de Kant. Paris 1979.
Gawlick, G., u. Kreimendahl, L.: Hume in der deutschen Aufklärung. Umrisse einer Rezeptionsgeschichte. Stuttgart 1987.
Gouhier, Henri: Études sur l'histoire des idées en France depuis le XVIIe siècle. Paris 1980.
Helferich, Christoph: Geschichte der Philosophie. Von den Anfängen bis zur Gegenwart und Östliches Denken; darin S. 121-220: Die Philosophie der neueren, der bürgerlichen Zeit. Stuttgart 1991.
Henrichs, Norbert, u. Weeland, Horst (edd.): Briefe deutscher Philosophen (1750-1850). München 1990.
Jamme, Ch., u. Kurz, G.: Idealismus und Aufklärung: Kontinuität und Kritik der Aufklärung in Philosophie und Poesie um 1800. Stuttgart 1988.
Jüttner, S., u. Schlobach, J.: Europäische Aufklärung. Hamburg 1992.
Kondylis, P.: Die Aufklärung im Rahmen des neuzeitlichen Rationalismus. Stuttgart 1981.
Sauder, Gerhard, u. Schlobach, Jochen: Aufklärungen. Frankreich und Deutschland im 18. Jahrhundert. Heidelberg 1985.
Strasser, P.: Die verspielte Aufklärung. Frankfurt/Main 1986.
Strawson, Galen: The Secret Connexion: Causation, Realism, and David Hume. Oxford 1989.
Wilson, Catherine: Leibniz's Metaphysics. A Historical and Comparative Study

(Series: Studies in Intellectual History and the History of Philosophy; General Editors M. A. Stewart and David Fate Norton). Manchester 1989.

Woolhouse, R. S. (ed.): Metaphysics and Philosophy of Science in the 17th and 18th Centuries (The University of Western Ontario Series in Philosophy of Science 43). Dordrecht 1988.

Zapasnik, Stanislaw: Filozofia a kultura Francji XVIII wieku. Warschau 1982.

REGISTER

Abstraktion 2. 24. 26 f. 50. 70 f. 75. 122 u. ö.
Anselm 116. 123
Antinomik der Vernunft 90. 92. 98. 104. 108 f. 126
Aposteriorität 59—72 u. ö.
Apriorität 59—72 u. ö.
Autonomie 74—83. 136—140 u. ö.
Autorität 105 f.

Beobachtung 40—44. 64. 77 f. 80
Berkeley 7. 47. 50. 118
Bevormundung 7—15 passim

Cogito 21—27. 55. 72 f. 97. 116

Descartes 24. 116. 121. 123
Dialektik der Vernunft 108—135
Dogmatismus 74—107 passim
Doktrin 15 ff. 34 ff. 47. 68 ff. 83. 97 ff. 127

Eindruck 46—48, passim innerer 63 ff.
Empirismus 2. 3
Entfremdung 13 f. 32. 44. 49. 72. 75. 97
Erscheinung 36. 122 u. ö.

Fakultäten 8. 19 ff. 34. 36. 72 f. 106 ff. 113. 121. 138
Faustisches Bewußtsein 112
Fichte IX. 79 ff. 90 ff. 104. 135
Fortschritt 7. 9 ff. 66—73. 90. 100. 117
Freiheit 34. 55. 58. 105. 107

Gefühl s. Eindruck, innerer

Geschichte 9 ff. 41. 69 ff. 79. 134 f.
Gespräch 119—135. 138
Gewohnheit 1. 68 f. 85. 87. 92. 103
Glaube 110
Gleichheit 34
Goethe 119
Grund, Satz vom 48. 51. 58. 68. 104

Hegel IX. 1—39. 70 ff. 117 ff. 135 u. ö.
Heteronomie 32. 40 ff.
Hume passim

Ideologie 34
impression s. Eindruck
Individuum 55. 79 ff. 130

Kant passim
Kausalprinzip 48 ff. u. ö.
Klassen 130 ff.
Kopernikus 22 f.
Korrespondenz v. Begriff u. Urteil 40. 83 ff. 89

Leben 52 ff. 72. 79 ff. 105
Lehre s. Doktrin
Leibniz 2. 23. 48 f.
Lessing 47
Locke 47

Marxismus 35 f.
Mathematik 61 ff. 68. 85. 137
Mendelssohn 100
Monade 2. 22 ff. 97
Moral 12. 52. 57

Naturwissenschaft 62. 69. 86 f. 100. 137

Objektivität der Erkenntnis 54—59

Rationalismus 3
Raum 67. 69. 85
Reform 16. 19 f. 77. 93
Regierung 14. 16 ff. 121. 130. 138
relations of ideas s. Vorstellungsbeziehungen
Revolution 33—39. 68
Rezeptivität 61
Rousseau VIII. 13. 18. 27

Schiller 52
Schopenhauer 67 f. 88
Selbstzufriedenheit 28, dogmatische 112
Skepsis 27—33. 108—112, passim
Synthesis a priori 92—95 u. ö.

Toleranz 43

Universität s. Fakultäten
Unmündigkeit 12. 32. 52. 138
Urteil, freies u. öffentliches 15 ff. 33. 43 f. 69. 71. 120 f. 129. 139 u. ö.
Urteilslosigkeit 78. 97 f. 112

Verkehrung 44. 52. 139 f.
Voltaire IX. 43
Vorstellungsbeziehungen 46 ff. 59. 84 ff. u. ö.

Wissenschaft 66—73. 112—119, passim

Zeit 35. 53 ff. 58 ff. 62 ff. 69. 72. 86 ff.